现代职业教育
研究丛书

丛书主编
石伟平

社区学院发展与变革

彭跃刚　著

上海教育出版社
SHANGHAI EDUCATIONAL
PUBLISHING HOUSE

总序

2004 年,由华东师范大学职业教育与成人教育研究所牵头,联合国内兄弟单位出版了第一套"现代职业教育研究丛书"。第一套丛书的出版在学界取得了良好的反响,不仅获上海市第十届教育科学研究优秀成果奖一等奖、教育部第四届全国教育科学研究优秀成果奖一等奖,更在学界成为家喻户晓的"知名 IP",一大批青年学者、博士、硕士都在阅读、学习和研究这套丛书,甚至于现在这套丛书早已"洛阳纸贵",在各大销售平台均已售罄。第一套丛书能被学界高度认可,作为丛书的总主编,我感到非常高兴,同时也能感受到读者的期盼和"更上一层楼"的压力。因此,在第一套丛书出版 17 年之际,在新的时代、新的起点,第二套"现代职业教育研究丛书"终于如期付梓,与读者见面。

从第一套丛书诞生的 21 世纪初,到第二套丛书面世的新时代,中国经济社会与职业教育都发生了翻天覆地的变化。经过改革开放 40 多年的发展与进步,中国已经稳居世界第二大经济体,人民生活水平显著提高。在国家经济社会迅速发展的进程中,职业教育也进入了"大改革、大发展"的新时代。如今,《国家职业教育改革实施方案》《关于实施中国特色高水平高职学校和专业建设计划的意见》《职业教育提质培优行动计划(2020—2023 年)》等政策陆续出台,推动了中国职业教育的身份地位从"层次"到"类型",伙伴关系从"跨界"到"融合",社会功能从"教化"到"服务",价值尺度从"借鉴"到"创生",发展路径从"标准化"到"现代化"的大变革和大转型。在大改革、大发展的进程中,新的职业教育研究课题不断涌现,第二套"现代职业教育研究丛书"也就应运而生。

　　整体来说,第二套丛书完美地继承并发扬了第一套丛书以问题为中心、贴近实践、关照学科体系的特色,并在第一套丛书的优良传统之上探索了前沿的研究方法与范式,注重从学术研究转向改革实践。第二套"现代职业教育研究丛书"具有以下三个显著的特征:

　　一是以问题为中心,关注前沿热点。第一套"现代职业教育研究丛书"始终以问题为中心,关注研究和解释职业教育发展与改革的基本原理问题。第二套丛书也始终坚持问题中心的传统,但是更偏向前沿的热点问题。从当代中国职业教育改革的现实问题出发,以热点问题、重大问题、先进经验和改革方案为研究对象,重点分析了新时代职业教育类型化改革的关键问题与实践路径、中等职业教育改革的方向与路径、现代学徒制的运行机制、高职院校专业带头人的胜任能力、行业类高职校企合作、英国职业教育教师教育、美国社区学院的发展与美国生涯教育等问题。这些问题的探究与解答,相互促进,互为支撑,共同回应了当代中国职业教育改革的现实需求,形成了一个有机的共同体,这是第二套丛书的重要特色。

　　二是以规范为基础,运用多元方法。第二套"现代职业教育研究丛书"以社会科学研究的基本规范为底色,根据不同的研究问题,设计不同的技术路线,采用多元的研究方法,做了一些有参考性的探索。第二套丛书有三种经典的学术范式:(1)思辨类研究范式,从实践哲学与类型学的逻辑出发,分析中国职业教育改革的重大问题;(2)实证类研究范式,运用质性、量化或"质性+量化"的研究方法,开展问卷调查、深度访谈、个案分析和行动研究,这是第二套丛书在方法上的重大突破;(3)国际比较与借鉴的研究范式,立足中国问题,借鉴英、美等国的经验,解决中国的问题。中国职业教育的研究虽然发展十分迅速,但是在学术范式和学术规范上还有很长的路需要走,这套丛书在研究范式上为职业教育研究提供了多样化的范本。

三是以改进为目标,突出政策建议。学术研究不仅仅是为了解释这个世界,更要改造这个世界。因此,第二套"现代职业教育研究丛书"不仅强调关注现实问题,提出真问题与好问题,还凸显多元化研究方法的使用和规范学术范式的开创,同时在研究结论之余有意识地强化了政策建议。学术研究不能是空中楼阁的花拳绣腿,研究结论必须能够在实践中得到检验。因此,第二套丛书十分强调政策建议,或专章分析问题,提出对策建议,或深度讨论重点难题,提出相应对策,或就调研过程中的突出矛盾撰写专报,为相关职能部门提供决策参考。事实上,理论往往是苍白的,而实践之树永远长青。第二套丛书强化政策建议,不仅连接了理论与实践两个系统,更在客观上推动了具体实践问题的"向前一步",例如宜兴陶都中专的办学改革、杭州职业技术学院的现代学徒制,这些都是在学术理论指引下的优秀改革实践。

马丁·布伯曾言:"凡真实的人生皆是相遇。"事实上,世间的一切美好都是因为相遇。十多年前,因为与上海教育出版社的相遇,有了第一套"现代职业教育研究丛书"的诞生;如今,华东师大职成教所与上海教育出版社再次相遇,再次牵手,打造了第二套"现代职业教育研究丛书",期待这套丛书能够"百尺竿头,更进一步"!在此,衷心感谢上海教育出版社的鼎力支持,感谢刘芳副社长、宁彦锋主任、公雯雯主任、茶文琼老师及丛书其他责任编辑的辛勤劳动,也感谢李鹏博士后为丛书的修订、统筹所做的不少幕后工作。

山高人为峰,攀登学术高峰的人更需要坚韧的心智和追求完美的信念。

尽管我们一心追求尽善尽美，但是学海无边无涯，有限的成果和现有的成果都难免存在缺憾。一方面，现有的一套、两套丛书显然不足以覆盖学海的全部课题，我们也期待着用第三套、第四套，一直到无数多的研究成果，来解释和解答职业教育研究中的重大问题；另一方面，囿于时间、精力的局限，现有的丛书难免会出现错漏，还请读者批评指正！

最后，作为丛书的主编，我期望这套丛书能够对中国职业教育的学术研究起到实质性的推动作用；也祝愿中国的职业教育顺利地从"层次教育"转向"类型教育"，尽早实现职业教育的"中国梦"！

石伟平

2021 年 1 月 23 日

前言

本书以美国社区学院为研究对象,着重关注社区学院的职业教育。职业教育是教育事业的重要组成部分,其对技术技能型人才的培养、对社会产生的影响非常深远。近年来,我国职业教育领域很多重要政策的出台,都有相关的职业教育研究成果作为铺垫。在为国家富强和民族复兴培养技术技能型人才的过程中,职业教育研究者的努力不可或缺。

对美国社区学院发展和变革这一主题产生兴趣始于博士研究生学习阶段,当时导师让我们几位同学各自选择自己感兴趣的题目进行研究。通过阅读文献,我发现美国社区学院职业教育值得探索。一是因为国内相关研究不多,有可深入挖掘的点;二是因为美国作为世界强国,其高等教育取得的成就有目共睹,其在高等职业教育方面的表现也不俗。我把这一想法和导师交流,导师建议我多查阅相关文献,并特意叮嘱要认真阅读毛澹然老先生关于美国社区学院的研究专著。我进一步研读相关文献,发现美国社区学院职业教育通常与转学教育密不可分,仅仅探索社区学院职业教育不太合适。经过导师多次指点,我最终把美国社区学院发展与变革定为研究主题。

本书是在博士论文基础上撰写而成的,一方面尝试探索美国社区学院的历史、发展规律、现状、特点、趋势等,另一方面试图提炼出一些有价值的经验,为我国发展高等职业教育提供参考。美国社区学院经过一百多年演变,成为美国职业教育领域中极为重要的角色,并在各种教育类型融合和衔接过程中发挥重要作用。为了能够适应时代要求和国家发展需要，美国社区学院不断进行变革，其成长和发展经验有一定借鉴价值。

　　本书成书并有幸入选"现代职业教育研究丛书"，首先要感谢我的导师石伟平教授的悉心指导和鼓励；其次要感谢教育部职业技术教育中心研究所的涂三广博士、上海教育科学研究院的王启龙博士、华东师范大学的李鹏博士后、上海教育出版社的茶文琼和汪海清等专家，他们专业的建议提升了本书价值；最后要感谢我的家人。由于本人学识有限，加上时间仓促，本书肯定存在不少不足和错误，恳请读者不吝批评指正。

彭跃刚

2022 年 5 月 20 日

目录

1

现代职业教育研究丛书

美国社区学院发展与变革

第一章

导论

国务院 2019 年初发布的《国家职业教育改革实施方案》(简称《方案》)指出,随着我国进入新的发展阶段,产业升级和经济结构调整不断加快,各行各业对技术技能人才的需求越来越紧迫,职业教育重要地位和作用越来越凸显。但是,与发达国家相比,与建设现代化经济体系、建设教育强国的要求相比,我国职业教育还存在着一些问题,到了必须下大力气抓好的时候。《方案》认为,没有职业教育现代化就没有教育现代化。由此可见,职业教育的发展至关重要。我国职业教育若能博采众长,定将独树一帜,在实现国家富强和民族复兴的道路上发挥更大作用。他山之石,可以攻玉。研究美国职业教育实施的重要平台——社区学院,对于学习和借鉴美国职业教育发展经验,更好地促进我国职业教育发展具有积极意义。

第一节　问题的提出

　　职业教育与普通教育是两种不同的教育类型,具有同等重要地位。随着国民受教育水平的提升,高等职业教育成为人们接受高等教育的重要选择。我国的高等职业教育在不断探索和完善的过程中,需要借鉴和吸收其他国家高等职业教育办学的成功经验。随着对世界各国职业教育研究的深入,我国职业教育学者对德国、日本、英国、澳大利亚等国职业教育有很多探讨,一些地方还引进这些国家的职业教育模式,学习他们的职业教育办学经验。近年来,对美国高等职业教育的研究非常活跃,涌现了不少论文和专著。实际上,相比世界各国的高等职业教育,我国的高等职业教育和美国的高等职业教育有很多相似之处。例如,两者的高等职业教育发展都存在地区不平衡性,两者都未完全形成全国统一的职业资格证书体系等。这些相似之处意味着美国高等职业教育的一些做法和发展动向值得关注。

一、美国社区学院及其角色

社区学院是美国本土"发明",是美国人的骄傲,很多美国人亲切地称之为"人民的学院"(People's College)。在美国,中等职业教育主要在综合中学进行。综合中学中的职业教育主要是培养学生的职业认知和职业兴趣等,学生在中学阶段职业教育中所学到的就业方面的知识和技能比较有限。实际上,美国职业教育真正的"主力军"是社区学院。全美社区学院数量超过 1000 所,为近 1200 万学生服务。① 社区学院在美国技术技能型人才培养中居于重要地位。2008 年,美国金融危机对其经济和社会造成了巨大冲击,美国失业率一度超过 10%。大量失业人员面临着就业压力,需要重新就业,心怀不满的人们发起了"占领华尔街"抗议活动,得克萨斯州(State of Texas)甚至还发起了脱离联邦的签名活动,这给美国联邦政府造成了很大压力。金融危机后,美国推出了一系列刺激经济发展和提高就业率的政策。美国政府及美国社会对就业问题的重视,使得社区学院在美国劳动力开发中扮演的角色越来越重要。

研究表明,美国社区学院 2012 年对美国 GDP 的贡献率约为 8090 亿美元,约占美国 GDP 的 5.4%。② 这充分说明社区学院在经济发展中所发挥的重要作用。美国前总统奥巴马(Barack H. Obama)在任职期间,对高等教育非常重视,对于高等教育中的重要角色——社区学院也给予了前所未有的关注,这使得奥巴马成为自杜鲁门(Harry S. Truman)以来最重视社区学院发展的总统。因为他的倡导和努力,以及他对社区学院及其使命的前所未有的支持,奥巴马被美国社区学院协会授予了最高奖——哈里·S·杜鲁门奖。③ 2010 年,美国召开了第一次社区学院白宫峰会,约 150 位与会专家学者及各界人士认真讨论了社区学院学生转学学士学位课程、社区学院学生学业完成、社区学院学生资助、21 世纪的社区学院、社区学院与退伍军人及军人家庭、产业界与社区学院的合作关系等与社区学院发展密切相关的重要议题,对每一个议题都给出了若干政策建议。

---

① American Association of Community Colleges. About Us[EB/OL].[2023 - 04 - 04]. https://www.aacc.nche.edu/about-us/.

② Report:The Economic Impact of Community Colleges[EB/OL].[2023 - 04 - 04]. http://www.aacc21stcenturycenter.org.

③ Harry S. Truman Award-Barack H.Obama[J].Community College Journal,2010,80(5):17.

由于社区学院培养技术技能型人才的特殊地位，奥巴马希望到 2020 年，社区学院能够为美国多培养 500 万人才。奥巴马甚至还提出了一个前所未有的设想——社区学院免学费！所有这些对社区学院而言都是难得的发展机遇，也对社区学院提出了巨大的挑战。社区学院白宫峰会后，社会各界对职业教育的重视程度加大，美国社区学院协会随后推出"开拓美国梦，社区学院与国家的未来"（Reclaiming American Dream, Community College and The Nation's Future）、"注力社区学院，建设国家未来"（Empowering Community College to Build the Nation's Future）等重要报告，勾勒出社区学院的发展蓝图。各州的社区学院协会、社区学院理事会等组织也对本区域内的职业教育发展给予了更多关注。联邦政府出台了一系列促进职业教育发展的政策，各州也纷纷出台措施，推动改革，社区学院因此而迎来了重要的发展机遇。研究美国社区学院历史、现状、特点、存在的问题与改革的措施、发展趋势等，探讨其对中国职业教育发展的有益启示，具有一定的理论价值和现实意义。

二、美国社区学院积累了不少成功经验

社区学院在 100 多年的发展历程中，为美国经济社会的发展作出了重要贡献。从社区学院的转学和就业功能可以看出，社区学院一方面为很多想继续攻读学士学位的学生提供了很好的"中转"平台，另一方面为美国经济社会培养了大量技术技能型人才。社区学院在这些方面的成功经验值得挖掘和总结。此外，社区学院在其功能拓展过程中也积累了不少成功经验。

二战后相当长的一段时间内，美国经济一枝独秀，美国产品畅销世界各地，美国经济具有很强的竞争优势，社区学院培养人才的做法并未面临很大的挑战，因为培养的人才能够顺利就业，社区学院很少感受到经济竞争传递而来的压力。随着各国政府对高等教育日益重视，各国高等教育得到了长足发展。一些发达国家在高等教育入学率等指标上超越了美国，这意味着这些国家的劳动人口素质在不断提升，经济竞争力在不断增强，给美国经济造成了很大的压力。这种压力传递到高等教育领域，使得美国包括社区学院在内的高等教育机构不得不加大改革力度。从美国国内的情况看，学费上涨，学生接受高等教育后却找不到工作等情况也使得美国高等教育面临着严峻考验。作为美国高等教育半壁江山的社区学院，如何才能提供更好的教育培训服务，更好地促

进美国经济社会的发展,成为社区学院办学者和社会各界人士关注的焦点。各州社区学院在办学改革和探索的过程中,也必然会涌现出很多成功的经验和做法。

从近年来美国有关社区学院改革和发展的政策看,政府对社区学院寄予了更多期待,希望社区学院提高学生的学业完成率,提高国民接受高等教育的比例;希望社区学院担当起职业教育的重任,在劳动力就业培训和再就业培训中发挥更重要的作用;希望社区学院培养高技能高薪人才,成为打造美国中产阶级的重要平台。为了支持社区学院的发展,政府通过制定政策、提供拨款等方式引导社区学院和产业界合作,推动"工作驱动"的职业教育培训。为了使社区学院能够为更多的人服务,夯实美国中产阶级这一社会中坚力量,保持美国在国际社会的影响力,美国联邦政府对社区学院学生提供了多种资助项目。不仅如此,奥巴马在2015年的国情咨文中还倡导社区学院免学费,以使更多美国人有机会接受社区学院教育并获得高技能、高薪工作,他的倡导得到了很多地方政府和社区学院的响应。种种期待下的美国社区学院发展必然呈现新的发展动向,这也意味着美国社区学院会实施很多教育改革,而且在改革的过程中会不断总结和推广办学的成功经验。

三、美国社区学院是一种典型的教育模式

随着国际交流增加和国际竞争加剧,世界各国都力图从其他国家学到有用的经验。教育领域也不例外,职业教育因为与经济发展密切相关而受到更多的关注。人们对二战的战败国德国和日本的经济腾飞刮目相看,纷纷研究德国、日本是如何举办职业教育的。而澳大利亚的技术与继续教育(Technical and Further Education,简称TAFE)学院和英国大手笔的职业资格证书体系的建设也为人们所称道。除了德国、日本、澳大利亚、英国等职业技术教育强国外,美国的职业教育尤其是社区学院职业教育也引起了世界其他国家的浓厚兴趣。我国的职业教育研究者和办学者就在关注德国、澳大利亚、日本、英国等国的同时把目光投向美国。实际上,职业教育只是美国社区学院的功能之一,美国社区学院的教育功能是集职业教育、转学教育、补偿教育以及社区培训于一体的有机体系。在世界各国教育越来越开放的今天,美国也试图扩大社区学院的影响力,努力使社区学院成为其他国家学习的榜样。2009年7月,

美国副总统乔·拜登(Joe Biden)的夫人吉尔·拜登(Jill Biden)——一位长期在社区学院工作的教授——在巴黎召开的世界高等教育大会上发表演讲,介绍美国社区学院,号召发展中国家的领导人考虑(学习)美国的社区学院教育模式。①

美国社区学院经过一百多年的发展,成为美国高等教育的重要组成部分,被其他国家关注和学习,自然有其独到之处。所以包括中国在内的很多国家,也派代表团到美国考察美国的社区学院。2014年4月,中国职业技术教育学会代表团应美国社区学院协会(American Association of Community Colleges,简称AACC)邀请访美;2014年10月,美国社区学院协会国际项目及服务临时主任维勒(Wayne C. Wheeler)一行到中国职业技术教育学会访问,双方签署了框架合作协议。中国和美国高等职业教育团体之间的交流有利于进一步研究美国的高等职业教育,使中国职业技术教育有更多的参照。

在各国教育不断互动的过程中,沙特、越南、泰国、格鲁吉亚等在本国建立类似于美国社区学院的教育机构。我国的高职院校教育和社区教育机构也试图从美国社区学院的办学中吸取有用的经验。但是,美国社区学院教育模式的经验哪些值得移植?哪些可以改造?哪些需要摒弃?这些相关的问题都需要研究者和实践者去深入琢磨和思考。

四、美国社区学院研究具有较大空间

从相关网站查阅研究美国社区学院的文章,会发现对社区学院的研究很多,其中不乏深入的研究,这些研究更多地关注美国社区学院全貌。从研究内容上看,对社区学院现时代的改革和未来的发展趋势以及具体的案例分析关注较少。美国有50个州,每个州的教育政策都有差异,每个州对社区学院的管理各不相同。社区学院既有共同的特点,又有个性化的特征。如果"凑近"观察和研究美国社区学院教育培训,从州层面或社区学院的层面考察社区学院管理和社区学院办学,肯定会有很多新的发现。从 ERIC(Education Resources Information Center)等外文数据库上查阅的结果看,研究美国社区学院的文章很多,除了从宏观的角度研究美国社区学院外,一些文章也把研究维

① BOGGS G. The Evolution of the Community College in America [J]. The Community College Journal,2012,82(4).

度定位在州层面,还有的直接研究某一个专业或某一个合作教育项目,因此研究更加深入。

尽管对美国社区学院的研究很多,但仍然有很大拓展空间,这是因为社区学院处在一个不断变化的环境中,产业结构变化、经济实力消长、国家战略调整、政治力量博弈等各种因素都会促使社区学院发生变化。在新的时代条件下,面对世界各国的强力竞争,美国具有较强的危机意识,作为美国高等教育重要组成部分的社区学院,其改革意识强烈,这使得社区学院的办学呈现很多新动向,有很多方面值得研究。

每个国家的教育有相似之处,也有各自的闪光点。通过多维度研究美国社区学院,并且与中国高职院校进行比较研究,可以总结出美国社区学院发展的规律和特点,预测其发展趋势,并进一步提炼出其对我国职业技术教育的有益启示。

五、中国高职院校可借鉴美国社区学院经验

在中国高等教育系统中,如果要找一类与美国社区学院类似的高等教育机构,自然非高职院校莫属。相比之下,美国社区学院发展的历史更长,无论是为了满足国人的教育需求还是为了促进经济的发展,社区学院都可以给我们很多启示。同时美国社区学院在新形势下因面临诸多挑战,所以有很强的变革愿望,而社区学院的很多尝试为中国高职院校改革提供了有价值的参照。美国社区学院和中国高职院校有很多相似之处,这意味着美国社区学院发展面临的挑战,中国高职院校也可能会面对;美国社区学院发展过程中出现的问题,中国高职院校也可能会遇到。中国的高职院校在改革,美国的社区学院也在谋求创新,很显然,美国社区学院发展与改革的经验和做法值得我们反思、学习和借鉴。

我国高职院校经过很多年发展,取得了长足的进步,尤其是近年来通过实施高职示范院校建设,涌现出一大批有实力的高职院校。但是,我国高职院校也面临着一系列急需解决的问题,如教师队伍素质如何提升,如何与产业界合作,如何更好地服务于社会成人学习者,如何在技术技能型人才培养中起到引领作用等。作为世界上最发达的国家和最大的经济体,美国技术技能型人才的培养主要由社区学院来完成。社区学院是如何培养各行各业所需技术技能

型人才的？在新的时代背景下社区学院的走向如何？社区学院是如何为社区提供职业教育服务的？社区学院职业教育师资队伍是如何打造的？美国各州范围内社区学院的经营管理是如何进行的？对中国有什么启示意义？所有这些问题的探讨都对如何办好中国的高职院校有很好的借鉴价值。他山之石，可以攻玉。借鉴美国社区学院的成功做法，可以使我国高职院校少走弯路，提高效率，更好地为社会培养技术技能型人才。

第二节　核 心 概 念

一、社区学院

社区学院是在初级学院的办学基础上演变而来的，《中国教育大百科全书（第一卷）》认为，初级学院与社区学院是美国的两年制高等教育机构。[①] 毛澹然认为，社区学院这一名称的确定和广泛应用，是在二战结束后不久。[②] 本研究所指的社区学院，是美国高等教育系统中的一类机构，指在美国主要提供副学士学位(associate degree)课程和证书(certificate)课程，通常也提供补偿教育和社区教育培训服务的两年制学院。这类两年制学院名称里不一定包含"社区学院"一词，但是其具有为所在社区提供教育培训服务的突出特点。一些两年制学院的课程构成中，主体是副学士学位课程、证书课程、补偿课程和社区教育培训课程，但也提供少量的学士学位课程。本研究不特别关注社区学院的学士学位课程部分，不过这类社区学院仍属于本研究的范围。所以本研究所指的社区学院实际上是广泛意义上的两年制学院，与美国社区学院协会所指的社区学院一致。

二、高职院校

本研究所指的高职院校，特指中国大陆教育层次主要为专科的高等教育机构，包括职业技术学院、职业学院、高等专科学校等，主要提供两年制和三年

① 顾明远.中国教育大百科全书(第一卷)[M].上海:上海教育出版社,2013:116.
② 毛澹然.美国社区学院[M].北京:高等教育出版社,1989:1.

制的专科课程。除此以外，一些高职院校还提供五年制专科教育、中等职业教育和一些短期培训课程。有的高职院校也与四年制大学合办本科层次的教育，不过高职院校目前的办学重心仍然是专科层次的教育。

三、职业教育

本研究所指的职业教育，是指在社区学院或高职院校以获得某一职业或职业群所需要的知识和技能为主，以获得个性发展和长远发展的普通知识和技能为辅的具有明确职业指向性的教育。学习者通过接受这样的教育，能够胜任或基本胜任某一具体职业工作。本研究所指的社区学院职业教育，是指社区学院中具有明确职业取向性的教育，包括以获得应用类副学士学位、职业培训证书等为标志的教育培训项目。因此，本研究所指的职业教育是较为广义的职业教育。美国社区学院的职业教育大致可以分为三类：一类是副学士学位职业教育课程，一类是证书类职业教育项目，一类是职业教育短期培训课程。

四、转学教育

美国社区学院中转学类副学士学位教育是社区学院教育功能的一个重要方面，也是社区学院经典的教育功能。转学教育中的"转学"英文表述是"transfer"，特指从社区学院完成副学士学位教育后转学到四年制大学学习学士学位课程。因此，从一所社区学院转学到另一所社区学院这种类型的转学不是本研究所指的"转学"。转学教育和职业技术类教育在功能上有明显的区别。

五、合作教育

合作教育大致划分为狭义的合作教育和广义的合作教育。狭义的合作教育是指在专业教师和专业技术人员指导下，学生理论学习和实践操作交替进行，学生同时可以获得一定报酬的教育形式。在此过程中，学习者的学习和工作能得到教师和专业技术人员的指导与评价。广义的合作教育是指在教师和专业技术人员指导下包含理论学习和实践操作的各种教育形式。广义的合作教育包括各级各类教育培训组织与相关组织合作，互惠互利，取长补短，共享资源，共同提升学习者的知识或技能。本研究所指的合作教育，主要指社区职业教育范围内的合作教育，即社区学院在培养职业人才的过程中，通过与企业或其他相关组织合作,使培训内容、培训师资以及培训设施更加完备,培训方式更加科学,培训效果更好和培训效率更高的合作教育形式。

六、学徒制

学徒制最早是指师傅带徒弟的职业教育形式,可以大致分为古代学徒制和现代学徒制两种。本研究所指的学徒制,不是传统意义上的师傅带徒弟的学徒制,而是指现代意义上的学徒制,是指职业教育培训机构(通常为学校)和特定用人单位或参与该项目的其他合作方合作,联合培养技术技能型人才的一种制度。职业教育培训机构和合作单位对培养人才的责任和义务有明确分工,职业教育培训机构(通常为学校)主要提供基于课堂的知识学习,其他合作方主要提供基于工作场所或工作场景的实践学习,学生在学习期间可以获得一定的报酬。完成项目所规定的学习任务后可以获得相应的学分或课程成绩,进而获得区域或全国范围内认可的证书。

第三节　研究假设与方法路线

一、研究方法

(一) 文献研究法

本研究一方面通过图书馆的图书、杂志、报纸等收集介绍或研究美国社区学院的相关文献资料,另一方面通过国内的知网、维普、万方数据库和国外的ERIC 等专业数据库资源收集研究美国社区学院的学术论文。除此之外,研究还通过社区学院网站、社区学院协会网站、相关研究机构网站、美国联邦政府网站、州政府网站、行业协会网站广泛收集有关美国社区学院的新闻、政策、法律、会议论文等资料,寻找社区学院教育的法律、政策、改革动向等线索,旨在在整理和分析这些资料的基础上多角度研究美国社区学院。

(二) 调查研究法

本研究通过直接和间接的方式考察美国数所社区学院。通过访谈相关人士如教师、学生以及一些局外人士,了解美国社区学院的招生宣传、专业设置、课程内容、产学合作、教师聘用、学生就业、发展趋势等相关信息。通过观察和了解社区学院，深入研究社区学院教育的各个侧面。

（三）比较研究法

本研究把美国社区学院教育置于广阔国际背景下进行分析，总结美国社区学院的特点，阐述其未来发展趋势。此外，通过比较美国社区学院教育和中国高职院校教育的各个侧面，探讨美国社区学院教育给中国高职院校教育的有益启示。

（四）历史研究法

美国社区学院有超过百年的历史，本研究通过考察美国社区学院发展历程，梳理各个时期社区学院教育发展的历史，从社区学院名称演变、功能变化、课程设置、教师聘用等角度发掘社区学院教育的发展特点，研究社区学院发展的一般规律，预测社区学院教育的发展趋势。

（五）案例研究法

本研究通过挖掘美国社区学院的典型案例，从宏观和微观透视美国社区学院各类教育，使研究有较为鲜活的案例支撑。本研究通过分析典型社区学院的专业设置、课程构成、教师聘用、改革动向等信息，揭示美国社区学院教育的特点及发展趋势；通过州层面和社区学院层面探讨社区学院教育的重要方面，探索其值得我国高职院校管理和办学借鉴的经验。

二、研究假设

（一）美国社区学院的教育培训具有独特之处

长期以来，国内对发达国家职业教育的研究主要集中在德国、澳大利亚、日本、英国等国家。透过学者们的研究，职业教育界对德国的"双元制"、澳大利亚的"TAFE 学院"、日本的"企业合作"、英国的"国家资格证书制度"等有了较多了解，但是对于世界上最大经济体美国的职业教育了解还不够，这似乎给人一种假象，美国的职业教育不怎么样，没有太多值得学习的经验。然而随着学者们对美国职业教育关注度的增加，一部分研究者认为美国高等职业教育值得研究，只是由于美国教育地方分权的特点，各州的职业教育管理和运行等各有特点，所以研究美国职业教育具有一定的难度。笔者认为，美国作为世界上最发达国家和最大经济体，支撑其庞大产业发展的技术技能型人才的培养一定有独特之处,加上美国教育善于创新,所以承担其高等职业教育重任的社区学院,其职业教育一定有别于其他国家的职业教育,并且具有很强的借鉴价值。而且美国社区学院不仅具有职业教育功能,也承担着转学教育功能,并且还有很多拓展功能,有很多方面值得研究。基于以上种种原因,本研究假设美国社区学院具有独特之处。

（二）美国社区学院的转学教育制度、产学合作制度、教师聘用制度等具有独特价值

转学教育功能一直贯穿于社区学院发展的始终,实践证明社区学院有效地发挥了转学教育功能,为四年制大学输送了质量不错的生源;社区学院的产学合作制度使得学生的理论知识学习和实践技能培养能够有机结合起来,为职业技术类人才的培养创造了更好的条件;美国社区学院独特的教师聘用制度使得学校的教学较好地满足了各种类型教育培训的需要。探讨美国社区学院在转学教育、产学合作、教师聘用等方面的举措,可以挖掘出很多值得我国高职院校借鉴的经验。

（三）美国社区学院教育发展经验值得中国高职院校借鉴

在美国,有大约一半的大学新生选择在社区学院就读,这些学生中,相当一部分选择接受职业教育。社区学院培养出来的技术技能型人才为美国经济提供了重要人力支撑,由此可见美国社区学院的贡献。正是由于社区学院打下的人才基础,美国才造就了庞大的有竞争优势的各类产业。不管是社区学院的职业教育还是高职院校的职业教育,培养出质量过硬的技术技能型人才的职业教育就是好的职业教育。在中国经济转型升级的过程中,高职院校也充当着类似的角色,其招生规模和四年制大学有平分秋色之势,培养的也主要是技术技能型人才,这些人才是中国经济发展的重要依托。正是基于这一判断,本研究假设,美国社区学院办学经验值得中国高职院校办学借鉴。

三、研究技术路线

本研究在分析社区学院历史和现状的基础上展开,研究的技术路线如图1-1所示。研究从多个方面切入。首先梳理社区学院的历史,在此基础上探讨社区学院的发展规律。接着分析社区学院的现状,在此基础上分析社区学院的特点、存在的问题与改革。然后预测社区学院的发展趋势并对影响社区

学院发展的几个基本问题进行探讨。最后分析美国社区学院给我国高职院校的若干启示。总的来说,对于社区学院历史、现状以及各方面分析的最终目的是获取对我国高职院校有价值的经验。

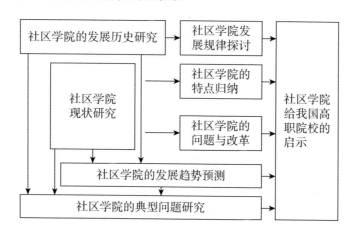

图 1-1　研究技术路线图

对社区学院历史的研究是分为五个时段进行的,这些时段的选项具有明确的时间节点,时间节点通常是与社区学院发展密切相关的重要事件或政策动向。在对社区学院发展与变革进行背景分析的基础上,呈现社区学院发展与变革的情况。在分析社区学院历史的基础上,本研究试图从五个方面揭示社区学院教育的发展规律:社区学院与政府介入、社区学院与四年制大学互动、社区学院与产业互动、社区学院与个人发展、社区学院与教育思想。

对社区学院现状的研究主要从社区学院管理、社区学院的课程、社区学院的学生、社区学院的教师、社区学院产学合作、社区学院的转学等角度进行分析。在客观呈现和归纳社区学院各方面情况的基础上,分析社区学院存在的问题和改革的措施,预测社区学院的发展趋势。

关于社区学院给我国高职院校的启示探讨,是从高职院校存在的问题出发,结合对社区学院历史、现状、规律、特点、趋势等的分析进行提炼,目的是从各个侧面给我国高职院校发展和改革提出有价值的建议。

本 章 小 结

本章分两个部分展开,首先阐述了美国社区学院发展与变革研究的缘起及意义,然后对研究思路进行了分析。

　　社区学院是美国高等教育体系的重要组成部分,是美国高等职业教育最重要的承担者,也是转学教育和其他中学后教育培训的重要提供者。社区学院超过百年的发展历史使其积累了不少成功的办学经验,而社区学院随着时代发展而不断变革也使其拥有很多鲜活的变革举措。我国高职院校与社区学院在功能上具有一定的相似性,因此美国社区学院的经验和做法对我国高职院校变革有一定的借鉴价值。

　　研究思路部分阐述了本研究的研究方法、研究假设、核心概念和研究的技术路线图。本研究采用文献研究、调查研究、对比研究、历史研究、案例研究等多种研究方法,试图循着美国社区学院历史和现状的线索,探讨社区学院的发展规律,总结社区学院的特点,探讨社区学院的突出问题和改革措施、发展趋势和影响社区学院发展的基本问题,最后分析美国社区学院给我国高职院校的启示。

第二章

美国社区学院
发展历程

　　从1636年哈佛学院成立算起,①美国高等教育已经走过了近400年的历程。相对于美国高等教育的历史而言,美国社区学院的历史并不长,但是经过较长时间发展,社区学院系统已经比较完善,并且以其不可替代的地位成为美国高等教育系统的重要组成部分。

　　社区学院被美国人视为重要"发明",其历史可以追溯到早期初级学院的建立。如果从1901年成立的第一所公立初级学院算起,②美国社区学院的历史已经超过120年;如果以私立初级学院建立为时间计算起点,社区学院的历史还更长。追溯社区学院的历史可知,很多社区学院是由初级学院等教育机构演变而来的。最初提出"初级学院"这个概念的学者是芝加哥大学的校长威廉·雷尼·哈帕(William Rainey Harper),哈帕不仅是建立初级学院思想的提出者,而且是把初级学院从理论变为现实的重要实践者。

　　社区学院发展过程中名称的变化折射出了其内涵的演变。从最初的初级学院到现在的社区学院,这一类型的教育培训机构经历了从单一转学功能到复合社区服务功能的转变。寇恩(Cohen)(2008)把社区学院定义为"被授权授予最高学位为文科副学士学位或科学副学士学位的地区教育机构"。③除了提供副学士学位教育外,社区学院还提供很多其他教育培训服务,社区学院这些多样化的教育培训功能是经过上百年的演变和拓展而来的。回顾社区学院的发展历程,可以根据发展背景不同将其大致划分为五个阶段。

---

　　① 张斌贤.外国教育史[M].北京:教育科学出版社,2015:256.
　　② 伊利诺伊州的朱丽特初级学院(Joliet Junior College)是美国第一所公立初级学院,成立于1901年。
　　③ COHEN A M, BRAWER F B. The American Community College [M].San Francisco, CA: Jossey-Bass,2008.

第一节 美国社区学院萌芽时期(1901—1920)

一、社会背景分析

(一) 影响社区学院发展的政治背景分析

美国在南北战争前,北方工业发展已经达到较高的水平,而南方仍以农业经济为主。南北战争之所以北方能够打败南方,重要原因之一是北方具有较好的工业基础。经历了南北战争后,美国政治稳定,各州励精图治,社会得以重建。州政府和地方政府为了更好地满足大众的教育需求,在一些政界人士和教育界人士的推动下尝试建立公立初级学院。实际上,在第一所公立初级学院成立以前,已经有少数私立初级学院零星成立。由于各州对本州的教育事务具有决定权,因此在一些州对初级学院的探索比较早,而在另一些州则比较晚。当伊利诺伊州、加利福尼亚州等的初级学院已经蓬勃发展的时候,一些州的初级学院还处于起步阶段,而一些州还没有成立初级学院。为了促进本州经济和教育发展,一些州政府制定政策、提供资金支持社区学院办学,一方面是为了提供更多的高等教育服务,另一方面是为了提供更多的职业教育服务。提供更多的高等教育服务是为了满足学生日益增长的高等教育需求,提供更多的职业教育服务则是为了满足人们的就业需求。由于初级学院是新生事物,成立初级学院的想法最初在一些州并不被人们所认可。为了推动初级学院建立,很多立法工作者和社会工作者进行了积极探索,因此有关初级学院立法的过程同时也是人们"思想解放"的过程。在这一时期,美国联邦政府也意识到发展与工业、农业相关的教育的重要性,通过立法对这些领域投入更多资源,从而大大促进了这些领域的教育和培训。

(二) 影响社区学院发展的经济背景分析

18世纪末期,在英国发生的产业革命带动了其他国家的工业化进程。一位名叫斯赖特尔(Samuel Slater)的商人从英国购买了机械设备,在马萨诸塞州建立了美国第一个棉花加工厂,标志着美国产业革命的开始。到了19世纪中期,美国已经在世界各国工业化进程中处于领先地位。虽然美国内战对经济发展有所影响,但内战结束后,美国工业生产的扩张和提升非常显著,到1913

年,美国在世界制造业产品中所占的份额已经达到了36%。而同期的德国为16%,英国为14%,法国为6%。① 美国所占的份额是德国、法国、英国所占份额的总和,处于绝对领先地位。

这一时期美国经济的快速发展也得益于获得了丰富的劳动力资源。1890年,美国劳动力的总量大约为2200万,但是到了1910年,劳动力的总量约为3300万,比1890年增长了约一半。② 如此快速的劳动力增长,部分原因是大量移民的涌入,1890年,大约有44.5万人从欧洲移民到美国,而1910年,从欧洲移民到美国的人数约为92.5万人。③ 统计数据显示,从1900年到1919年间,移民到美国的人数约为1455万人。④ 这一方面说明美国经济发展创造了很多就业机会,另一方面也反映出丰富的劳动力资源为美国经济发展作出了巨大贡献。

这一时期美国铁路网建设为美国经济的快速发展打下了坚实基础。铁路系统的建设带动了钢铁行业迅猛发展,而铁路交通的便利也促进了原材料和产品的运输,促进了制造业扩张和商业发展。各种因素促使美国整体经济实力大增,国民生活水平也大幅度提高。经济发展使得产业结构中农业比例下降,工业比例上升,人们的就业也因此发生了巨大变化,职业的种类越来越丰富,对知识和技能的要求也不断专业化。经济发展对劳动力的需求也日益多元化,这对教育和培训提出了更高要求。

（三）影响社区学院发展的其他背景分析

1862年颁布的《莫雷尔法案》,使得州政府可以支配联邦政府赠予的土地,成立赠地学院。赠地学院主要是建立与农业和机械相关的专业,由于这些专业具有很强的职业性,因此其课程开设、教师雇用等相对于传统的课程设置和教师聘用而言是全新的。在《莫雷尔法案》的推动下,很多州纷纷成立赠地学院,推出大量与工业和农业相关的专业和培训项目。赠地学院的成功使高

---

① GRAY R, PETERSON J M.Economic Development of the United States[M]. Richard D.Irwin, Inc., 1974:269.

② GINZBERG E, BERMAN H. The American Worker in the Twentieth Century[M].The Free Press of Glencoe A Division of The Macmillan Company,1963:28.

③ GINZBERG E, BERMAN H. The American Worker in the Twentieth Century[M]. The Free Press of Glencoe A Division of The Macmillan Company,1963:29.

④ COHEN S. Labor in the United States[M]. New York, NY: Charles E. Merrill Publishing Company, 1960:13.

等职业教育的思想得到广泛传播,人们对在高等教育机构中设置职业性很强的课程给予了充分肯定。

19 世纪末期,随着民众对高等教育的需求日益旺盛,已有的四年制大学无法完全满足人们的高等教育需求。高等教育出现了供不应求的局面,因此必须有新的高等教育机构来满足人们的高等教育需求,所有这些都为初级学院的产生创造了条件,私立初级学院的出现正是迎合了这一需求。在第一所公立初级学院成立以前,已经有数所私立初级学院成立。这一时期,很多有识之士提出,建立初级学院满足更多人的教育需求,同时缓解四年制大学高等教育的压力。

早在 1851 年,亨利·泰盼(Henry Tapann)就建议分离大学的一、二年级教育与三、四年级教育。[①] 但是怎么分离给人们留下了很大的探讨空间。其后,很多学者和知名人士探讨了这一问题。在这些探索者和实践者中,最著名的当数芝加哥大学的校长威廉·雷尼·哈帕(William Rainey Harper)。哈帕是芝加哥大学的首任校长,其在芝加哥大学筹建及成立过程中立下了汗马功劳,这也是他倡导的初级学院改革得以顺利推行的重要原因。1856 年,哈帕第一次提出了"初级学院"这一名称,他说他用"初级学院"这一名称是因为缺乏更好的术语来囊括大学一、二年级的工作。[②] 哈帕在很多论文和演讲中阐述了他把大学一、二年级教育分离出来设立"初级学院"的想法。

1892 年,哈帕在芝加哥大学推行改革,把大学教育分为"高级学院"和"初级学院"两部分。1901 年,哈帕和其他人一道,在伊利诺伊州的朱丽特高中(Joliet High School)进行改革试验,设立"初级学院"。因为哈帕特殊的地位、独到的见解和大胆的改革,他的观点得到很多人认可,哈帕因此被人们誉为"初级学院之父"。

初级学院的课程实际上与四年制大学一、二年级的课程类似,只是由于初级学院师资资源有限,无法开出像四年制大学那样丰富的课程,学生选课范围受到较大限制。尽管初级学院设立之初的目的主要是为了和四年制大学的高

---

① HILLWAY T. Education in American Society[M]. Boston, MA: Houghton Mifflin Company,1961:258.

② EELLS W C. Why Junior College Terminal Education[M]. Menasha, WI: George Banta Publishing Company,1941:2.

级学院对接,但是人们对初级学院的目的和初级学院学生应该学习什么样的课程还是有不同的主张。库斯(Leonard Vincent Koos)的研究(1921)表明,在调查的23所公立初级学院和33所私立初级学院中,有22所公立初级学院、31所私立初级学院认为初级学院应提供大学认可的两年教育(offering two years of work acceptable to colleges and universities);有12所公立初级学院、16所私立初级学院认为应该提供初级学院的职业训练(providing occupational training of junior college grade);有15所公立初级学院、0所私立初级学院认为初级学院是普及高等教育(popularizing higher education)。[①]

二、社区学院发展与变革

(一)初级学院从无到有,形式多样

1890年,美国高中生的数量约为20万,1990年约为50万,而1910年则达到了100万。[②] 可见当时的社会背景下高中毕业生接受高等教育的需求给四年制大学造成了很大的压力。设立初级学院的目的是满足更多人的高等教育需求,让更多学生有接受高等教育的机会,同时也可以缓解四年制大学的入学压力。早期初级学院的成立方式是多种多样的,有的初级学院设在高中,有的初级学院由私人资助独立设置,有的初级学院是教堂附属机构,一部分初级学院以四年制大学开设分校区的形式存在。有的初级学院只有十几人或几十人,并不像我们现在的学院规模那么大。一些经济条件较为落后的州并没有设立初级学院。初级学院设置的课程多为一些基础性的学科课程,主要是为了与大学三、四年级的课程衔接。初级学院并未设置专门的职业证书课程。一些初级学院设立时,办学者关于如何开设初级学院课程有不同的主张,有学者提出初级学院不仅是为了学生升学,还应该考虑到学生就业需要,所以一些州的初级学院还开设了职业教育类课程,如商业类课程、工程类课程等,以使学生获得相应领域的就业知识和技能。但是总的来说,初级学院早期最重要的功能还是升学,职业教育功能在早期初级学院中处于从属地位。早期初级

---

① KOOS L V. The Junior College(Volume Ⅰ)[M]. Minneapolis, MO: University of Minnesota, 1924:14.

② MORGAN J E. Horace Mann: His Ideas and Ideals[M].Washington, D.C.: National Home Library Foundation,1936:5.

学院的主要目的还是为升学做准备,也就是为了让学生经过初级学院的学习后,能够到四年制大学的高级学院继续学习。

（二）初级学院的数量逐步增长

由于这一时期美国联邦政府并没有统一的教育行政部门,初级学院的成立具有自发性,更多的是各州在教育领域的一种新的尝试。初级学院在各州的发展并不均衡。以加利福尼亚州为例,该州虽不是第一个设立初级学院的州,但是由于加利福尼亚大学和斯坦福大学领导人和学者的推动,州教育行政当局对初级学院非常重视,使该州很快成为成立初级学院最多的州。[①] 1915—1916 年,全美初级学院总数达到 74 所,其中私立的 55 所,公立的 19 所,招生数量分别为 1771 人和 592 人。[②] 平均每所私立初级学院的招生数是 32 人,公立初级学院的招生数是 31 人。

总体而言,初级学院的数量在这一时期是逐步增长的。从表 2－1 中的数据看,1901 年到 1920 年间,一共有 148 所初级学院成立。其中公立初级学院33 所,私立初级学院 98 所,其他初级学院附属于一些教育机构,属于学校（school）、教师学院（teachers college）等的一部分。

表 2－1　1901—1920 年间初级学院的成立情况

年份	公立初级学院	州教育组织	私立初级学院	总数
1901			1	1
1902	1			1
1903			1	1
1904			1	1
1905			2	2
1906			1	1
1907				
1908			2	2
1909			4	4
1910		1	5	6
1911	1	5	3	9
1912			6	6

---

① 毛澹然.美国社区学院[M].北京:高等教育出版社,1989:15.
② REYNOLDS J W. The Junior College[M]. New York, NY: The Center for Applied Research in Education,Inc.,1965:9.

年份	公立初级学院	州教育组织	私立初级学院	总数
1913	2	1	10	13
1914	1		8	9
1915	7	2	8	17
1916	6	2	14	22
1917	3	2	11	16
1918	4		7	11
1919	4	2	10	16
1920	4	2	4	10
合计	33	17	98	148

数据来源：KOOS L V. The Junior College（Volume Ⅰ）［M］. Minneapolis, MO：University of Minnesota,1924:2.

（三）初级学院的课程以普通教育课程为主,以职业教育课程作为补充

由于各种各样的原因,很多学生完成了初级学院的学业后便寻求就业,而他们是否具备就业所需的知识和技能是决定他们能否顺利就业的重要因素。鉴于此,一些有识之士认为,应该在初级学院的课程设置中加入与就业相关的课程,此举是为了让学生经过初级学院学习后,即使不能进入高级学院学习,也能更好地就业。由于一些教育者提出应该在初级学院课程中增加与就业相关的课程,一些办学机构在很早的时候就开设了职业教育类课程。例如1910年,麦克雷恩（C. L. McLane）在加州第一所公立初级学院——弗雷斯诺初级学院（Fresno Junior College）成立之前就提出,学院应该加强农业、手工业和其他技术工作的各个方面。[1]

1917年的《史密斯-休斯法案》（Smith-Hughes Act）提出,联邦政府拨款支持农业、商业和工业、家政等方面的教育。这一法案使得人们对相关的课程更加重视,拓宽了办学者的思路,另一方面开发出更多的与经济发展密切相关的课程[2]。这些思路和做法影响了初级学院的课程设置,初级学院的职业教育因此得到了一定的发展。库斯在1921年前后调查了数十所初级学院,结果发现,很多初级学院,尤其是公立初级学院开设了职业教育类课程,例如初级学

[1]　EELLS W C.Present Status of Junior College Terminal Education［M］. Menasha, WI：George Banta Publishing Company,1941:16.

[2]　EELLS W C.Present Status of Junior College Terminal Education［M］. Menasha, WI：George Banta Publishing Company,1941:27.

院的商业课程中,有如下一些职业类课程:商业数学、速记、打字、办公室训练、记账、会计、商业英语、销售员、工业和商业地理、市场与价格、投资理论、金融与银行、商业法律等。[①] 而初级学院的家政课程也多种多样,有食物挑选和准备、食品研究或食品问题、膳食、烹调、食物准备和服务、食品化学、裁缝、布料的选择和加工、初级制衣、裙子制作、服饰与裙子设计、织物、缝纫制衣及织物、家庭装饰、家用家具、家庭计划、家庭护理、家庭管理等。可见当时的社区学院已经开设了很多职业技术类课程。

（四）初级学院协会成立

初级学院从设立之初就逐渐得到人们的认可,数量陆续增加,招生规模逐渐扩大,社会影响力也越来越大。1920 年,全美初级学院协会（American Association of Junior Colleges）成立。该协会的成立是美国社区学院发展历史上的重要事件,这意味着美国初级学院走到了一起,共同商讨初级学院发展过程中遇到的种种问题,从而可以更好地促进初级学院的发展。协会作为初级学院群体的重要代表,对内研究发展中存在的问题,对外统一发声,使美国初级学院的发展进入了一个新阶段。初级学院协会成立后,初级学院发展面临的很多问题在协会举办的一年一度的初级学院大会上备受关注。来自初级学院和相关机构的代表会在大会召开期间集中讨论初级学院办学中的种种问题,并对相关问题给出建议性或倡议性的解决方案,这无疑为初级学院的发展和改革提供了有力的智力支持。

第二节　美国社区学院初步发展时期(1921—1944)

一、社会背景分析

（一）影响社区学院发展的政治背景分析

一战结束后,世界的政治版图重新洗牌。战争使欧洲各强国实力大大削弱,而美洲大陆上的美国成了世界上最强大的国家。战争期间,很多欧洲人为

---

① KOOS L V. The Junior College(Volume Ⅰ)［M］.Minneapolis, MO：University of Minnesota,1924：40.

了躲避战火,纷纷逃亡或移民到美国;战争结束后,又有大量移民涌入美国寻找生存和发展机会。这些移民带来了技术和资金,促进了美国各行各业的发展,使得美国综合实力大大增强。不过,各国社会的贫富差距以及世界经济竞争的无序化也酝酿了随后的经济危机。

1929 年爆发的经济危机对美国社会产生了强烈冲击,同时也对美国政治产生了深刻影响。由于未能有效地应对经济危机,当时的胡佛总统在后来的竞选中被击败。新上任的罗斯福总统被美国社会寄予了很大期望,他不负众望,就任后即迅速推出新政,整顿金融业,振兴农业,投资工业。在罗斯福政府的努力下,整个美国社会的元气逐步恢复。为了创造工作机会,政府在基础设施建设以及其他公共服务设施方面投入了大量资金,为美国进一步发展和应对可能的挑战奠定了坚实基础。

1939 年 1 月,罗斯福总统在国情咨文中表示,世界局势并不乐观。1939年 9 月,德国入侵波兰,随即多国参战。战争初期,美国政府无意介入战争,政治上一度奉行孤立主义,倾向于从战争中获取经济利益。然而,日本偷袭珍珠港改变了美国的政治倾向。偷袭事件发生后,美国迅速向日本宣战,由于当时的日本、德国、意大利结成了联盟,所以该宣战意味着同时向其他两国宣战。战争带动了各种军用和民用物资的生产,也间接促进了社区学院职业教育发展。二战后期,美国政府出于安置退伍军人的考虑,于 1944 年出台了《退伍军人权利法案》,该法案虽然主要是为了解决退伍军人的安置问题,却为后来社区学院的大发展埋下了伏笔。

(二) 影响社区学院发展的经济背景分析

二十世纪二三十年代是美国经济大发展的年代,同时也是美国尝到经济危机痛苦的年代。20 世纪 20 年代,大量科学技术新成果转换为生产力,电力在生产中被广泛使用,管理水平提升等诸多因素大大刺激了生产发展。这一时期,汽车产业是经济发展的重要引擎。1929 年,美国福特(Ford)、通用汽车(General Motor)、哈德森(Hudson)、斯杜德贝克尔(Studebaker)、克莱斯勒(Chrysler)、派克德(Packard)六大汽车公司雇用了制造业 7% 的工人[①],汽车产业发展带动了钢铁、橡胶、玻璃、油料等产业的繁荣。工业大发展挤压了农业

---

① WATTS L S, GEORGE A L. Beekman Scott. Social History of the United States: The 1920s [M]. Santa Barbara, California: ASC-CLIO, Inc.,2009.

的发展空间,使得农业的就业人口减少,大量农业工人从农场转移到城市工作,一些地方的土地因为缺少劳动力而被闲置。1929年到1933年间的经济危机重创了美国经济,1933年经济最低谷时大约有24.9%的劳动力处于失业状态。在此期间尽管胡佛总统提出了一些改革思路,效果并不理想。1932年,罗斯福当选为美国总统。1933年到1938年间,政府推行了以救济失业者和穷人、恢复经济、改革金融系统为主要内容的新政。新政的推行创造了大量就业机会,使得美国经济逐渐恢复。1939年,第二次世界大战的战火在欧洲大地蔓延。由于世界多国卷入战争,军用和民用物资短缺,客观上为处于中立的美国带来了巨大商机。美国的军用产品和民用产品供不应求,大量军用和民用物资生产,既刺激了经济发展,也间接带动了包括初级学院职业教育在内的多种形式职业教育的发展。

(三) 影响社区学院发展的其他背景分析

这一时期对初级学院发展最有影响力的教育思想就是大力发展初级学院以及拓展初级学院功能。这些教育思想和各种因素交织在一起形成了著名的初级学院运动。初级学院运动使人们对初级学院的地位和功能、初级学院的课程教学等有了更深入的讨论。1920年全美初级学院协会(American Association of Junior Colleges)成立后,一年召开一次初级学院大会。来自初级学院和相关机构的代表在大会期间讨论初级学院办学面临的种种问题,并对相关问题给出建议性或倡议性的方案。1930年,美国初级学院协会创立了"初级学院杂志"。举办该杂志可以为讨论这些问题提供平台,满足各种类型初级学院的利益和需要。① 初级学院运动使人们对初级学院的很多问题有了更加明确的认识,人们认可了初级学院的两年学制,肯定了初级学院的兼职教师制度,确定了初级学院的职业教育功能,探讨了初级学院的资金来源机制等。

二、社区学院的发展与变革

(一) 初级学院的规模不断壮大

1921—1922年,公立初级学院数量为70所,登记入学人数达到8349人,

① EELLS W C. Why Another Educational Journal[J]. The Junior College Journal,1930,1(1):4-5.

私立初级学院137所,登记入学人数达到7682人。① 1925年,初级学院数量超过200所,1930年数量接近400所。② 经过约四十年的发展,到1941年,全美拥有610所社区学院,入学人数达23.6万多人(1939—1940年间的数据),教学人员达13 500多人,其中伊利诺伊州的初级学院达到24所,加利福尼亚州的初级学院最多,达64所。③ 1942年,初级学院的数量是627所,1943年为624所,入学人数达32.5万多人。④ 经过几十年发展,初级学院数量和招生人数都达到了较大规模。这说明初级学院所提供的教育培训服务得到社会认可,同时也说明人们具有旺盛的中学后教育需求。这一时期初级学院从数量上看,私立初级学院仍占优势,但是从招生人数看,公立初级学院的招生数量更多。以1941年为例,该年份私立初级学院的数量为349所,公立的为261所;私立初级学院的招生数为67 934人,而公立的为168 228人。⑤

(二) 初级学院的功能得到拓展

随着初级学院的进一步发展,人们越来越多地关注初级学院的教育培训功能。除了初级学院的转学功能外,初级学院的职业教育功能也越来越突出,成为初级学院的另一个重要功能。在这一阶段,初级学院被广泛认同的功能主要有四个:普及教育功能、准备教育功能、终结教育功能以及指导功能。这些功能中,准备教育功能是指为升学到四年制大学的三、四年级做准备,而终结教育功能则是指职业教育功能。当然,终结教育功能并非仅仅限于职业教育。这一功能的实现有赖于相应的课程设计,终结教育课程是普通教育课程和职业教育课程的组合。普通教育课程主要涉及社会、文化等方面,而职业教育课程则与就业密切相关,涉及就业所需的技术、技能等。初级学院功能的拓展实际上是以满足市场需要为指向的,换言之,正是因为就业市场上有旺盛的教育培训需求,初级学院才能顺应市场需要推出很多热门的专业和项目,从而

① REYNOLDS J W. The Junior College[M]. New York, NY: The Center for Applied Research in Education,Inc.,1965:9.

② EELLS W C. Present Status of Junior College Terminal Education[M].Menasha,WI: George Banta Publishing Company,1941:8.

③ EELLS W C. Present Status of Junior College Terminal Education[M]. Menasha,WI: George Banta Publishing Company,1941:3.

④ EELLS W C. Annual Report of Executive Secretary [J]. Junior College Journal,1943,14:347.

⑤ EELLS W C. Present Status of Junior College Terminal Education[M]. Menasha,WI: George Banta Publishing Company,1941:4.

大大拓展了初级学院的生存和发展空间。

（三）初级学院运动使初级学院不断完善

初级学院的稳步发展让人们看到了初级学院的生命力。初级学院协会成立后，致力于帮助新建初级学院发展，同时也不遗余力地推进初级学院运动。初级学院的功能定位、初级学院在高等教育体系中的位置、初级学院的课程设置、初级学院的教师队伍建设等都成为初级学院协会年会的重要讨论议题。这些议题同时也是初级学院在实践过程中关注的焦点。初级学院协会为初级学院的发展提供了及时指导，初级学院的互动为各自办学功能的拓展、办学质量的提升起到了很好的推动作用。从 1938—1939 学年度初级学院开设的课程看，除了普通文化课程外，初级学院在商业、文秘、农业、林学、民用工程、电子工程、机械工程、艺术、音乐、新闻等领域都开设了大量职业教育类课程。[①] 开设这些课程可以让学生学到在相应领域就业所需的知识和技能，提高他们在就业市场上的竞争力。

随着初级学院功能得到拓展，初级学院提供的教育培训项目越来越多。初级学院除提供转学教育外，已经具备较为完备的职业教育功能。初级学院在数量和招生规模上的发展使得初级学院已经成为高等教育领域教育培训服务的重要提供者。初级学院的课程已经从单一逐渐走向多元，教师队伍的来源也日益多元化。人们对初级学院的观念也不断发生变化，例如，人们不再认为只有拥有四年制大学学位的人才能担任初级学院教师。相反，人们认为那些有着丰富职业经验的专业人员更能胜任职业技术类课程的教学。"除非教师具有鲜活的和一手的与生活本身的接触，否则教师不能理解职业教育的方法原理。教师要教给学生工作技能，其必须有脚踏实地的经验，经过实践训练并且成功地干过相应的工作。"[②]由此可见，这一阶段人们对初级学院教师的认识和他们的技能要求等已经有了非常深刻的理解。

① EELLS W C. Present Status of Junior College Terminal Education[M]. Menasha, WI: George Banta Publishing Company, 1941: 211-213.

② EELLS W C. Why Junior College Terminal Education[M]. Menasha, WI: George Banta Publishing Company, 1941: 266.

第三节　美国社区学院快速发展时期(1945—1983)

一、社会背景分析

(一) 影响社区学院发展的政治背景分析

二战后,美国杜鲁门总统成立高等教育总统委员会,该委员会负责向总统提出高等教育的政策建议。该委员会调查发现,由于缺钱,美国很多年轻人失去了高等教育的机会。这对于实现教育机会均等的美国梦是一个巨大的挑战。该委员会于1947年出版了六卷本的《为了美国民主的高等教育》报告,报告中提出了解决这一挑战的可能答案,认为提供14年教育的时机已经成熟,应该为那些有能力、有需要的10到14年级的学生提供资金支持。作为解决问题的方案之一,该委员会提出建立成百上千所新的两年制具有大学功能的教育机构。委员会还建议使用"社区学院"作为这种教育机构的名称。[①] 报告的第一卷就提出,社区学院作为扩大教育机会和提供多样化教育的机构,其数量应该增加,社区学院的办学活动也应该多倍扩大。报告强调,社区学院不管采取何种形式,其目的是为整个社区提供教育服务,这一目的要求社区学院的功能和项目多样化。社区学院应为社区青年提供大学教育,以此去除对教育机会的地理或经济障碍。除此以外,社区学院应是成人教育的中心。社区学院应尝试满足其所在社区的整个中学后教育需要。[②]

二战结束后,美苏争霸的局面迅速形成,双方明争暗斗。1957年苏联成功发射卫星一事极大地刺激了美国,美国于1958年颁布实施《国防教育法案》(*National Defence Act*),投资各级教育,资助高科技项目,以提高美国的科技水平和国家实力。受多种因素影响,各种社会运动深刻地改变了美国当时的政治生态。民权运动在马丁·路德·金(Martin Luther King)等人的领导下,对美

---

① HILLWAY T. The American Two-year College[M]. New York, NY: Harper and Brothers, 1958: 2 - 3.

② President's Commission on Higher Education. Higher Education for American Democracy [R]. New York, NY: Harper & Brothers Publishers, 1948: 67 - 68.

国社会产生了巨大冲击。民权运动的重要成果之一是《1964 年民权法案》(*The Civil Rights Act of 1964*)，这一运动使得美国非洲裔及其他有色人种的权利得到更多保障，法案中规定了消除公共教育机构中的种族隔离，这在一定程度上保障了有色人种在社区学院的受教育权利。20 世纪 70 年代的女权运动也大幅度改变了美国女性的社会地位。在一些女权主义组织如"全美妇女组织"(National Organization for Women)、"妇女平等行动联盟"(Women's Equity Action League)的推动下，男女同工同酬、男女受教育机会平等等主张深入人心，大大推进了女性受教育和女性在传统上被男性主导的行业就业。美国陷入越战泥潭后，国家耗费了大量的资源疲于应付战争，战争久拖不决引起了社会各界不满，杂合了诸多动机的反战运动，对美国政府和各阶层的观念带来了巨大冲击，使得少数族裔的权利受到进一步重视。

20 世纪 70 年代末 80 年代初，世界市场上各国产品的激烈竞争使美国明显地感受到了压力。美国政府意识到要在竞争中保持优势，就必须培养具有竞争力的劳动力。因此美国更加关注各相关群体的技能培训，如产业调整过程中失业工人的再就业技能培训，退伍军人、弱势群体、少数族裔群体的技能培训等。由于这些教育培训很多属于中学后教育的内容，所以这一重任有相当一部分是由社区学院系统来承担，这些教育培训项目的实施在一定程度上也促进了社区学院功能的拓展，同时也使社区学院加强了和社会各界的合作。

（二）影响社区学院发展的经济背景分析

在二十世纪四五十年代，由于世界主要资本主义国家在二战中元气大伤，国家的重建需要投入大量的人力、物力和财力，而美国本土除因珍珠港遭偷袭造成了一些影响外，并没有遭受严重的破坏。战争期间的各种需求大大拉动了美国相关产业的发展，这使得美国在二战后有足够资源和能力援助其他资本主义国家。美国对这些国家的援助带动了美国资本和产品涌入这些国家并牢牢地占据了这些国家的市场。与此同时，资本主义和社会主义两大阵营的对抗也巩固了美国经济在资本主义世界的领导地位。各种各样的因素垂青美国，使美国经济具有其他资本主义国家完全无法比肩的优势，因而在二战后三十多年的时间里，美国经济一直一枝独秀，其产品畅销资本主义世界。

经过二战后三十多年的发展，其他主要资本主义国家的元气逐渐恢复，因而在世界市场上，美国面临着其他工业化国家日益激烈的竞争，这激发了美国的危机感。正如《国家在危机中:教育改革势在必行》报告中所阐述的:"危机不仅是日本人比美国人更高效地制造并在汽车制造开发和出口方面得到政府的补贴,也不仅是韩国人最近建造了世界上最有效率的钢厂,或者是曾经享誉世界的美国机械工具正在被德国产品所取代。危机也是这些发展所显示的经过培训的能力在全球范围内的重新分配。"①

随着经济上的竞争日趋激烈,美国的产业结构也不断发生变化,在竞争中处于劣势地位的产业被挤压甚至被淘汰,这些产业溢出的劳动力的再就业培训成为社区学院教育的重要任务之一。同时,特定群体如退伍军人、即将就业的青年等的教育培训问题也受到重视。在产业升级和产业淘汰的背景下,社区学院教育培训服务项目也必须不断做出调整,服务社区的教育培训工作成为社区学院教育培训的常态。由于社区学院教育培训项目量大面广,需要投入很多资源,而社区学院所拥有的教育培训资源有限,社区学院不得不雇用各行各业专业技术人员担任兼职教师,同时也通过各种方式利用各行各业的其他资源来完成教育培训任务,因此社区学院不断加强和各方的合作,尤其是产业界和社区学院的合作,成为社区学院教育办学的必由之路。

(三) 影响社区学院发展的其他背景分析

在《退伍军人权利法案》的推动下,美国大量退伍军人选择了到各种类型的教育机构继续他们的学业,因为接受教育既可以免学费,又可以获得津贴,同时还可以较大幅度地提升自身在就业市场上的竞争力。《退伍军人权利法案》为服役 90 天的军人提供 1 年的教育资助,最长资助 48 个月。根据法案规定,退伍军人的学费、杂费、书费、学习用品费将被直接支付给学院或大学,最高达每年 500 美元。而当时私立大学的学费约为 300 美元,州立大学的学费还要少一些。② 除此以外,"单身的军人还会获得每月 50 美元的津贴,已婚军人还会获得每月 75 美元津贴"。③ 退伍军人根据自身的实际情况如受教育程度、就业需求等申请

---

① The National Commission on Excellence in Education. A Nation at Risk:the Imperative for Education Reform[R].1983.

② THELIN J R. A History of American Higher Education [M]. Baltimore, MD:The John Hopkins University Press,2004:263.

③ THELIN J R. A History of American Higher Education [M]. Baltimore, MD:The John Hopkins University Press,2004:263.

进入各类教育机构学习。到 1956 年,有超过 200 万的退伍军人接受了各种教育。① 在二战后出生的大量孩子,到了 20 世纪 60 年代,也纷纷到了大学入学年龄,他们旺盛的高等教育需求也大大刺激了社区学院的发展。

受教育民主思想和教育平等思想的影响,很多人认为接受高等教育是一项重要的权利,也是平等的一种体现,这种思想也为推动美国各州大规模建立社区学院作出了很大贡献。同时由于民权运动、女权运动等的影响,很多社区学院增加少数族裔和女性学生的招生数量。为了能够满足不同群体的教育需求,社区学院扩大了社区教育培训服务的范围,不但提供副学士学位教育,还提供了很多基础性的教育服务和紧贴社区的培训服务,社区学院也因此开设了更多的课程,如针对成人和高中辍学学生的高中水平的英语、数学、自然科学和社会科学课程以及其他培训课程等。

社区学院教育培训服务功能的逐步完善使得社区学院专业和课程逐步趋向成熟和稳定。有的社区学院提出通过设立学生学习的行为标准来提高教学质量,也有的社区学院尝试开设电视课程、卫星课程等,以便更好地为社区各类群体提供教育培训服务。由于招生规模不断扩大,社区学院的资金来源问题也受到了更多重视。1970 年,卡耐基委员会推出了一份研究报告——"开放的学院:社区学院的政策",该报告除了预测社区学院的招生人数将大幅度增长外,还建议通过各种途径提供资金,以满足社区学院的办学需要。报告呼吁联邦政府通过资助州计划建设的社区学院,提供建设资金,为新校区提供资金支持,为"工作—学习机会"项目提供资金以及为教师、咨询人员、管理人员等提供接受研究生教育的资金支持等。②

1974 年,美国颁布《生计教育法案》,强调职业教育的重要性。要求在学校教育系统中推行职业教育,职业教育的内容涉及职业认知、职业体验、职业技能等不同的层面。1981 年 8 月,美国教育部成立了国家卓越教育委员会(National Commission on Excellence in Education),要求该委员会在 1983 年 4 月前提交关于美国教育质量的报告。在委员会主席嘎德纳(David Pierpont

---

① FOREST J J, KINSER K. Higher Education in the United States: an Encyclopedia(Volume Ⅱ)[M]. ABC-C LIO, Inc.,2002:701.

② Carnegie Commission. Carnegie Commission Report Emphasis[J]. Junior College Journal,1970,41(1):3.

Gardner)的领导下,委员会于 1983 年推出了一个重要报告——《国家在危机中:教育改革势在必行》(*A Nation at Risk*: *The Imperative for Education Reform*)。该报告详细阐述了美国在教育领域面临的种种问题,同时提出了若干政策建议。尽管该报告主要针对的是中等教育存在的问题,但这引发了美国全国上下对中学后教育问题的关注。该委员会成员戈登(Shirley B. Gordon)在《社区和初级学院》杂志上撰文建议,社区学院应在课程内容、质量标准和期望、时间有效投入、教学、领导力和财政支持等方面下功夫提升社区学院的办学质量。[①] 1984 年颁布的《帕金斯职业教育法案》,拓展了政府拨款补助的教育对象,使职业教育充当了社会福利和社会救助的角色,从而使得职业教育功能得到更大延伸,社区学院也因此扩大了职业教育服务对象。社会重视加上自身努力,使社区学院在课程建设、教师队伍建设、招生的范围和规模等方面步入成熟。

二、社区学院发展与变革

(一) 社区学院数量急剧扩大

二战后,《退伍军人权利法案》为大量退伍军人创造了受教育机会。很多退伍军人选择到各类教育培训机构学习,美国高等教育呈现爆发式的增长,尽管文理学院仍然是主要的美国高等教育机构,但大学在本质上变得越来越讲求实用和科学。[②] 其中自然包括非常注重实用性的社区学院。相当一部分退伍军人选择到社区学院就读,这使得既有的社区学院不得不"招兵买马",扩大规模。同时也促使政府不得不考虑建立更多高等教育机构,以满足人们受教育的需要。从社区的角度看,一些州政府和地方政府意识到如果不能提供良好的受教育机会,社区对人才和产业的吸引力就会下降,社区的发展也就是一句空话。有的州的报告写道:"如果我们不能为我们区域的年轻人和老人提供广泛的教育机会,他们就会寻求去其他地方……我们的地方事业、工业、农业和商业就会受损……"[③]有的社区认为社区学院是社区的一个重要象征,社区

---

① GORDON S B. A Nation at Risk——Community to the Rescue[J]. Community and Junior College Journal,1983,54(1):14 - 15.

② PULLIAM J D, VAN PATTERN J J. History of Education in America[M]. Upper Saddle River, NJ: Pearson Education, Inc.,2007:208.

③ GLEAZER E J. This is the Community College [M]. Boston MA: Houghton Mifflin Company,1968: 19.

学院的存在使得人们产生和强化了社区意识。

二十世纪五六十年代,受教育平等和受教育权是基本公民权利等思潮的影响,美国社会掀起了轰轰烈烈的社区学院运动。1963 年的《职业教育法案》,除了提高联邦政府对职业教育学校的支持外,还为与职业教育有关的工作学习项目、培训及研究等提供资金支持。五年后的修订法案完善了实施的职业教育项目,修订法案建立了职业教育国家咨询委员会。在法案和各州具体政策的推动下,在 20 世纪 60 年代,很多州纷纷规划自身的社区学院体系,建立了很多社区学院。以佛罗里达州为例,该州于 1957 年发起了一项旨在建立全州两年制学院网络的项目,该项目要求所建立的两年制学院位于 30 英里以内,覆盖 95% 的州人口,并且让求学者或其家庭有能力支付上学学费(即学费要足够低廉)。由于各州都纷纷建立自己的社区学院体系,"1955 年至 1965 年的十年间,美国各地平均每周创办一所两年制学院"。① 1960 年至 1970 年,社区学院的在校学生由 66 万人猛增至 250 万人。②

(二)社区学院不断扩大服务群体

美国介入二战后,由于大批年轻人参军,大学入学人数下降。据统计,1942 年大学生入学人数比 1941 年下降 15%,而 1943 年继续下降,大约为 35%。③ 此外,在读的大学生和大学教职工参军的现象也非常普遍。调查表明,新英格兰地区社区学院中,26 所社区学院有 100 多名教师和 5000 多名学生及校友自 1941 年 12 月 7 日起参加了武装部队的不同分支。④ 大批适龄青年和在校学生及成年人参军是战后大学入学人数猛增的一个重要原因,因为这些参军的青年和在校学生大部分会在战后返回学校继续学习。据统计,美国在二战期间参战的男性军人中,有 28% 是高中未毕业学生,有 25% 是高中毕业生,有 14% 是大学生。⑤ 很显然,这些退伍军人中,高中未毕业学生和高中毕业生以及大学生都有可能选择到社区学院就读。

在《退伍军人权利法案》推动下,很多州政府和社区学院都积极为退伍军

① 毛澹然.美国社区学院[M].北京:高等教育出版社,1989:83.

② 中国大百科全书总编辑委员会《教育》编辑委员会.中国大百科全书(教育卷)[M].北京:中国大百科全书出版社,1985:39.

③ BROWN F J. War and Postwar Demands on Junior Colleges[J]. Junior College Journal,1943/1944,14:368.

④ New England Junior Colleges in War Service[J]. Junior College Journal,1943/1944,14:29.

⑤ VALENTINE P F. The American College[M]. New York:Philosophical Library, Inc.,1949:39.

人受教育做准备。以纽约州为例,战争结束前,纽约州大学和州政府教育部门就制订了纽约州战后教育计划。① 该计划考虑到战后大量高等教育需求不可能完全靠四年制大学来满足,也不可能靠中学的职业教育课程,应该要发展州支持的教育机构,加强现有教育机构和州学院的教育供给,以满足大量高中学生、退伍军人以及其他群体的高等教育需求。该计划提出要建立21所新的教育机构,其中纽约市建立7所,每一所以不同职业领域为中心,这些职业领域包括航空、图形艺术、工业艺术、自动化艺术、食品、机械和金属、交际等。该计划甚至对课程设置等也提出了较为明确的要求,强调课程的实践性和中学后教育水平以及把课程设置为学分课程以便转换等。② 社区学院在战后为了满足退伍军人的受教育需求,需要提供更加灵活的课程,更适合成人的教学方式,同时使教学和学生就业更加便利,社区学院更好地与社区合作,利用社区的各种资源培养学生和促进学生就业。

二战后,美国大批军人退伍,《退伍军人权利法案》给予这些退伍军人许多优惠政策,包括救济、贷款及教育福利等。法案实施以前,人们很难准确预测这些措施会导致什么样的结果。法案实施后,人们发现对退伍军人和社会产生最大影响的是教育福利。当时确定教育福利的方法是,由退伍军人管理局(Veterans Administration)确认退伍军人的资格,依据服役时间的长短,支付最长48个月的学杂费、书本费以及每月的生活津贴。这一福利使得许多退伍军人接受较高层次的教育成为可能。很多退伍军人选择教育福利是因为他们在参军以前就很想获得受教育的机会,尤其是接受高等教育的机会。美国有200多万二战退伍军人选择到大学学习,其中相当一部分选择社区学院,这在客观上促进了社区学院的发展。这些退伍军人接受高等教育后成了美国经济繁荣和社会进步的重要力量,他们受教育的亲身经历以及受教育后对社会所作出的巨大贡献使得社会对高等教育的经济功能有了更深刻的认识,从而也推动了后来社区学院的大发展。

除退伍军人外,女性学生和有色人种学生也是社区学院服务的重要群体。

---

① STODDARD G D. New York's Plan for New Institutes[J]. Junior College Journal,1945,15(1):60 - 61.

② State Education Department. Regents Plan for Postwar Education in the State of New York[R]. Albany, NY: The University of the State of New York,1944:14.

由于倡导男女平等,禁止种族歧视,更多女性学生和有色人种学生选择到社区学院学习知识和技能,这些学生成为社区学院的服务对象。1957 年,美国高等教育登记入学的学生中,女性学生的总数为 1 153 038 人,占全体登记入学学生总数的 35.6%,而到 1981 年,高等教育中女性学生占登记入学学生的比例达到了 51.7%。① 这些数据的变化表明,女性在社区学院中所占的比例有了很大提升。规模的扩张对社区学院招聘教师、添置教学设备等都带来了巨大挑战。据统计,社区学院的入学人数在 1966 年为 131.7 万,到 1976 年达到 393.9 万,增长了大约两倍。②

（三） 课程设置体现社区需求和经济发展需要

二战后社区学院的大规模扩张与社区学院满足社区教育培训服务的使命是密不可分的。在服务群体更加多样化的背景下,社区学院必须努力满足不同学习者的不同教育需求。除了要积极提供转学类副学士学位教育服务、应用类副学士学位教育服务以及证书培训服务外,社区学院增加了其他的教育培训服务项目。为了帮助不具备高中文凭的学生学习副学士学位课程和证书课程,很多社区学院开设了 GED（General Educational Development）教育培训课程以及与高中教育课程雷同的课程。GED 考试最初是为二战的退伍军人设立的,但是后来发展成为针对未获得高中文凭的学习者而设立的考试。社区学院推出 GED 课程和与高中教育雷同的课程,是为了满足社区未达到高中知识水平的学习者的需要,以使他们具备中学后教育所必需的知识和技能。为了满足部分社区居民自我充实的需要,社区学院推出了单一或多门课程服务项目,即学习者出于自我充实的需要,到社区学院自由选择自己喜欢的一门或数门课程学习,这种教育服务方式充分考虑到了社区个人的个性化教育培训需求。在这种情况下,人们到社区学院学习不是为了获得学位和证书,而是为了充实和提高自己,满足个人的兴趣爱好。社区学院还关注社区组织尤其是企业的培训需求,提供符合客户要求的教育培训服务。因为这一时期企业为了增加生产和拓展市场,需

① MCBRIDE D E, PARRY J A. Women's Rights in the United States[M]. Taylor & Francis,2011: 130.

② Koltai L. Community Colleges：Making Winners out of Ordinary People[M]//Levine, A. Higher Learning in America：1980—2000.Baltimore, MD：The Johns Hopkins University,1993:101.

要更多技术技能型人才。在自身培训能力有限的情况下,企业会就近求助于社区学院这类教育培训机构,教育培训市场的这种变化自然就进入了社区学院的视野。所有这些拓展的教育培训项目都使得社区学院满足社区教育培训服务的功能大大增强。社区学院课程的设置实际上是社区教育培训不断演变的结果。由于进入社区学院的学习群体中成人比例的提升,加上人们进入社区学院学习就业知识和技能的倾向增强,社区学院学习职业教育课程的人数比例不断上升。到 20 世纪 60 年代,社区学院学习职业教育课程的人数超过了学习转学类课程的人数。①

第四节　美国社区学院调整和完善时期(1984—2008)

一、社会背景分析

20 世纪 90 年代,从学校到工作成为人们关注的热点,如何顺利实现学生从学校到工作的过渡成为中学后教育和培训应该着力解决的问题,美国因此颁布了《从学校到工作机会法案》,促进了中学后教育机构和产业界的合作。21 世纪初,受反恐战争等多种因素的影响,教育领域积累了不少问题。从社区学院的角度看,学校的课程设计问题、学生就业问题、学生毕业率问题等都比较突出。

（一）影响社区学院发展的政治背景分析

从 1984 年到 2009 年,美国颁布了很多与职业教育相关的法律,这些法律直接或间接地影响了社区学院的发展。1984 年,美国国会通过了《帕金斯职业教育法案》。这一法案涉及美国职业教育的诸多方面,旨在提高美国职业教育服务的质量和覆盖面,促进职业教育的发展。《从学校到工作机会 1994 年法案》《帕金斯职业与应用技术教育 1998 年修订法案》《帕金斯生涯与技术教育提升 2006 年法案》等都体现了政府想要促进职业教育发展的愿望。发生在 2001 年的"911 恐怖袭击"促使美国发动了反恐战争,美国的反恐虽然在世界范围内大大打击了恐怖主义,但是由于战争投入了巨额资金,自然就弱化了美

① COHEN A M, BRAWER F B. The American Community College[M]. San Francisco, CA: Jossey-Bass, 2008: 253.

国在教育等领域的投入,影响了美国教育的发展。

(二) 影响社区学院发展的经济背景分析

在这一阶段,美国依然面临来自世界各主要经济体的激烈竞争,除了德国和日本外,新兴的经济体在世界市场上也抢占了很多份额。虽然美国还是世界上经济最强大的国家,但是如何提高美国经济的竞争力依然是美国社会关注的重点。从 20 世纪 80 年代初开始,美国政府花费了大量的资金用于培训失业工人和相关的群体,如退伍老兵、未就业青年、印第安人、残疾人等。美国前劳工部长马丁(Lynn Martin)在 1992 年提交给美国国会的一份关于培训和就业的报告中写道:"技术爆炸和全球化市场大大提升了工人技能对提升美国全球竞争地位的重要性。"她认为工人长期的就业依赖于他们的技能以及他们学习、改变和提升的意愿与能力。① 由于教育和培训提高了劳动力的整体水平,使得美国产品在国际市场上保持了较强的竞争力。同时,互联网经济等新经济形态在美国的兴起也促进了美国经济的发展,所以美国经济在 20 世纪 90 年代发展势头良好,失业率处于较低水平。进入 21 世纪后,美国的反恐使得美国弱化了在经济方面的努力,很多新兴的经济体尤其是"金砖国家"的崛起在一定程度上削弱了美国在世界经济中的优势地位。

(三) 影响社区学院发展的其他背景分析

20 世纪 90 年代后互联网的兴起和普及也对社区学院的发展产生了很大影响。进入 21 世纪后,美国社会对高等教育的需求更加强烈,一是政府深刻地意识到高等教育对于增强综合国力的重要性,二是民间对高等教育经济回报的认可。盖洛普/流明(Gallop/Lumina)教育基金会 2011 年 5 月的一项民意调查表明,69%的美国人认为大学教育是职业成功的重要一步。接受调查的超过 1000 位成年人中,53%的人认为上大学的主要原因是为了挣更多的钱,33%的人认为上大学是获得一份好工作的最好途径。②

由于人们对就业知识和技能的关注,很多人进入社区学院学习的主要目的是习得就业所需的知识和技能,因此这一时期社区学院的职业教育功能也

---

① U.S. Department of Labor Employment and Training Administration. Training and Employment Report of the Secretary of Labor[R].Washington D.C.,1992:ⅶ.

② Report:Americans Say College is the Key to Landing a Good Job[J]. Community College Journal, December 2011/January 2012,82(3):40.

得到强化。如何使学生顺利地实现从学校到工作的过渡,成为教育者探索的重要议题。从职业教育角度看,校企合作是培养学生具备职业知识和职业技能的最有效的手段,因此探索校企合作成为这一时期的热点。

从教育的实现方式上看,网络成为影响社区学院发展的重要力量。无论是社区学院的日常管理还是社区学院的教学实施,计算机和网络都充当了越来越重要的角色,主要表现为社区学院的日常管理信息化程度高。

也是在这一时期,美国社区学院受新职业主义等思潮的影响,更加重视学生的学术性知识和职业性知识与技能的融合,重视学生从学校到工作的过渡。新职业主义认为学校教育和工作场所教育同样重要,理论学习和实践锻炼应该有机结合起来,不能因为重视职业教育的实践性而忽视其学术性,强调应把更多的学术性知识融合到职业教育中。

二、社区学院发展与变革

(一) 社区学院扩大了服务面

1984 年,美国国会通过了《帕金斯职业教育法案》,该法案的重要内容之一是联邦政府协助各州扩充职业教育并改善职业教育的质量,为更多群体提供职业教育机会。在随后二十多年的时间里,社区学院的学生数量有较大幅度增长,从图 2-1、图 2-2 中可以看出社区学院招生情况变化。

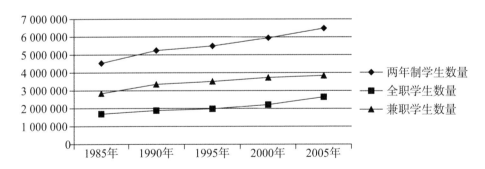

说明:数据来源于《教育统计文摘 2010》①第 298 页统计表。

图 2-1   1985—2005 年"两年制学院"秋季入学学生的数量及构成变化

---

① SNYDER T D, DILLOW S A. Digest of Education Statistics 2010(NCES2011-015)[G].National Center for Education Statistics, Institute of Education Science, U.S. Department of Education. Washington D.C.,2011.

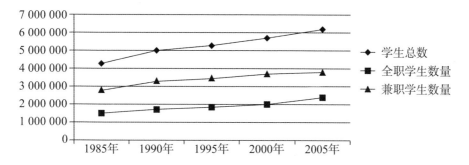

说明：数据来源于《教育统计文摘2010》①第298页统计表。

图2-2 1985—2005年"公立两年制学院"秋季入学学生的数量及构成变化

（二）积极探索职业教育的产学合作

世界范围内经济竞争加剧使得社区学院职业教育发展受到更多关注。作为培养技术技能型人才的重要教育形式，社区学院职业教育对外合作进一步增强。在联邦政府劳工部的推动下，很多职业教育产学合作项目得以实施。美国劳工部还定期对这些合作项目出版报告，研究和总结成功经验，以便各州学习。这些产学合作的项目形式多样，参与主体较多，社区学院在这些产学合作项目中也发挥着重要作用，如提供师资、开发和设计课程、提供场地等。

社区学院与产业界的合作成为社区学院和产业界提高各自竞争力的重要手段。一方面，产业界为了提高自身竞争优势需要高质量的劳动力；另一方面，社区学院为了促进学生就业需要培养学生市场需要的知识和技能。产业界所需的劳动力很多来自社区学院，而社区学院培养学生所需的教育资源如专业技术人员、生产和服务设备很多也来自产业界。

（三）重视学生从学校到工作的过渡

20世纪90年代，从学校到工作的过渡问题更加受到重视。克林顿总统于1994年签署了《从学校到工作机会法案》（*School-to-Work Opportunities Act of 1994*），该法案推出了很多重要措施，深刻地影响了社区学院教育的发展。根据该法案，联邦政府分别于1994、1995、1996财政年度投入了0.45亿、1.2亿、

① SNYDER T D, DILLOW S A. Digest of Education Statistics 2010(NCES2011－015)［G］.National Center for Education Statistics, Institute of Education Science, U.S. Department of Education. Washington D.C. ,2011.

39

1.8 亿美元到各级各类教育机构中。尽管联邦政府提供的资金是用于整个教育系统,但是对社区学院教育的发展还是起到了积极作用,例如推动了社区学院与产业界合作,让一些实习实训课程被赋予一定的学分,从而促进了社区学院实践教学的发展。

从学校到工作过渡实际上是为了提高学校学习与工作的相关度,让各种形式的与工作相关的学习如实习、基于工作的培训、学徒制培训等能够融入学校教育过程,使学生能够更有效地学到与职业相关的知识和技能。

（四）社区学院教学方式发生了深刻变化

由于信息技术的发展,自 20 世纪 90 年代以来,在线教学超越了二十世纪七八十年代的电视教学、卫星教学等,成为社区学院师生感兴趣的教学方式。为了满足学生多样化的学习要求,同时也是为了应对其他在线教育形式的挑战,很多社区学院开设了大量网络课程,学生的学习实现了网络教育和课堂教育的结合,有的社区学院还推出了完全基于网络教学的教育项目。

第五节　美国社区学院再变革时期(2009 年至今)

一、社会背景分析

（一）影响社区学院发展的政治背景分析

2008 年,美国民主党总统候选人奥巴马在大选中击败共和党候选人麦凯恩,成为美国第 44 任总统。2009 年,奥巴马宣誓就职。奥巴马是一位典型的平民总统,他本人靠贷款完成大学学业,靠贷款购买住房,其特殊的成长经历和其对教育重要性的认识使得他在入主白宫后非常重视教育。奥巴马认为高等教育是造就美国中产阶级的重要手段,是美国梦的重要组成部分。作为一位非常重视高等教育的总统,他深切地意识到美国高等教育的优势地位正受到来自很多发达国家的挑战,必须大力改革,增加投入,提高学生的高等教育入学率和学业完成率。奥巴马希望社区学院在培养美国经济所需要的劳动力中扮演更为重要的角色,在他的推动下,政府对社区学院的重视达到空前的高度。2010年,白宫召开了第一次社区学院峰会,讨论了与社区学院发展密切相关的各种议题。奥巴马也在多次演讲中强调社区学院教育的重要性。在2014年的国情咨文中,他特别提到社区学院和产业界的合作问题,并委派副总统拜登牵头推进社区学院和产业界合作。在2015年的国情咨文中,奥巴马提出了社区学院免学费这一划时代的重要设想。

奥巴马就任总统后,推出了很多振兴经济的政策,比较突出的就是与高端制造业相关的若干政策,而与经济发展密切联系的教育的发展,也颇受奥巴马政府重视。在高等教育领域,政府对社区学院给予了更多期待,希望社区学院培养更多更好的人才,同时制定政策促进社区学院的发展。美国社区学院协会也积极倡导社区学院变革,推出了很多政策建议。一些研究机构也纷纷对社区学院进行深入研究并提出社区学院发展和变革的策略。美国作为当今世界上最强大的国家,对世界有广泛的影响力。2014年5月28日,美国总统奥巴马在西点军校毕业典礼的演讲中说,无论是过去的一百年还是将来的一百年,美国都是世界上不可或缺的国家。当然,说起来容易做起来难。2008年的金融危机使得美国国力大受影响,为了消除危机的负面影响,美国推出了量化宽松的政策,以刺激美国经济发展。奥巴马执政后推出了一系列改革措施。从对外政策上看,美国一定程度上采取了收缩战略,通常采取更经济的方式来影响世界局势。如中东、东南亚、欧洲等,美国不再单枪匹马地发挥影响,而是和相关国家组成联盟介入地区事务,同时力图在联盟中发挥领导作用。在国内,美国政府意识到中产阶级是美国繁荣和稳定的重要力量,所以千方百计地维护中产阶级的利益,壮大中产阶级的力量,除了致力于增加工作机会外,还致力于提升人们的工作含金量,致力于通过教育和培训提高劳动力的就业竞争力。经过奥巴马政府的努力,美国的元气逐渐恢复,失业率逐渐恢复到危机前的水平。

(二) 影响社区学院发展的经济背景分析

2008年以来的美国经济经历了从危机重重到稳步发展的过程。2008年在美国历史上是刻骨铭心的一年。这一年由次贷危机引发的经济金融危机震撼了美国,也波及全世界。此次金融危机造成的严重后果从美国的失业率的变化可见一斑:从2008年4月一直到2009年10月,美国的失业率持续走高,从5.0%持续增加到10%。金融危机暴露了美国经济存在的重要隐患——制造业空心化。由于美国的制造业在国际上受到来自德国、日本等发达国家以及新兴经济体的激烈竞争,美国感受到了实实在在的危机。在这种背景下,作为国家综合实力象征的制造业尤其是高端制造业的发展受到美国政府重视。美国总统科学技术顾问委员会向总统提交了若干与高端制造业相关的报告。2009年,美国公布"重振美国制造业框架",2011年6月和2012年2月相继启动"先进制造业伙伴计划"和"先进制造业国家战略计划",2013年美国又发布了"制造业创新中心网络发展规划"。所有这些努力都是为了增强美国经济的实力和竞争优势。随着第四次工业革命的到来,经济领域发生的巨大变革会很快传递到教育领域,使得经济发展和教育的关系更加紧密。产业界为保持和提升自身的竞争优势,与教育界的合作越来越深入。企业与社区学院合作实施的"工作驱动"的教育培训以及其他形式的产学合作培训形式受到普遍重视。

（三）影响社区学院发展的其他背景分析

美国社区学院协会在这一时期非常关注社区学院改革,不但发布了有影响力的研究报告,还在协会网站上开设专栏讨论与社区学院发展密切相关的各种议题,以推动社区学院的改革和发展。为了使社区学院更好地完成人才培养任务,改造社区学院也成为教育研究者思考较多的问题。哥伦比亚大学社区学院研究中心经过长时间的研究,推出了很有影响力的研究成果,学者们的研究为社区学院发展与变革提供了重要思路。这一时期一些教育思想深刻地影响着社区学院的改革和发展。例如生涯教育和终身教育思想对社区学院发展产生了一定影响,主要体现在社区学院更加重视与高中教育和四年制大学教育的互动,更加重视教育的衔接性。合作教育思想对社区学院的人才培养环节产生了重大影响,人们普遍意识到职业技术人才的培养单靠社区学院的努力是不够的,需要产业界深度参与。此外,开放教育和大规模在线教育的思想也对社区学院的发展产生了一定影响,应对四年制大学的网络课程和大规模开放在线课程(Massive Open Online Courses,简称MOOC)教育的冲击成为很多社区学院推行网络课程的重要动因。很多社区学院推出了网络教育课程,一些州的社区学院还通过共享网络课程的方式来达到提高社区学院吸引力和降低社区学院教育成本的目的。

二、社区学院发展与变革

（一）社区学院重视工作驱动的教育培训并努力提高学生学业完成率

2011 年,公立两年制学院学生中大约 52% 的在职学生是已成年的青年,大约 25% 的学生的年龄段在 25—34 岁之间,23% 的学生在 35 岁及以上。① 从这些数据可以看出,社区学院的学习者大部分是成年人,而成年人学习主要以就业为首要目的。为了使社区学院更好地满足产业需要,更好地促进学生就业,在政府的支持和倡导下,社区学院和产业界携手共同开发课程,提供工作驱动的教育培训。

与四年制大学相比,社区学院学生的学业完成率并不理想。据统计,社区学院 2009 年秋季入学的大学生(第一次上大学的),六年后(2015 年)的学业完成率仅为 39.1%。随着政府和公众对社区学院办学越来越关注,很多社区学院采取措施提高学生学业完成率。要提高社区学院学生的学业完成率,就要找出社区学院学生未能顺利完成学业的原因,并且逐步解决这些问题。一些社区学院提出要建立早期预警制度,即关注在学习上有困难的学生,为他们及时提供帮助,以使他们能够完成学业而不是半途而废。由于奥巴马政府对社区学院培养更多学生寄予了很大期望,很多地方政府和社区学院都作出了积极回应,纷纷采取措施提高社区学院的办学水平,从而提升社区学院学生的学业完成率。

（二）部分社区学院推出减免学费项目

随着世界范围内竞争加剧,很多国家奋起直追,在高等教育大众化方面取得了突破性的进展,致使美国在高等教育大众化方面不再拥有领先优势。为了使美国在高等教育大众化方面再次领先世界,美国政府对社区学院寄予了很大的期望,同时也采取措施促进社区学院的发展。② 2015 年 1 月,奥巴马总统在田纳西州(State of Tennessee)的派力西比州立社区学院(Pellissippi State

① AUD S, WILKINSON-FLICHER S, KRISTAPOVICH P. The Condition of Education 2013 (NCES2013－037) [R]. U.S. Department of Education, National Center for Education Statistics, Washington D.C.,2013:147.

② Executive Office of the President.America's College Promise: a Progress Report on Free Community College[R].2015.

Community College)发表演讲时,提议社区学院应像高中一样实行免费入学。在 2015 年国情咨文演讲中,奥巴马提议社区学院免学费。奥巴马的提议得到了各地积极响应,一些州陆续推出了社区学院免学费学位或证书课程,使更多的学生有机会到社区学院学习并完成学业。以加利福尼亚州洛杉矶市的做法为例,该市为学区的部分学生提供为期一年的免费社区学院教育。①

(三) 社区学院评价受到广泛关注

社区学院评价的最终目的是提高社区学院的办学效率和办学质量,使社区学院培养出更多更好的学生。由于社区学院的情况比较复杂,对社区学院进行评价有较大的难度。目前,民间比较有影响力的评价是"白杨杰出社区学院奖"(Aspen Prize for Community College Excellence)的评选。该奖项由"白杨研究所"(The Aspen Institute)设立,每两年评选一次,奖励那些在学生的就业和升学以及教育平等方面成绩突出的社区学院。由于奖项评选指标合理、过程严谨,因此该奖项具有很高的业内认可度和社会认可度。很多社区学院非常在意是否进入"白杨杰出社区学院奖"候选名单以及是否最终胜出成为杰出的社区学院。美国社区学院协会也设立了很多与社区学院相关的奖项,奖励那些为社区学院发展作出突出业绩的组织和个人。从政府的角度看,政府对社区学院的评价主要是为了促进社区学院改进工作绩效,为政府投资和监督提供决策参考,尽管联邦政府试图对社区学院进行综合评价,但由于评定标准很难统一而未能实施。不过为了监督和促进社区学院的工作,很多地方政府虽然不对社区学院进行综合评价,但会关注社区学院办学的单项指标,如学生的毕业率、就业状况等,并且把这些指标作为向社区学院提供资助的参考依据。

从社区学院发展的这五个阶段来看,每个阶段的发展都打下了时代烙印。社区学院与四年制大学在培养目标和办学特点上有明显区别,使社区学院成为美国高等教育系统必不可少的部分。从发展轨迹来看,社区学院发展与经济发展和个人受教育需求密切相关,在其发展的各个阶段,都体现了教育满足社会需要和个人需要的特点。社区学院系统所具有的覆盖面广、贴近社区等优势也使得社区学院发展成为美国教育培训系统的重要枢纽。

---

① FAIN P. Los Angeles Offer Year of Free First Year Community Colleges[EB/OL].[2021-03-14].https://www.insidehighered.com/quicktakes/2016/04/18/los-angeles-offer-year-free-community-college.

本 章 小 结

本章分五个部分阐述了社区学院的发展历程:社区学院萌芽时期(1901—1920);社区学院初步发展时期(1921—1944);社区学院快速发展时期(1945—1983);社区学院调整和完善时期(1984—2008);社区学院再变革时期(2009年至今)。这些历史阶段是根据一定社会背景和重要事件划分的,对社区学院每个历史发展阶段的分析是先呈现政治、经济及其他方面的背景,然后阐述该阶段社区学院发展规模、社区学院功能演变以及社区学院办学理念转变等方面。

"社区学院"这一名称在全美范围内得到认可,主要是源于20世纪40年代美国"总统高等教育委员会"的倡议。二十世纪五六十年代,初级学院更多是指私立大学的低一级分支机构或教堂及其他独立组织支持的两年制学院,社区学院则主要指公立的两年制高等教育机构。20世纪70年代后,社区学院通常包括公立和私立的两年制学院,含城市学院、技术学院等。20世纪90年代以来,有的州授权其社区学院开设学士学位课程,这使得社区学院提供两年制教育的清晰界限变得模糊,可见社区学院的内涵也在不断发生变化。

社区学院演变到今天,其功能已经由单一走向多元,其服务对象也由高中毕业生变为社区各类有教育培训需求的群体。社区学院的社会价值越来越突出,社区学院也因此成为社会教育培训系统不可缺少的部分。社区学院的发展既体现了经济社会发展的要求,也反映了学生不断变化的教育需求;既勾勒了社区学院奋发图强争取高等教育一席之地的轨迹,也折射出影响社区学院发展的各种教育思想。一百多年的发展使社区学院的各个方面都发生了巨大变化。社区学院成立之初,尽管其提供的教育是中学后教育,教育内容相当于大学低年级的课程内容,但其高等教育的地位并未得到广泛认可,很多人只是把当初的初级学院视为学区教育系统的一部分,不认为其属于高等教育机构。如今社区学院是美国高等教育系统的重要组成部分已是公认的事实,而且社会对社区学院培养高等教育人才寄予了很大期望。

第三章

美国社区学院
发展规律探讨

美国社区学院经过不同阶段的发展,具备了较为完善的教育培训功能,也因此形成了较为健全的教育培训体系。在这一发展过程中,社区学院直接或间接地受到各种因素的影响,这些因素与社区学院提供的教育培训服务互动,促进了社区学院系统的成长和发展,社区学院也因此呈现出一定的发展规律。这些影响因素比较突出的是政府、行业、四年制大学以及学生个人的成长和发展。

第一节　社区学院发展与政府介入

一、民众的教育需求促使政府介入社区学院

从社区学院发展历史可以看出,民众教育需求是政府介入社区学院的重要动因。如果说早期开设私立初级学院是一些先行者为了满足少数人的中学后教育需求而进行的尝试,那么随后建立公立初级学院则是一些教育思想家、教育行政管理人员、教育工作者关注大多数有进一步学习需要的中学教育群体的体现。尽管建立私立初级学院比建立公立初级学院的时间更早,但是随着政府的介入,私立初级学院的数量后来被迅速崛起的公立初级学院赶超,由此可以看出政府在社区学院建立和发展中所起的重要作用。

实际上,政府介入也是顺应了民众的教育需求。在二战后大规模建立社区学院阶段,各州社区学院网络的建立是政府在了解民情、采纳民意基础上,从国家战略的高度全力推进的结果。正是因为政府的强力介入,才使得社区学院系统具有很广的覆盖面并建立了多元化的课程体系,也正是因为政府的强力介入,才使得社区学院真正满足了社区民众的多元教育培训需求。

美国地方政府在建立社区学院的过程中,一般通过立法手段来推动建立社区学院,在这一过程中立法者需要克服很多障碍。由于最初一部分人对建

立社区学院持怀疑态度,社区学院的高等教育地位还未被广泛认可,因此推动立法的过程实际上也是民众思想不断变化的过程。建立社区学院的经费需要使用纳税人的钱,需要得到地方民众的大力支持,所以政府在推动社区学院建立的过程中做了大量调研工作,其中联邦层面上最具标志性的就是杜鲁门执政时期总统高等教育委员会所做的工作。该委员会经过广泛而大量的调研后,建议政府资助建立大量高等教育机构以满足民众的高等教育需求,并建议用"社区学院"命名这类高等教育机构。由于联邦政府采纳了该委员会的建议,各州也纷纷响应,所以使建立大量社区学院成为可能。之后对建立社区学院起到强力推动作用的是地方政府的立法,即通过法律的形式保证社区学院能够获得来自政府的稳定投资,以确保社区学院拥有充足的设施设备、师资等社区学院运行和发展所需的资源,从而保证社区学院能够稳定和可持续发展。

公立社区学院的建立和大规模发展反映出政府真正关注到民众的教育需求。为了更好地满足社区民众的教育需求,联邦政府、州政府和一些地方政府为社区学院提供了办学资金,社区学院的收费也比较合理。由于社区学院相当一部分经费来自州内财政,各州的社区学院收费"内外有别",通常对来自州内的学生收费较低,对来自州外的学生收费较高。有的社区学院由于有来自地方政府的经费支持,对地方辖区范围内的学生收费更低。从这个意义上讲,社区学院有很强的地方性,致力于为地方民众提供价格合理的教育培训服务,这也体现了社区学院为社区服务的理念。

二、提升国家竞争力需要政府干预社区学院

如果说早期的政府干预是为了建立社区学院以满足民众日益增长的教育培训需求,那么自20世纪70年代末以来美国政府对社区学院的干预则有更多的考量,其中一个重要因素就是为了提升国家竞争力。因为美国产品自20世纪70年代末期开始在世界市场上遭遇了越来越激烈的竞争,竞争促使美国反思人才培养环节的不足。为了保持和提升美国产品的竞争优势,美国增强了对教育的干预。美国政府对社区学院的干预从某种意义上说是为了从整体上提高国家的劳动力素质,从而提高美国产品和服务在世界市场上的竞争力,以应对来自世界其他发达国家以及新兴经济体的激烈竞争。也就是说,美国政府对社区学院的干预主要是为了通过提高劳动力素质来提高国家整体竞争力。

1984 年,美国通过了《帕金斯职业教育法案》,该法案修订了 1963 年《职业教育法案》。《帕金斯职业教育法案》的目的之一是为了"通过协助各州拓展、改善和升级职业技术教育的高质量项目来增强和拓展国家的经济基础,开发人力资源,减少结构性失业,提高劳动生产率,以及增强国家的国防能力"。该法案鼓励社区学院及其他教育机构参与职业教育项目。该法案的实施促进了美国职业教育和成人教育的发展,作为美国高等职业教育和成人教育重要提供者的社区学院,也受益于该法案的影响,在教育培训项目开发和建设方面取得了较大进步。该法案后来经过多次修订,为美国社区学院获得更多资源提供了法律保障,有力地促进了美国社区学院体系的发展。奥巴马政府执政期间,联邦政府希望社区学院在提高民众受教育水平方面发挥更大作用。奥巴马认为,社区学院免学费可以让更多没有支付能力的人接受大学教育,而这些接受大学教育的学生很可能就是美国未来的中产阶级。很显然,中产阶级发展壮大是社会稳定繁荣的压舱石,这是美国主流社会的共识。

三、建立终身教育体系需要政府支持社区学院

除满足民众教育需求和提升国家经济竞争力的动机外,政府还致力于建设完善的终身教育体系。社区学院在政府政策支持下,促进教育公平,提升国民整体受教育水平,成为终身教育体系的重要组成部分。发达国家已经进入了信息社会和知识经济时代,在这样的社会和时代背景下,人们为了生存和发展需要不断学习。政府作为公共服务的重要提供者,有责任为民众建立终身教育的平台。从美国的情况看,美国已经普及了基础教育,高等教育体系也非常发达,但是四年制大学对社会的开放程度不够,而且四年制大学的入学门槛也比较高,无论是入学条件还是上学成本对于普通民众而言都具有挑战性。而社区学院的入学门槛低、花费不高以及社区学院提供了多种多样的教育培训选择为大部分民众的终身教育提供了可能。在这种情况下,政府建设好社区学院这一教育平台,可以较好地解决民众的终身教育问题。

从社区学院的资金来源渠道看,美国联邦政府和州政府的投资一直是社区学院资金来源的重要渠道,这说明政府支持是社区学院发展的重要依托。为了更好地提升本州的劳动力素质,很多州把社区学院建设成为人们知识和

技能更新的重要平台,投入了大量公共资金满足人们的受教育需求。以西弗吉尼亚州为例,该州政府投入大量资金,依托社区学院教育平台,为有教育培训需求的"上班族"提供各种各样的受教育机会。在美国的教育系统中,社区学院是社区初、中级劳动力培训的中坚力量,各州的社区学院深度介入社区培训,与社区内的产业企业和各类组织建立了紧密的联系,这说明政府介入社区学院是非常正确的选择。

从社区学院的功能看,社区学院已经是社区各类教育和培训的最重要的平台。美国上千所社区学院形成的教育网络已经实现了对几乎所有社区的有效覆盖。从幼儿园到高中的教育系统主要提供的是基础教育,四年制大学由于数量、招生规模以及地理分布的限制,所提供的高等教育从覆盖面上看比较有限,无法满足社区范围内的高等教育需求,而社区学院则由于地理优势和功能多样等特征成为终身教育最重要的平台。该平台除了提供传统的副学士学位教育和证书类教育外,还可以根据社区需要灵活拓展其教育培训功能。一些社区学院逐渐提升部分专业的教育层次,举办学士学位教育,以满足社区人们就近获取学士学位的需要。很多社区学院提供了相当于高中知识水平的各类课程,以满足社区高中辍学学生和相关教育群体对高中层次知识的学习需求;一些社区学院还创造性地开发了社区娱乐性课程和语言培训课程,以满足社区人们丰富生活和提高语言能力的需要。到社区学院学习的人们不必为了获取学分而学,也不必承受考试的压力,学习可以只是为了满足某方面的兴趣爱好或心愿。社区学院功能全面和覆盖面广使社区学院成为美国终身教育体系非常重要的组成部分。

社区学院根据市场需要设计各种类型的课程。例如,为移民提供语言培训,为残疾人和少数族裔提供职业技能培训,为印第安人部落提供部落语言和文化培训,为社区成员提供满足兴趣爱好的培训等。这些课程加强了社区教育和培训的薄弱环节,填补了一些空白地带。社区学院教育培训平台承担了政府的很多教育培训项目。政府通过提供奖学金、助学贷款等让各类群体获得了到社区学院学习的机会,从而完善了终身学习系统。统计表明,2012 年,社区学院学生的平均年龄大约是 28 岁,71%的学生年龄超过 22 岁。① 社区学

① MULLIN C M, BAIME D S, HONEYMAN D S. Community College Finance[M]. San Francisco, CA: Jossey-Bass, 2015:8.

院学生的年龄跨度远远大于四年制大学学生的年龄跨度,这充分说明了社区学院在终身教育体系中发挥的重要作用。

第二节　社区学院与四年制大学互动

一、社区学院是四年制大学的生源基地

高中是高等教育学生的重要来源,四年制大学的大部分学生是来自高中的。但是对于很多辍学的高中学生以及未能上大学但是具有高中文凭的学生而言,他们在人生的某个阶段也会萌发到四年制大学追求学士学位的愿望。可是由于知识水平等多种因素的限制,他们不容易达到四年制大学的录取条件和学习要求,而社区学院开门办学的政策以及灵活的授课方式为这些群体创造了机会。他们可以先在社区学院学习相关课程,打好学习学士学位课程的基础,然后通过社区学院的转学渠道申请进入四年制大学学习。

社区学院多样化的课程设置吸引了各类受教育群体,这些群体因此抓住了学习补偿教育课程、副学士学位课程等机会。经过社区学院的学习后,这些群体中的一部分就具备了到四年制大学学习的基础,社区学院也因此成为四年制大学的重要生源基地。每年春季和秋季,都有很多学生从社区学院转学到四年制大学,去追求他们的学士学位梦想。

二、社区学院有效衔接高中教育和四年制大学教育

在美国教育体系中,基础教育阶段是非常完善的,学生从幼儿园到高中的各个教育阶段都可以做到无缝衔接。但是,从高中到四年制大学的跨越显得有些突兀,很多高中学生在这一过程中失去了接受大学教育的机会。社区学院一百多年的历史证明,社区学院有效地衔接了高中教育和四年制大学教育,正是因为社区学院的存在使得美国的教育体系更加完善。

首先,社区学院的副学士学位教育在高中教育和学士学位教育之间构筑了一个平台,让无缘四年制大学教育但又想抓住更多教育机会的高中学生接受高等教育成为可能。很多社区学院的副学士学位教育为高中学生或具有相

现代职业教育研究丛书

美国社区学院发展与变革

52

当于高中知识基础的学生提供了多样化的选择。最典型的是社区学院的转学类副学士学位和应用类副学士学位分别为学生构建了通向学士学位教育和通向就业市场的通道,其中通向学士学位教育的通道有效衔接了高中和四年制大学。其次,社区学院提供的平台为想接受高等教育的学生提供了很好的"充电"和"加油"的机会。即使已经从高中辍学的学生,经过社区学院补偿性课程的学习后,也有机会获得与高中文凭等值的证书,从而获得在社区学院追求副学士学位教育的机会,重新进入高等教育的轨道。毫无疑问,社区学院这一平台有效地为四年制大学培养了有潜力的生源,尽管这样的生源数量比较有限,但是社区学院的存在为这些学生接受四年制大学的学士学位教育创造了可能。再次,即使是成人学生,只要愿意到社区学院学习,也同样有机会通过社区学院的渠道进入四年制大学。追溯社区学院的历史可以发现,二战后,有相当一部分退伍军人正是通过社区学院教育过渡到四年制大学接受更高层次的教育。退伍军人以及其他成人群体能够有机会接受四年制大学的教育,社区学院功不可没。

可以这样说,仅有四年制大学的高等教育体系不够健全,没有社区学院的高等教育体系不会完美,社区学院为高中毕业生、高中辍学生提供了接受高等教育的可能,拓宽了四年制大学的生源渠道,为美国高等教育体系的完善作出了贡献。

三、四年制大学深刻地影响着社区学院转学课程设置

社区学院的课程设置必须与四年制大学课程设置兼容才能更好地促进学生转学。由于转学过程中四年制大学具有更大的话语权,所以四年制大学的课程设置深刻地影响着社区学院转学类课程的设置。早期社区学院的主要功能是转学教育功能,其转学类课程设置的话语权主要在地方四年制大学。换言之,地方四年制大学对地方社区学院的课程设置有很大决定权,因为这直接影响着社区学院学生能否顺利转学到四年制大学。

由于四年制大学之间课程设置的差异,社区学院在设计课程时不得不综合考虑学生的各种转学可能,即社区学院学生可能转学到不同四年制大学。这意味着社区学院学生要想同时达到不同四年制大学的转学课程要求,就可能需要修更多课程,这也就导致社区学院学生在转学过程中可能会损失部分

学分。为了促进学生转学,减少学生转学过程中的学分损失,社区学院不得不争取四年制大学支持,为社区学院学生顺利转学创造条件。

为了方便学生转学,一些州对社区学院学生转学进行规范化管理。例如对学分数量、学分课程等进行制度化设计,让社区学院学生的转学和四年制大学接收社区学院学生变得有章可循。这一过程常常是在教育行政部门或者某些协会的协调下主要由四年制大学和社区学院共同完成的,因为转学条件和标准的制定需要这两类教育机构在细节上达成协议。

尽管一些州对社区学院学生转学学分有明确要求,对学生学习某些普通教育课程也有统一规定,但由于四年制大学有很大的办学自主权,社区学院学生转学还是得尊重四年制大学的差异化要求。这意味着想要转学的学生必须根据四年制大学对转学课程的要求学习相应课程,并且在申请转学时接受四年制大学的筛选。

四、转学机制对社区学院学生有很强的激励作用

很多学生选择到社区学院学习的一个重要原因是可以通过社区学院转学到四年制大学,进而追求更高学位。想要成功转学到四年制大学的强烈欲望激励着很多社区学院学生努力使自己变得更加优秀,这在客观上增强了他们的学习竞争力,以至于他们转学到四年制大学后,其学习能力并不见得比四年制大学学生差,这说明社区学院学生在转学机制激励下有可能变得更加优秀。

客观而言,由于转学机制的激励和选拔功能,社区学院为四年制大学输送了优质生源。美国一些州的四年制大学学生中,有相当一部分来自社区学院。以加州为例,加州大学的毕业生中,大约三个中有一个是以社区学院为起点的。也就是说,加州大学大约有三分之一的毕业生最初是在社区学院学习。一些著名大学对生源质量要求高,因此其也为社区学院转学学生设置了苛刻的转学条件,除了学习成绩、学分要求外,还全面考虑其他各种可能因素,包括学生提供的申请材料所涉及的各个方面。

虽然著名四年制大学对社区学院转学学生的录取率不高,很多社区学院学生还是会竭尽全力去争取这些学习机会,这种机制对学生的刺激有效提高了社区学院学生的整体水平,不管是以转学还是以就业为目的的学生,来自同辈的压力使得他们必须不断努力才能顺利完成学业。

美国四年制大学的招生制度决定了四年制大学要从社区学院学生中选拔人才,这是很多有升学愿望的学生的希望。在社区学院招生的四年制大学中,既有一般的四年制大学,也有顶尖的四年制大学,所以对于学生而言,在社区学院学习也有可能抓住到顶尖大学学习的机会。由此可见,四年制大学对于社区学院学生的激励作用是不言而喻的。这种激励作用使得社区学院的在读学生更加努力地学习,也使社区学院吸引了不少优秀高中毕业生就读。

五、四年制大学促进了社区学院内部课程融合

社区学院与四年制大学建立在课程基础上的互动促进了课程融合。一方面,社区学院转学类副学士学位的课程设置与四年制大学一、二年级的课程设置更加接近。另一方面,社区学院转学类副学士学位的课程设置与应用类副学士学位的课程设置也有了较好的参照,为学生在不同类型的副学士学位之间转换创造了条件。也就是说,应用类副学士学位的学生如果想要转到转学类副学士学位课程,由于课程有一定的相似性,学生更容易保留其已经获得的相同课程的学分,这有利于应用类副学士学位课程的学生转到转学类副学士学位课程,从而进入"升学通道"。

经过长期发展,一些转学专业领域形成了比较稳定的普通课程要求和专业课程要求。这些课程要求面向所有社区学院的学生。例如,加州大学系统对 20 个专业领域的转学课程作出相应规定,[①]这些规定包括所修课程的类别或具体的课程科目、绩点成绩要求、先修课程要求等。这些细致到学科领域的规定实际上对社区学院转学类副学士学位的课程设置起到了规范作用,由于转学类副学士学位和应用类副学士学位的课程设置具有一定相关性,因此这种影响可以传递到应用类副学士学位的课程设置上,从而促进社区学院内部副学士学位课程融合。

需要指出的是,由于各州高等教育系统的差异,不同州的社区学院系统的课程设置自然有所不同,所以虽然在州范围内社区学院系统课程融合较好,但并不意味着各州的社区学院系统之间的课程可以顺畅地融合。实际上,与州内转学相比,社区学院学生跨州转学难度更大。社区学院学生转学到州外,不

---

① Transfer Pathways：Your Road Map to 21 Top Majors［EB/OL］.［2023 - 04 - 08］. http://admission. universityofcalifornia. edu/transfer/preparation-paths/index. html.

仅面临着学费和课程兼容的难题,还可能面临来自其他方面的压力,如州外的四年制大学会限制录取州外社区学院学生等。

第三节 社区学院与产业互动

一、产业变化影响社区学院人才培养规格

二战后,世界格局发生重大变化,形成了以美国为首的资本主义阵营和以苏联为首的社会主义阵营对抗的局面。为了增强自身实力,遏制对方发展,确保自身安全,两大阵营都致力于增强自身各方面的实力,尤其是军事实力和经济实力。美国通过推行马歇尔计划,为欧洲提供了大量的资金,在重建欧洲的过程中取得了巨大成功,同时巩固了自身在资本主义世界的领导地位。二十世纪六七十年代,美国的产品行销资本主义世界,产品畅销拉动了产业发展,使得美国产业界用人需求大增。在这种背景下,为产业界培养人才的社区学院基本上不用担心毕业生的就业问题,社区学院毕业生"低技能、高工资"的现象非常普遍。因为美国在各个产业领域都处于优势地位,并没有太多的竞争压力,产业处于"顺境"自然就使得为产业提供劳动力的社区学院也处于"顺境"。处于"顺境"中的社区学院在这一时期并没有很强的变革动力。

自 20 世纪 70 年代末以来,由于各国经济竞争力越来越强,来自世界范围内的竞争深刻地改变了美国的产业结构。发展中国家的中、低端产品对美国本土的相应产业产生了巨大冲击;在电子产品、汽车等行业,德国和日本的竞争也对美国相应的产业产生了很大的冲击。各类产品遭遇到的竞争压力传递到劳动力培养环节,促使社区学院不得不根据产业变化对课程设置进行调整,为了提高学生的知识和技能,课程实施也不得不进行改进。产业的淘汰意味着某些专业的萎缩,产业的升级意味着课程结构和课程内容的升级。以前社区学院"无忧"的人才培养方式在激烈的经济竞争背景下发生很大改变,社区学院不得不更加关注毕业生的就业前景,更加主动地根据产业变化对人才培养规格进行及时调整。

在对社区学院的评价指标中,毕业生的就业状况是非常重要的一项。毕

业生的就业状况是否理想与他们是否学到就业岗位所需的知识和技能有着密切联系。如果社区学院的课程及课程内容设计可以让学生更好地掌握就业所需的知识和技能，那么学生的就业状况就会比较理想，反之社区学院学生的就业就不佳。自从社区学院的功能由以转学为主过渡到以就业为主后，社区学院的课程结构和课程内容受到了更多关注。因为转学类副学士学位的课程结构和课程内容以四年制大学的课程结构和课程内容参照即可，可以实行"拿来主义"，但是以就业为取向的课程，其结构和内容都必须根据产业界工作岗位所需的知识和技能的变化来进行调整，而产业界并不能为社区学院提供现成的课程。紧扣工作岗位要求的课程需要经过开发才能进入社区学院的课堂，而且由于工作知识和技能的变化，课程结构和内容也需要发生相应的改变。相比之下，社区学院职业技术类课程的开发和升级更具有挑战性。正因为如此，社区学院和产业界的合作才显得非常必要，因为产业界对就业人才的规格和要求更加熟悉。

二、社区学院人才培养离不开产业界参与

尽管产业界对人才的规格有明确的要求，社区学院也对人才规格有清晰的理解，但这并不意味着社区学院就能根据产业界的要求培养出产业界所需要的人才，这是因为社区学院的办学条件有限。社区学院在师资、设备、资金等方面的劣势都束缚了社区学院的人才培养，使其无法仅靠自身力量培养出产业界所需的各类技术技能型人才。

首先，社区学院不一定具有与产业界专业技术人员水平相当的师资。当产业界的用人要求传递到社区学院时，社区学院并不一定拥有足够的符合条件的师资。毫无疑问，产业界具体岗位的专业技术人员往往最了解相应岗位的用人要求，而且长期在实际岗位"摸爬滚打"的专业技术人员非常适合担任相应岗位的培训教师。譬如，当美国联邦快递公司与社区学院合作培养快递业服务人员时，联邦快递公司对合作项目培养的人才规格无疑是最具有发言权的。同时，联邦快递公司也拥有相关岗位技术娴熟的专业技术人员，可以满足相应岗位的人才培养的教学需要。相比之下，社区学院则不具备如此丰富的师资资源。不仅快递业如此，各行各业的情况都相似，尤其是那些实践性很强、知识和技能升级快的行业。由此不难看出，社区学院的人才培养离不开产

业界的参与,因为产业界更清楚他们需要的劳动力规格,而且产业界拥有谙熟岗位知识和技能的专业技术人员。

其次,社区学院不一定具备产业界所拥有的生产和服务设施设备。举例而言,芒腾胡德社区学院(Mt. Hood Community College)是美国俄勒冈州的一所社区学院,该社区学院的美胡帕克校区(Mayhood Park)位于俄勒冈州的波特兰市,而美国波音公司在波特兰市设有生产工厂。波音公司与芒腾胡德社区学院因地理位置较近,两者在人才培养方面有很多合作。作为一所普通的社区学院,芒腾胡德社区学院显然不可能具备波音公司的生产设备。芒腾胡德社区学院要培养波音公司所需的专业技术人员,就得依靠波音公司所提供的生产设备。当然,社区学院可能有一些基础设施设备供学生学习,但是不可能购买和波音公司完全相同的设备。类似的情况在社区学院是较为普遍的,培养护理人才的社区学院没有医院和护理机构的医疗服务设备,培养早期教育人才的社区学院也不一定拥有幼儿园或其他学前教育机构的教学设备。同样,社区学院虽然设有酒店管理专业,但绝大部分社区学院并没有自己的酒店设施。因此,社区学院要有效培养产业界所需的技术人才,就必须依托产业界的生产和服务设备及相关资源。

再次,社区学院没有足够的资金支撑某些项目的人才培养所需成本。社区学院的教育和培训项目多种多样,有的项目成本较低,社区学院在办学过程中没有太大的成本压力,而有的项目成本很高,社区学院举办这些项目处于"亏本"状态,所以有的社区学院除了学生的学费外,还会收取实验实习之类的费用。尽管如此,一些专业的办学成本还是偏高。尤其是一些与生产密切相关的专业,学生实习实训所需要的原材料成本高,而学生生产出来的一些产品由于存在缺陷或质量不高不能进入市场销售,这就使得这些专业人才培养成本居高不下。如果没有产业界的支持,社区学院某些专业在财力有限的情况下培养的人才,其质量和规格很难达到产业界的用人要求。

以上这些因素限制着社区学院的人才培养,使得很多社区学院无法独立承担起相关副学士学位和证书项目的人才培养任务。如果没有产业界的参与,社区学院在一些专业的人才培养上只能培养出"半成品"。社区学院如果不想只是培养人才的"半成品",与产业界合作就成为其提高人才培养质量的必然选择。只有产业界参与到社区学院的人才培养中,社区学院的人才培养才会获得更多的人力、物力和资金支持,社区学院培养的学生才能更好地满足产业界的用人需求。

三、社区学院系统与产业界已结成命运共同体

无论是《从学校到工作机会法案》的推行,还是"学校和产业伙伴计划"的实施,都充分说明了社区学院教育与产业发展的密切联系。一方面,社区学院培养的人才尤其是职业技术类人才必须符合产业发展的要求,产业界的用人要求是社区学院人才培养标准的重要参照;另一方面,产业也必须介入社区学院人才培养的相关环节,使社区学院培养的人才尤其是职业技术类人才更加符合产业的用人要求。全球范围内的激烈竞争以及第四次工业革命的兴起必然促使社区学院教育培训系统和产业界之间在人才培养上的互动更加频繁,因为这样做可以改进课程设置,使学习内容更具有针对性,可以缩短人才培养周期,使产业界在更短时间内获得所需人才。这种由于内外部竞争促成的社区学院与产业界之间的互利互惠的合作在一定意义上使得两者形成了命运共同体,即在一个国家和地区的范围内,社区学院与产业界在合作培养人才方面的努力直接关系到双方在各自领域的竞争力,同时也直接影响着该国家和地区的竞争力。

首先,社区学院培养的学生无论是升学还是就业,迟早都要进入产业界工作。因此,符合产业界的用人要求是社区学院传授给学生知识和技能的最直观的参照标准。从职业划分和职业岗位要求等角度而言,产业界的标准才更有权威性。实际上,在目前联邦政府资助的社区学院和产业界的合作项目中,针对岗位需要培养人才,以工作需要驱动教育培训成为社区学院职业类教育培训项目的主要理念。因为只有这样的培训才能紧贴产业界需要,培养出来的学生才能够尽快胜任相应工作。如果产业界对社区学院的毕业生不满意,产业界也不得不对这些毕业生进行进一步的培训,以使他们能够胜任工作。当然,雇主也可以不雇用这些毕业生,不过整体而言,不能雇到更好人选时,就只好通过培训来弥补遗憾了。从社区学院的角度看,毕业生就业不佳也会给学校带来很大的招生压力。社区学院为了提高所培养学生的就业竞争力必须努力寻求改变课程结构和更新课程内容。理论上讲,社区学院人才培养与产业界用人是密切关联的,如果两者的合作机制不健全,双方都会为此付出代

价,这些代价有的是有形的,有的是无形的。因此,社区学院和产业界只有通力合作,社区学院才能培养出理想的学生,产业界也才能获得更理想的劳动力。

其次,社区学院的人才培养离不开产业界的参与。尽管社区学院很清楚产业界的用人要求,但是社区学院在培养学生的过程中,不可能把学生完全置于全真的工作环境中。由于资金、场地、设备、人力资源等因素的限制,社区学院不可能拥有产业界的生产和服务设备,其师资也不一定拥有产业界专业技术人员的技术水平。在这种情况下,社区学院的人才培养要想达到产业界的用人要求,就需要积极争取产业界参与。在产业界不介入社区学院人才培养的情况下,产业界使用社区学院培养的毕业生实际上是把社区学院的毕业生视为"半成品"。也就是说,产业界没法苛求社区学院毕业生的知识和技能水平,只有在雇用社区学院的毕业生后对这些毕业生根据工作需要进行再培训。可是,在竞争日益激烈的情况下,缩短人才培养周期,尽快培养出符合自身需要的人才才是产业界取得竞争优势的重要手段。在这种背景下,产业界自然要在人才培养规格、人才培养过程、人才培养反馈等环节上深度介入社区学院的人才培养才能获得理想的人力资源,赢得自身的竞争优势。也正是因为如此,社区学院更可能在人才培养方面争取到产业界的支持。

再次,社区学院在人才培养方面的作用是不可或缺的。诚然,产业界的用人要求是社区学院人才培养的重要参照,产业界的工作环境是培养学生的有效手段,但这并不意味着培养学生的工作产业界可以单独完成,否则社区学院在职业技术人才培养方面的作用就微不足道了。实际上,社区学院与产业界在人才培养方面的合作是为了实现双方的优势互补。相对于产业界而言,社区学院在学生学习基础知识和技能以及教师资源和教学仪器设备资源等方面具有产业界不可替代的优势。社区学院开设的大量普通教育课程、学科基础课程,社区学院为学生的成长和发展创造的很多条件,以及社区学院人才培养的规模效应等都是产业界无法替代的。而且,由于产业界的用人需求可能有差异,即使是同一行业的同一岗位,不同雇主的用人要求可能会有差异。社区学院的教育培训平台可以兼顾各方需求,制定相对统一的标准,设计更加合理的课程,从而保证学生的知识和技能有较好的适应性。实际上,社区学院和产业界在人才培养的过程中各有优势,两者合作就是为了把各自的优势叠加,取得更好的人才培养效果,从而有利于双方的发展。

综上所述,社区学院和产业界在培养产业界所需的劳动力过程中都具有各自不同的优势,两者合作可以达到一加一大于二的效果。在激烈的竞争环境下,双方合作可以实现"双赢",因此两者的命运共同体倾向越来越明显。

第四节　社区学院与个人教育培训需求

一、社区学院的存在基础是满足个人教育培训需求

作为社区学院前身的初级学院,其建立的目的就是为了满足人们不断增长的高等教育需求。如果说早期的私立初级学院是当时一些有识之士为满足人们的中学后教育需求而作出的一种尝试,那么随后的公立初级学院的建立则是州政府和地方政府对民众受教育需求的回应——用纳税人的钱来为纳税人或纳税人的子女提供中学后教育培训服务。二战后美国社区学院的大发展,最重要的动因是公众旺盛的教育需求以及政府希望提升国家整体的劳动力水平。当然,当时的决策者也认为教育是民主的需要和体现。社区学院之所以能够挤进美国高等教育的殿堂,与四年制大学共同构成美国的高等教育系统,其根本原因就是社会上存在着大量的四年制大学所不能满足的个人教育需求。

从社区学院的发展历史可以看出,早期的初级学院满足了人们高中后教育的需要,为不能进入四年制大学学习但又想接受高等教育的高中学生提供了相当于四年制大学一、二年级课程水平的教育。早期的初级学院人数少且规模不大,后来逐渐发展壮大,最终形成了现在一千多所规模的社区学院体系,学生规模也达到了一千多万。这一过程说明人们的受教育需求是不断增长的,社区学院迎合了人们的受教育需要。所以,社区学院发展壮大的原因是人们日益增长的教育需求,社区学院发展壮大的过程也是社区学院不断满足公众教育培训需求的过程。

从社区学院发展过程中课程的变化可以看出,人们的受教育需求是从单一走向多元的,这既是学科发展的必然结果,也是社会职业变化的要求,还是

61

人们多样化教育需求的体现。最初的初级学院主要是为了满足学生升学的需要，后来初级学院为了满足部分学生就业的需要，在转学课程的基础上增加了职业教育类课程，这些课程也是建立在高中后教育基础之上的，职业教育类课程恰恰是四年制大学所欠缺的。社区学院在二十世纪六七十年代呈现出的井喷式增长也充分说明个人旺盛的教育需求对社区学院发展的推动作用，其中一个很重要的侧面就是职业教育。而在今天，社区学院不但成为人们接受高等教育的场所，而且成为人们继续教育的重要平台。不仅提供副学士学位课程和证书类课程，还开设高中水平的课程和各类能够满足人们求知需要和社区培训需要的课程，如健身类课程、娱乐类课程、兴趣爱好类课程等，为各种各样的群体提供周到细致的各类教育培训服务。在中学后教育培训需求方面，可以这样说，公众有什么教育培训需求，社区学院就会努力提供这些教育培训服务。

二、多元化的个人教育培训需求不断促使社区学院变革

随着社会的不断发展，人们的教育需求不断发生变化。从内容上看，个人教育培训需求有了多维度的拓展，人们已经不满足于到社区学院获得副学士学位或证书，很多人希望社区学院提供个性化的教育培训服务。从时间跨度上看，由于终身教育已成为现代社会发展的必然趋势，那种获得一个学位和一个证书就终身就业无忧的时代已成为历史。因此，人们在社区学院求学可能不会局限于一次，而有可能多次进入社区学院学习，可能第一次是为了学位到社区学院学习，第二次可能是为了就业充电需要而光顾社区学院，第三次可能是为了满足自己兴趣爱好到社区学院学习。从空间上看，社区学院提供教育培训服务的方式也需要突破现实课堂教育的形式，通过网络授课等方式满足相关群体的教育需求。总之，人们的教育培训需求从内容和形式上都发生了较大变化。在这种情况下，作为社区教育培训枢纽的社区学院，必须不断满足人们日益变化的教育需求。

从社区学院所提供的教育培训内容上看，社区学院的教育从早期单纯的转学教育演变为如今的转学教育、职业教育、补偿教育及社区培训并存的局面。这些教育培训项目几乎涵盖了社区各类群体的教育培训需求。实际上，社区学院正是考虑到了社区各类群体的教育需求，才在不断探索的过程中逐

渐完善了各种教育培训服务。

从社区学院所提供的教育方式上看,教学的实施平台由教室为主的面对面教学演变为教室与工作场所同为教学的主要场地、线下与线上教育并存的局面。社区学院的这些变化都是个人需求多元化的反映,体现了人们希望通过各种方式接受社区学院教育培训服务的愿望。实际上,社区学院提供多样化的教育方式满足了人们对受教育方式的多元化需求,同时也是社区学院应对网络教育的策略,因为在教育市场上,社区学院只是众多教育培训提供者中的一员,面临着来自同行的竞争。

三、社区学院课程设计要兼顾个人当前和未来发展

从社区学院的课程结构来看,社区学院的副学士学位课程和证书课程一般都由普通教育和专业教育两部分课程组成。毫无疑问,开设普通教育课程是为了让学生具备长远发展所需要的知识和技能,开设专业教育课程则是为了满足学生当前转学或就业的需要。转学类副学士学位课程的学生是为了顺利地转入四年制大学继续学士学位课程学习,因此转学类副学士学位课程的专业课程一般与相关的学士学位课程衔接;应用类副学士学位课程的学生是为了毕业后找到满意的工作,因此相应的专业课程则指向具体的职业领域;证书类课程的时间较短,因此其专业课程更加具体,充分体现了具体工作岗位的知识和技能要求。

社区学院设计的其他教育培训课程也是紧扣学生的当前和未来教育需求的,无论是增加知识还是提高能力,都会对学生的近期发展和长远发展产生重要影响。例如"双学分"课程使高中学生获取被高中和社区学院同时认可的学分成为可能,让高中学生既可以及时获得高中毕业文凭,也可以很快融入社区学院学习,更快地获得社区学院的证书和副学士学位。语言类课程则会大大增强学生的交流能力,同时也为移民等语言能力较弱的群体打下了在美国社会生存和发展的必备基础。与计算机和互联网使用有关的课程可以大大增强学生的文字处理能力和信息获取能力,为社区群体融入信息社会作出很大的贡献。可以说,社区几乎每一个人都可以在社区学院找到对自己当前和长远发展有帮助的课程,这说明社区学院的课程设计考虑到了个人当前和长远发展需要。

社区学院提供的教育培训服务宛如大型超市的商品,学生选择教育培训服务如同在超市中选购自己所需要的商品。如果社区学院设计的学位课程或证书课程不能较好地满足某个个体的教育培训需求,该个体还可以在琳琅满目的课程中选择自己所需的课程或课程组合,从而达到建构自己知识和技能的目的,满足自己当前及未来发展的需要。社区学院课程的发展历史和发展趋势都表明,满足公众教育培训需求是社区学院一直努力的目标,也是社区学院功能和使命的归宿。

第五节　社区学院教育与教育思想

一、教育界人士倡导是社区学院萌芽和发展的关键因素

美国初级学院萌芽时期,人们对于是否举办初级学院、初级学院如何定位、初级学院的名称等都有很大争议。也正是这些争议的存在,使得人们对初级学院的名称、功能、课程等方面的探索得到不断加强。除芝加哥大学校长哈珀外,与他同时代的教育家以及更早期的教育家都对初级学院进行了有价值的思考,当时的初级学院作为新生事物,凝聚了众多教育家和教育实践者的智慧。

由于最初的初级学院处于探索阶段,因此初级学院的办学主体多种多样,有私立的,也有公立的。有的是教会主办的学校,被视为教会的附属机构;有的设在高中被视为 K‑12(Kindergarten to Grade 12)公立学校系统的延伸部分,形式上相当于高中教育的延伸,在管理上也常常被纳入学区管理的范畴;有的是四年制大学的一部分。所有形式的初级学院实际上都反映出一定的教育主张,是一定阶段人们教育思想的体现。

从初级学院的课程内容来看,早期初级学院的课程与四年制大学的一、二年级课程雷同,只是由于师资的限制,初级学院所开设的课程数量有限。一些初级学院除了聘请所在高中的教师担任兼职教师外,还聘请来自其他渠道的专业技术人员担任初级学院兼职教师。早期初级学院的规模很小,独立性较差,因此人们对初级学院的高等教育地位认可度较低。尽管如此,初级学院所

提供的教育服务还是满足了当时人们的中学后教育需求,初级学院数量也因此稳步增长。

社区学院一部分是初级学院通过改名等方式转变而来,另一部分则是在二战后大规模建立的,社区学院大发展与总统高等教育委员会专家们的建议密不可分。正是由于这些教育专家的思想得到政府采纳,社区学院才在特殊的历史背景下如雨后春笋般发展起来。而各州社区学院系统的设计和建立,更体现了各州教育工作者的智慧。

二、办学思想变化直接影响着社区学院教育培训的轨迹

最初的初级学院的课程是为学生进一步接受高等教育设计的,所以课程设计与四年制大学一、二年级的课程雷同。这些课程多为基础性课程,如英语、数学、外语以及一些学科介绍课程等,也可以大致理解为普通教育课程或通识教育课程,这些课程实际上是为学生进一步学习学士学位课程打基础。从某种意义上说,最初的初级学院相当于高级学院的准备教育,其功能实际上相当于四年制大学的部分功能。由于社区学院的课程设置、学生转学标准以及转学数量等都受制于四年制大学,因此初级学院的地位从某种意义上说有一定的依附性。

在最初公立初级学院设立阶段,公立初级学院的招生规模小。初级学院的课程更多的是为了满足那些因为各种各样的原因不能进入四年制大学但又想进一步接受高层次教育的高中毕业生的需要。在初级学院成立之初,进入初级学院学习的学生并不多,很多初级学院的规模都很小,一些初级学院在起步阶段的招生数量仅为几人或几十人,所以初级学院常常设在高级中学内,初级学院的一些课程也由高中教师讲授。

随着初级学院的不断发展,人们对初级学院受教育群体毕业去向更加关注。显然,初级学院的学生有两种典型的毕业走向:转学到四年制大学学习学士学位课程,或者到就业市场寻找工作。而为学生转学设置的基础性课程由于缺乏就业相关性使学生就业面临困难。在这种情况下,办学者不得不思考初级学院课程设置的适应性,初级学院的课程设置因此发生了改变,从"只关注转学"调整为向"转学和就业并重"的方向发展。社区学院也因此需要聘用各行各业的专业技术人员担任兼职教师,从而使社区学院与社会各行各业的

联系更紧密。发展到今天,社区学院的课程已经演变为以转学课程和就业课程为主,以补偿类教育课程、社区教育和培训课程为辅的课程体系。社区学院的课程结构演变历程充分体现了教育者办学思想的演变。

二战后,在政府的强力推动下,各州成立了大量社区学院,一些初级学院也改名为社区学院,以体现他们为社区服务的思想。政府希望社区学院更好地为社区服务,满足社区的各类教育培训需求。在这种教育思想的指导下,社区学院的功能得到了进一步的拓展。社区综合教育功能成为人们对社区学院的期待,同时人们对社区学院与社区的融合也有了新认识。社区学院的管理者为了满足社区民众的教育需求,对社区各种教育培训都给予了充分关注,同时社区也把社区学院视为社区的重要组成部分,社区各类组织对社区学院给予了各种各样的支持。

社区学院的发展壮大使社区学院成为美国高等教育系统的重要支柱,很多社区学院长期积累的办学资源使得其有条件开设更高层次的课程。20 世纪 90 年代开始,一些州的社区学院尝试开设本科课程,也就是说社区学院提供的高等教育的层次突破了副学士学位。一些社区学院还因此改名,去掉"社区学院"中的"社区"一词。例如,佛罗里达州的"印第安河社区学院"改名为"印第安河学院"。社区学院还扩大招生对象,招收了很多国际学生。所有这些都意味着社区学院的办学思想在不断发生改变,从内容和形式上不断丰富社区学院的内涵。

三、多种教育思想促进了社区学院发展和变革

职业教育是社区学院教育的重要组成部分,社区学院的职业教育办学思想也经历了长期的演变。早期学院的职业教育办学是为了帮助学生较好地就业,在转学教育课程设置的基础上增加职业教育类课程,但是职业教育类课程在学校的课程设置中并不占主导地位。二战后,职业教育类课程在社区学院中的比重大幅度上升并超越了社区学院的转学类课程,使职业教育功能成为社区学院的主要功能。在社区学院中的职业教育从无到有、从有到强的过程中,各种关于职业教育的思想深刻地影响着社区学院的发展和变革。

最初初级学院开设职业教育类课程只是为了让学生具备就业所需要的知识和技能。在当时的社会背景下,技术的更新速度不快,产业的变革速度也比

较慢,因此社区学院的课程结构和课程内容的更新速度也不快,职业教育类课程处于相对稳定的状态。但是,当技术变革和产业变化速度越来越快时,社区学院课程就不得不进行及时调整。随着世界范围内的竞争越来越激烈,社会对社区学院根据产业界需要培养人才以及要求产业界介入社区学院人才培养的呼声越来越高,社区学院和产业界合作开发课程、合作培养人才的做法越来越普遍。由于职业岗位的工作任务和工作内容不断变化,导致职业知识和职业技能的更新速度加快,所以社区学院的课程结构和课程内容必须及时调整才不会过时。实际上,这种职业教育思想的基本出发点是社区学院课程要与产业界要求合拍。这种职业教育思想被认为是"旧职业主义"教育思想。

在社区学院再变革的时代背景下,一些新的职业教育思想逐渐影响着社区学院的改革。其中较为突出的是"新职业主义"教育思想。"新职业主义"教育思想是相对于"旧职业主义"教育思想而言的,"新职业主义"教育思想强调培养学生学习的愿望和能力,注重学生学术性知识和职业技能的融合,而"旧职业主义"教育思想强调培养学生的就业知识和就业技能。在人们普遍认同终身教育思想和社会职业变换频率不断加快的背景下,"新职业主义"教育思想对于社区学院的发展具有很强的启示意义。由此可见,不同的教育思想会对社区学院发展和变革产生不同的影响。

四、社区学院的长期教育实践丰富了教育思想

教育思想为教育实践提供了指导,社区学院萌芽阶段的历史充分说明了这一点。正是受到像哈珀这样的教育家的教育思想的影响,才使初级学院从构想变为现实。同样,教育实践也丰富了人们的教育思想,使得教育思想在实践中得到创新和完善。社区学院在美国独特的实践丰富了教育思想,在社区学院办学实践的各个环节,社区学院都有很多创新之处,这些创新正是对教育思想的不断补充和完善。

首先,社区学院使人们大大改变了对高等教育的看法。社区学院的前身初级学院在成立之初虽然发挥了高等教育的部分功能,但是社会上很多人并不认可初级学院是高等教育机构。在随后的一百多年时间里,社区学院不但很好地发挥了初级学院的功能,而且还成功地拓展了职业教育功能,成为美国副学士学位教育的最主要的提供者。不仅如此,社区学院还成功地融入社区,

成为社区其他教育培训的重要平台。发展到今天,没有人再质疑社区学院高等教育机构的角色。与其他高等教育机构相比,社区学院无论在数量上还是在招生规模上都独树一帜。社区学院除了招收美国的学生,还招收来自世界各国的学生,成功跻身美国招收国际学生的高校行列,成为美国为国际学生提供教育服务的重要一员。社区学院的实践表明,高等教育不仅局限于学士学位教育和硕士博士教育,还能以副学士学位的形式存在并且能够很好地满足人们的就业和升学需要;高等教育系统是各种类型的高等教育机构分工合作形成的有机整体。

其次,社区学院以社区为服务核心的做法对高等教育大众化和美国终身教育体系建立具有很强的启示意义。高等教育的大众化需要在合适的平台上来建设。在高等教育从精英教育阶段向大众教育阶段迈进的过程中,正是因为有了发达的社区学院网络,大众的高等教育需求才更容易得到满足,植根于社区的社区学院,无疑是高等教育大众化最重要的平台。美国社区学院的学生中,有相当一部分是第一代大学生,正是社区学院的存在,才使得很多父母没有受过大学教育的家庭的子女有接受大学教育的机会。因为社区学院是以社区为依托建立同时也以服务社区为办学指导思想的,所以在社区学院上学的成本较低,比四年制大学低得多的学费以及其他相关成本的有效控制都使得人们更有可能在社区学院享受高等教育服务。从建立终身教育体系的角度看,美国小学教育和中学教育已经形成了全覆盖的完整体系,但是中学后教育体系还不够完善,中学教育和大学教育的衔接也不够完美,而社区学院则提供了中学后教育以及中学后教育融入学士学位的重要渠道。从学科教育的角度而言,美国学士学位教育和硕士博士教育的体系是比较完善的。中小学教育与四年制大学教育在衔接和整合过程中,社区学院平台发挥了极其重要的作用。社区学院不仅为高中辍学学生、高中毕业生、各类成人群体提供了进入高等教育体系的机会,还满足了这些群体的职业教育以及其他教育培训需求,为建立终身教育体系作出了重要贡献。

再次,社区学院与社区互动为建立有效的教师聘用制度以及开发和实施课程都提供了重要试验平台,这些实践大大丰富了教育思想。以教师聘用为例,社区学院独特的兼职教师聘用制度既节约了办学成本,也使得社区学院的办学非常"接地气"。总体而言,美国社区学院聘用的兼职教师数量大于专职教师数量。美国社区学院教师队伍使用的开放性以及由此带来的流动性都非常明显，社会上大量专业技术人员正是通过社区学院的平台成为社区人才培养的重要依托力量。社区学院通过整合社会专业技术人才的方式来培养专业技术人才的做法建立了较好的知识技能传递和更新模式。社区学院产学结合的课程开发和实施模式，使社区学院的课程更加贴近产业需要，同时也可以把产业界的资源整合进社区学院的人才培养中来。社会对社区学院与产业界共同开发和实施课程已经形成了广泛共识。政府通过提供资金资助等形式鼓励社区学院与产业界共同开发课程和实施课程，并且在此基础上推广相关课程。

社区学院长期的教育实践让社区学院较好地融入了社区，使社区学院与社区范围内的雇主之间在一定意义上结成了命运共同体。由于美国社区学院在国家教育和培训体系中发挥着重要作用，培养了大量初、中级劳动力，为美国经济和社会发展作出了重要贡献。社区学院独特的办学模式也因此成为很多国家学习和研究的对象，为教育思想的传播作出了贡献。

本 章 小 结

本章尝试从五个方面分析社区学院的发展规律：社区学院发展与政府介入；社区学院与四年制大学互动；社区学院与产业互动；社区学院与个人教育培训需求；社区学院教育与教育思想。

社区学院的发展离不开政府的介入，政府介入是为了更好地满足民众的教育需求，也是为了大幅度提升国家的竞争力以及建立更加完善的终身教育体系。正是由于政府介入，美国才在短期内建立了覆盖面广的社区学院体系，较好地解决了社区民众的教育培训问题，并因此提高了国家的整体劳动力水平。

社区学院与四年制大学的互动主要体现在社区学院是四年制大学的重要生源基地，社区学院有效地衔接了高中教育和四年制大学教育。社区学院与四年制大学之间的课程衔接使四年制大学对社区学院内部的课程设置产生了深刻影响，促进了社区学院课程的规范和融合。社区学院与四年制大学之间建立的转学机制对社区学院的学生也起到了很强的激励作用。

社区学院与产业界的互动是必然的,因为产业界最熟悉职业技术类人才的用人要求,并且产业界也拥有培养职业技术类人才的重要资源,所以社区学院职业技术类人才的培养离不开产业界的参与。

社区学院的存在基础是为了满足个人的教育培训需求,由于个人的教育培训需求不断发生变化,社区学院的教育培训功能才不断拓展。同时,社区学院也会主动满足社区民众的教育培训需求,在课程设计上兼顾个人当前和长远发展的需要。

社区学院的发展是一定教育思想的体现,同时也在实践中丰富和发展了教育思想。社区学院在各个发展阶段的变革都深刻反映了人们教育思想的变化,而社区学院的发展也使得人们对产学结合、教师聘用等教育环节的认识更加深刻。

第四章

美国社区学院现状

美国社区学院是美国高等教育系统的重要组成部分,是美国提供高等职业教育的主体。大部分社区学院可以从其名称上判断出来,因为其名称就包括"社区学院"一词。一部分社区学院名称里面没有"社区学院"一词,但也属于社区学院,例如,有的社区学院可能为了显示其历史悠久等原因仍然保留"初级学院"的名称。从美国教育结构看,社区学院学制两年,学生完成高中阶段学习后进入社区学院学习,成人学生可以根据自身需要选择社区学院相关课程、专业或项目学习。

图4-1是美国教育学制示意图(部分),从中可以看出,两年制学院和其他职业技术培训机构一样,主要提供副学士学位课程和证书课程的学习,属于中学后教育的前两年,具有明显的衔接功能。

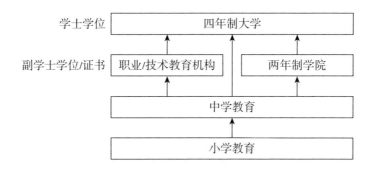

图4-1 美国教育学制示意图(部分)

社区学院在美国教育系统中具有举足轻重的地位,既像一个"减压阀",又像一个"推进器"。"减压阀"一方面是指社区学院在满足人们的高等教育需求方面成功缓解了四年制大学的入学压力,而其中职业教育副学士学位及证书项目的推行,使学生能够获得社会相关职业所需的知识和技能,从而顺利找到工作;另一方面是指社区失业群体和待业群体可以通过社区学院学习获得就业所需的知识和技能,以谋求新的就业机会,从而缓解社区的就业压力。"推进器"是指社区学院可以为学生提供进入四年制大学学习的重要渠道,进入社区学院也能实现自己追求更高学历的梦想。社区学院因为提供不同的教育培训项目可以较大程度地促进个体自身发展,提高收入,提升生活质量。本章从社区学院的管理、课程、师资、学生、学分及证书制度等方面阐述社区学院现状。

第一节　社区学院的行政管理及学校管理

一、社区学院的行政管理

美国是联邦制国家,各州对本州范围内的教育拥有很大的行政管理权。联邦政府通过立法、制定政策和提供资金支持等影响各州教育。从美国社区学院发展的历史看,早期社区学院在各州的发展很不均衡,这也是州社区学院管理政策各不相同的体现。不过,随着联邦政府干预社区学院的力度增加,州政府对社区学院的发展也日益重视,加上一些重要组织不断努力,尤其是在社区学院协会、社区学院理事协会和一些研究机构等组织的倡导和推动下,美国各州的社区学院管理越来越规范。

美国社区学院的行政管理权主要在州政府,州政府根据法律成立相应的管理机构,由该管理机构制定社区学院的相关管理政策,对社区学院进行领导、管理并对社区学院提供资金和政策支持。这些管理机构有的是相对独立的,专门针对社区学院而设立;有的则具有更大的管理权限,不仅管理社区学院,还管理四年制大学。从一些州的社区学院管理机构的名称及主要职责可以看出社区学院行政管理分权制的特点。下页表4-1列出了五个州的社区学院管理机构及其主要职责。从表4-1中可以看出,加利福尼亚州、伊利诺伊州、弗吉尼亚州设置专门针对社区学院的管理委员会制定社区学院的相关管理政策;而蒙大拿州的管理委员会针对该州所有的高校;华盛顿州的委员会则针对社区学院和技术学院。名称和职责都反映出各州存在很大差异。州一级的社区学院管理机构对本州范围内的社区学院实行统一的宏观管理,其目的不过是使社区学院能够良性运作、降低成本、提高效率。近年来,联邦政府和州政府都对社区学院的运行提出了更高要求,除要求社区学院增加培养人才的数量外,还要求社区学院提高学生的学业完成率。政府有意通过对社区学院进行课程评价来促进社区学院提高办学水平,并且有意将评价的结果与政府拨款挂钩,政府的这种做法无疑给社区学院带来很大压力。

表4-1 美国部分州社区学院行政管理机构及其主要职能

州名称	管理机构名称	管理机构主要职责(根据各管理机构网站整理)
加利福尼亚	加利福尼亚社区学院管理委员会	为加利福尼亚72个学区的113所社区学院制定政策,提供指导;与州和联邦政府以及其他组织互动
华盛顿	华盛顿州社区与技术学院委员会	倡导、协调和指导华盛顿州34所社区学院和技术学院
伊利诺伊	伊利诺伊州社区学院委员会	根据社区学院系统各组成团体(伊利诺伊州校长委员会、伊利诺伊州社区学院理事协会、伊利诺伊州社区学院教师协会、伊利诺伊州社区学院委员会学生建议委员)的建议制定政策
蒙大拿	蒙大拿高等教育管理委员会	全权监督、协调、管理和控制蒙大拿高等教育系统
弗吉尼亚	弗吉尼亚州社区学院委员会	依法建立、发展、管理和监督社区学院;颁发文凭、证书和副学士学位;控制和使用资金,确定学费和其他收费;保持与州长、州国民大会等影响社区学院发展的个人和组织的交流等

二、社区学院的学校管理

美国社区学院的管理有一定的规律可循,从社区学院的组织结构来看,社区学院实行的是校长负责制。显然,校长的素质和能力是社区学院发展的重要决定因素。校长招聘通常是由相关行政管理机构或社区学院理事会负责。有的是由州教育委员会或州社区学院委员会等招聘校长,然后由校长对社区学院实行具体的管理;有的是由地方学区委员会或理事会招聘校长,然后由校长对社区学院实行全面管理。通常社区学院会设置由多人组成的理事会,理事会成员的数量各有差异,一般为5或5以上的奇数。理事会对社区学院的重大事项进行决策,如招聘社区学院的校长、设置社区学院架构、制定校园安全制度、确定员工薪酬政策等。校长在副校长、校长助理或一些专门委员会的协助下管理社区学院。由于社区学院的规模大小不一,因此社区学院的管理架构有所不同。有的社区学院规模很大,除主校区外,还设有很多分校区,因此这类社区学院的管理架构会比较复杂,而规模较小的社区学院管理架构则相对简单。图4-2、图4-3分别呈现了两种有代表性的社区学院组织架构。

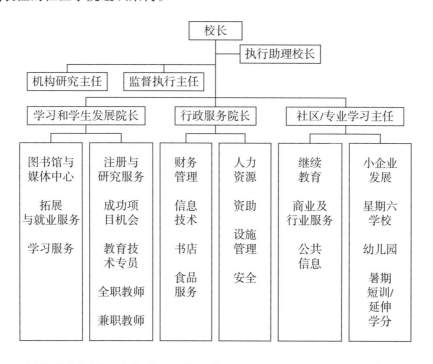

说明：编译自 Cohen A M, Brawer F B. The American Community College[M]. San Francisco, CA: Jossey-Bass, 2008:119.

图4－2　小型社区学院组织结构图

　　由于社区学院理事会负责招聘校长等重要事项,因此理事的能力和理事会的运作对于一所社区学院管理而言非常重要。通常情况下,社区学院的理事都有一定的任期,任期结束后,理事会将根据一定规则来选举或任命理事以产生新一届理事会。全美社区学院理事协会和地方的社区学院理事协会为了促进社区学院理事会有效开展工作,会定期或不定期地举办研讨会以及提供相关教育培训服务,以帮助这些理事履行职责。这些教育服务五花八门,有校长评价、理事会管理、校园安全等。如果社区学院需要招聘新校长,理事会一般会在相关媒体上发布广告,面向全国招聘。社区学院的校长也有一定的任期,通常是4年左右,任期结束后,理事会根据校长的工作绩效、年龄等因素决定是否续聘校长。通常工作出色的校长会获得连任。当然,校长本人也会考虑是否留任。由于社区学院有社区学院协会、社区学院理事会等全国和地方性平台可以发布招聘信息,因此招聘校长的信息渠道非常畅通。

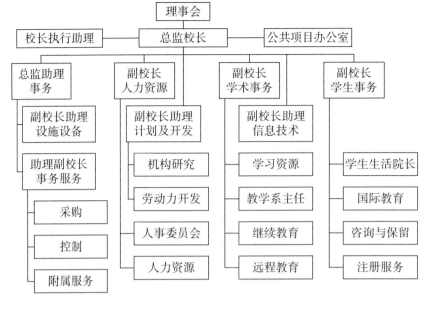

说明:编译自 Cohen A M, Brawer F B. The American Community College[M]. San Francisco, CA: Jossey - Bass, 2008:118.

图 4 - 3 大型社区学院组织结构图

从社区学院组织结构图可以看出,理事会和校长是对社区学院管理影响最大的组织和个人。理事会主要负责重大事项的决策,而校长不仅要负责学校的具体决策,还要推进决策的贯彻落实。由于社区学院历史、校区分布、规模等因素的影响,社区学院通常具有不同的组织架构和管理制度。

第二节　社区学院的教育培训服务项目及课程构成

一、社区学院的教育培训项目

美国社区学院的专业设置通常反映了社区的教育和培训需求。由于社区学院的开放性,学生很容易在社区学院的教育培训项目中找到符合自己需要的项目。首先是转学类副学士学位教育项目,该项目是社区学院的经典项目,能与四年制大学的学士学位课程较好衔接。选择转学类专业的学生学习相应的课程,达到四年制大学的要求后即可转学到四年制大学继续攻读学士学位。其次是职业技术教育类项目,职业技术教育的专业和项目可以分为三类:一是应用型副学士学位专业,二是证书项目,三是短期培训课程。很多社区学院的职业教育专业和项目常年招生。再次是补偿性课程,补偿性课程有时被称为发展性课程。学习者学习这类课程的目的是使自己具备相当于高中毕业生的知识水平。最后是其他形式的教育培训课程,设置这些课程的目的是满足社区组织和个人的其他教育培训需求。

社区学院教育培训项目的设置并没有全国统一规定,也没有完全按照学科逻辑或者职业分类逻辑来设置,所设置的项目有的具有明显的学科特征,有的具有明显的职业特征;有的项目名称学科性取向很强,有的项目名称职业性取向很强。在美国社区学院设置的专业中,被广泛设置的专业是商业贸易、健康、护理、教育等,这些专业是常规专业,社会需求量大且比较稳定。而各州社区学院因为各州社会经济结构不同而各有差异。以佛罗里达州为例,该州经济很有特色,旅游业、农业和交通运输业是该州的支柱产业,所以与这些产业相关的专业比较完备,课程设置也比较规范。该州教育部门对各级各类职业教育课程进行分类管理,对学生的学业要求有比较明确的规定。社区学院的专业信息可以通过访问社区学院的网站查询到,也可以通过电话、电子邮件、面对面咨询等方式向社区学院招生部门获取,一些出版社会定期出版专业目录之类的书籍供公众查询。①

为了更直观地说明社区学院教育培训项目,下页表4-2列出了四所社区学院的教育培训项目的类别及典型的专业名称。这些教育培训项目的名称有的可以体现升学或就业的特点,有的则反映出补偿教育和社区培训的特征,总体上体现了社区学院教育培训项目的全貌。

_____

① 地方公共图书馆通常会订阅此类书籍以供公众查询。

表4-2　四所社区学院的专业设置类别及典型的专业名称

社区学院名称及所属州	典型的转学类副学士学位	典型的应用类副学士学位	典型的证书课程	典型的社区教育课程	备注
Walla Walla Community College（华盛顿州）	文科、科学、商学、小学教育、数学教育	汽车修理技术、会计技术、农业科学、商业管理、护理	高级卡车司机培训、早期教育、焊接	选择教育项目、高中项目	根据所列各社区学院网址提供的信息整理
Santa Fe College（佛罗里达州）	会计、农学、艺术教育、化学、英语、历史、音乐	商业管理、早期教育、化学技术、生物医学工程技术	应用焊机技术、汽车服务技术、木工学徒、牙科助理	语言、音乐与艺术、健康保健	
Joliet Junior College（伊利诺伊州）	文科、科学	农业生产与管理、会计、商业管理、酒店管理	酒店管理、食品准备、商业管理、图书馆技术助理	成人高中文凭、双学分课程、GED课程	
Flathead Valley Community College（蒙大拿州）	农学、林学、环境科学、会计技术、商业管理	会计技术、商业管理、信息技术	会计技术、商业管理、图形设计、工业维修、药物技术	计算机课程、在线非学分课程、成人非学分课程	

二、社区学院课程构成

这里所说的社区学院的课程构成,是指社区学院的具体教育和培训项目的课程构成。从社区学院的教育和培训项目的分析可知,社区学院的教育和培训项目的主体是副学士学位课程、证书类课程、补偿性课程及社区教育培训课程。其中社区教育培训课程具有一定的偶然性,例如学员只是对某一门课感兴趣,学习的目的只是为了满足自身的兴趣爱好或丰富自己。而一些培训类课程的设置也具有偶然性。因此社区学院教育培训项目中,比较固定的是前三类项目。

(一)副学士学位课程

副学士学位课程可以分为转学类副学士学位课程和应用类副学士学位课程。转学类副学士学位课程一般由两部分课程组成:普通教育课程和专业基础课程。这些课程绝大多数是学分课程,所获得的学分被州范围内的大部分或全部高等院校认可,这也是转学类副学士学位学生将来到四年制大学深造的基础。应用类副学士学位课程一般也由两部分课程组成:普通教育课程和专业教育课程。这些课程中,普通教育课程所获得的学分通常被其他高等院校认可,但专业教育课程所获得的学分有一部分只被所在社区学院认可,其他高等院校并不认可所有的学分,也就是说,一部分学分不能转到其他高等院校,不能转学分的课程一般与就业技能密切相关。表4-3所列的课程是费城社区学院"心理学"转学类副学士学位四个学期的课程安排情况,是转学类副学士学位课程安排的一个缩影。从中可以看出,这些课程有较强的学科指向性。

表4-3　费城社区学院转学类副学士学位(心理学)课程构成

学位或项目名称	课程构成		备注
心理学副学士学位 (转学类)①	第一学期	英语作文 I	该课程构成来自费城社区学院 2016—2017 年度课程目录
		线性数学(或更高级数学)	
		计算机技术应用	
		心理学入门	
		社会学入门或文化人类学入门	
	第二学期	研究论文	
		社会行为科学统计方法基础	
		人文科学选修	
		心理学描述性研究方法	
		实验科学:生物学(推荐)	
	第三学期	人文科学选修课	
		心理学/变态心理学	
		科学(建议选修生物学)	
		心理学实验研究方法	
		发展心理学	
	第四学期	心理学选修	
		普通教育课程选修	
		普通教育课程选修	
		普通教育课程选修	
		普通教育课程选修	

　　下页表4-4列出了费城社区学院"化学技术"应用类副学士学位课程的构成,体现了典型的应用类副学士学位的特点,一些课程如"处理工艺和工厂设备介绍""质量控制""仪器分析"等与就业所需的知识和技能密切相关,显示了这一专业应用性的倾向——为就业做准备。

---

①　Psychology ［EB/OL］.［2021－03－14］. http://www.ccp.edu/college-catalog/degree-and-certificate-programs/associate-arts-aa/psychology.

表4-4 费城社区学院应用类副学士学位(化学技术)课程构成

学位或项目名称	课程构成		备注
化学技术(应用类副学士学位)①	第一学期	英语作文Ⅰ	该课程构成来自费城社区学院 2016—2017 年度课程目录
		中等代数	
		计算机技术应用	
		大学化学Ⅰ	
		处理工艺和工厂设备介绍	
	第二学期	研究论文	
		科学统计学	
		人文科学选修课	
		大学化学Ⅱ	
		自然科学选修(含实验)	
	第三学期	社会科学选修课	
		质量控制/质量	
		有机化学Ⅰ	
		自然科学选修(含实验)	
	第四学期	仪器分析	
		有机化学Ⅱ	
		安全、健康和环境	

(二) 证书类课程

证书类课程根据证书的不同而有所不同,有的包含普通教育课程,有的不包含普通教育课程。因为证书课程的时间跨度较短,所以即使包含普通教育课程,普通教育课程所占比例也较低。从证书类课程的构成来判断,全日制学生在两学期左右可以修完证书课程。证书课程主要是为就业服务的,所开设的课程与具体的就业知识和技能密切相关。下页表4-5是费城社区学院证书类课程"计算机辅助设计技术"的课程安排。由于全职修完该证书课程的时间只有两个学期,所以设置的普通教育课程较少,仅开设了"英语作文Ⅰ""设计几何及高等数学"以及"人文社会科学选修"等普通教育课程,其他的课程都是与就业密切相关的。

---

① Chemical Technology[EB/OL]. [2021-03-14]. http://www.ccp.edu/college-catalog/degree-and-certificate-programs/associate-applied-science-aas/chemical-technology.

表 4‑5　费城社区学院证书类(计算机辅助设计技术)课程构成

学位或项目名称	课程构成		备注
计算机辅助设计技术 (证书课程)①	第一学期	设计和建造入门	该课程构成来自费城社区学院 2016—2017 年度课程目录
		CAD 基础	
		建造材料与细节:财产	
		英语作文Ⅰ	
		设计几何及高等数学	
	第二学期	建筑建造电子文件	
		专业选修课(选一门)	
		建筑规范	
		建筑材料与细节:方法	
		结构Ⅰ‑分析	
		合同与文书	
		环境系统Ⅰ	
		计算机系统维护	
		数字动画与演示	
		人文社会科学选修	
		高级 CAD 应用	
		研究论文或报告与技术写作	

(三) 补偿类及社区教育培训课程

补偿类课程开设的目的是使学生具备进一步学习副学士学位课程的知识基础,主要针对高中辍学学生和成人学生(如退伍军人等),主要内容为英语、数学、科学、社会科学。这些课程实际上是中学后教育的基础,社区学院设置这类课程,可以帮助学生学习中学后教育所需的知识和技能,获得高中文凭或者相当于高中文凭的证书。

费城社区学院提供 GED(General Educational Development)准备课程,该课程实际上是为那些想参加 GED 考试②的学生开设的,授课内容为 GED 阅读技巧、GED 写作技巧、GED 数学技巧等。费城社区学院为英语为第二语言的学生提供初级、中级和高级英语课程。③

———————————

① Computer-assisted Design Technology Academic Certificate[EB/OL].[2021‑03‑14]. http://www.ccp.edu/college-catalog/degree-and-certificate-programs/academic-certificates/computer-assisted-design.

② GED TEST 最初是为了方便退伍军人学习以便于大学教育衔接而设立的考试,后来演变为在美国和加拿大非常流行的考试项目。通过该考试获得的证书相当于具有高中毕业生的知识和技能水平。在美国和加拿大,GED 证书对于申请上大学和求职都很有用。

③ English as a Second Language Institute[EB/OL].[2021‑03‑14]. http://www.ccp.edu/academic-offerings/adult-basic-education/english-second-language-institute.

从社区学院各种教育培训项目的课程构成看,社区学院的课程开设五花八门,涵盖社区教育和培训的方方面面。同时这些课程也为个人的发展创造条件,个体可以在社区学院的课程中找到不断提升的教育培训路径和各种发展可能。

第三节　社区学院师资

一、社区学院师资类型及学历

美国社区学院的师资队伍按照授课特点的不同可以大致分为两类:一类是转学类专业的师资队伍,这类师资对学历和专业的要求较高,一般需要具有所教学科硕士或硕士以上学位;另一类是职业教育类专业的师资队伍,这类师资从事与职业知识和技能相关的专业课程的教学,因此其在相关领域的工作实践经验是其胜任课程教学的基础。由于职业教育类专业的学生也要选修普通教育课程,所以担任普通教育课程教学任务的师资队伍客观上也间接属于职业教育类师资。社区学院设置了很多类型的教育培训服务项目,所以教师通常是根据课程的需要承担相应的教学任务,并没有严格区分转学类教育教师和职业类教育教师。实际上,教师的学历以及工作经历是衡量其能否胜任社区学院教学工作的两个重要指标。

从社区学院教师的学历构成上看,全职教师队伍中,5%拥有副学士学位,12%拥有学士学位,62%拥有硕士学位,18%拥有博士学位。[1] 职业具体项目(Occupationally Specific Programs)的全职教师中,拥有副学士学位、学士学位和硕士学位的比例分别为24%、22%和31%;职业具体项目的兼职教师中,拥有副学士学位、学士学位和硕士学位的比例分别为22%、24%和24%。[2] 相比之下,兼职师资学历偏低。由于兼职教师多为职业教育师资,可以推测职业教育专业课师资的学历水平总体较低,当然也可以推知职业教育教师具有更丰

---

① Faculty Degree Attainment [EB/OL].[2021 - 03 - 14]. http://www.aacc.nche.edu/AboutCC/Trends/Pages/facultydegree attainment.aspx.

② Faculty Degree Attainment [EB/OL].[2021 - 03 - 14]. http://www.aacc.nche.edu/AboutCC/Trends/Pages/facultydegree attainment.aspx.

富的与所授课程密切相关的职业工作经验。社区学院师资多元化的特点与社区学院所开设的课程密切相关,有的课程要求教师具有扎实的学科知识,而有的课程需要教师具有丰富的职业实践经验。

二、社区学院的专职教师和兼职教师

美国社区学院的师资队伍是专兼职结合的,这样的教师队伍构成充分反映了社区学院教育培训服务的多元性,并体现了社区学院教育理论和实践相结合的特点。一般而言,教师队伍中,拥有较高学历的教师受过系统的学科教育,擅长给学生讲解系统和抽象的学科理论知识。例如,"机动车的原理"这样的课程对于拥有较高学历的教师而言比较得心应手。而职业实践经验丰富的教师熟悉行业岗位、技术精湛,他们给学生传授的知识和技能常常与实践密切关联,有的知识和技能是他们几年、十几年甚至几十年经验的积累。比如,"汽车维修"这样的课程就需要教师有大量的实践经验。精于理论和长于实践的教师共同培养学生,从而保证学生学到所选项目所需要的知识和技能。

社区学院教师队伍中,专职教师所从事的工作常常是基础性和稳定性都较强的工作。兼职教师所从事的工作通常稳定性较弱,所教的课程受招生影响较大,或者课程总量较少,没有必要设立全职岗位。由于各专业或项目招生变化以及社区学院管理和成本控制等原因,社区学院大量聘用兼职教师。以华盛顿州为例,2009 年该州两年制学院兼职教师的比例达 69.8%。[①] 兼职教师的特点是他们来自相关行业或企业,有着丰富的行业工作经验。兼职教师到社区学院任教的动机是多种多样的,有的是为了增加个人收入,有的是因为喜欢教学愿意分享职业经验,有的是因为想到社区学院做全职教师,有的是为了丰富人生经历等。社区学院除了要求兼职教师授课外,有的社区学院还要求兼职教师每周在学院待上一个或几个小时,以便处理与教学相关的事务或解答学生提出的各种问题。相对于全职教师而言,社区学院对兼职教师的管理较为松散,在考核教师时很多社区学院不对兼职教师进行全面考核。美国社区学院的师资经过长时间演变,逐渐形成了专兼职结合、兼职教师数量大于专

① Washington State Higher Education and Workforce Development Committee. Part-time Faculty at Colleges and Universities (Summer 2011) [EB/OL]. [2021 - 03 - 14]. http://leg. wa. gov/Senate/Committees/HIE/Documents/PartTimeFacultyRpt.pdf.

第四章　美国社区学院现状

83

职教师数量的特点。这一特点也正好反映出社区学院课程的特点。教师队伍的这种特征使得社区学院的教师队伍可以根据招生变化进行灵活调整。

三、社区学院师资的素质要求

美国社区学院对教师并没有设置很高的学历"门槛"。即使只有副学士学位,只要有丰富的工作经验,具备所教课程所需要的知识和技能,具备社区学院认可的教学技能,都可以到社区学院应聘担任教师。一般而言,职业教育聘用教师的学历要求较低,但对其具体工作经验和技能的要求较高。有的州对社区学院的教师任职条件有统一明确说明,而有的州则由社区学院自己决定。

以弗吉尼亚州为例,该州 2005 年 7 月 1 日生效的"弗吉尼亚社区学院系统教工任职资格"(Virginia Community College System Qualifications of Faculty)要求教师任职资格要与"南部大学与学校协会"(Southern Association of Colleges and Schools)大学授权委员会的原则一致。社区学院要雇用有竞争力的能够达成社区学院使命和目标的教工,要雇用具有在所教学科内有较高学位的教工并考虑他们的能力、工作有效性以及所教领域的工作经验,要考虑所雇用人员的专业执照或证书,他们的荣誉和各种奖励以及有效教学和学生学习结果。[①] "南部大学与学校协会"2006 年大学代表大会通过的教师条件中,从事"转学到学士学位类的副学士学位课程"教学的教师必须拥有所教学科或领域的博士或硕士学位(研究生阶段具有最少 18 学期学时[②]的所教学科的学习经历),而从事"非转学到学士学位类副学士学位课程"教学的教师必须拥有学士学位,或者具有副学士学位和展示出来的从事所教课程的能力。[③]

相比之下,加利福尼亚州的标准更加具体,该州规定了社区学院教师的最低任职标准。该标准对社区学院每一类专业的教师有详细的任职说明。2011 年 11 月,加利福尼亚州社区学院委员会对社区学院的教师和管理人员任职最低标准再次进行修订,推出了第九版的"加州社区学院教工和管理人员最低任

① Virginia Community College System Qualifications of Faculty(Effective July1, 2005)[EB/OL]. [2021－03－14].https://web.tcc.edu/welcome/collegeadmin/gov/adminas/documents/APPENDIXP-VCCS-29.pdf.

② 学期学时(Semester Hours)是指以一个学期为单位开设的学时课程,例如一学期每周 3 学时的课程即计算为 3 学期学时。

③ Commission on Colleges of Southern Association of Colleges and Schools Faculty Credentials[EB/OL].[2021－03－14]. http://www.sacscoc.org/pdf/081705/faculty%20credentials.pdf.

职标准"。该标准对所列的每一个学科的教师学位要求和实践经历要求都有明确说明。例如,"农业工程"专业要求教师具有本科学位和两年专业经验,或者具有副学士学位和六年专业经验;"生物技术"专业要求教师具有生物学、化学、生物化学或工程学本科学位和两年全职相关专业工作经验。

除了州层面对社区学院教师任职的要求外,一些社区学院招聘教师有更详细的要求。以佛罗里达州泰拉海斯社区学院(Tallahassee Community College)为例,该社区学院对职业教育类教师的任职条件有较为明确的要求。该学院要求应聘的教师提供相应的证明材料来表明自己胜任所申请的教学工作。这些证明材料通常包括以下几个部分:学历、工作经历、证书。这些材料需经过同行和专业负责人或部门主管的审查。一般而言,在社区学院从事职业教育的教师,其教学对象是选择就业类专业或证书类专业的学生,这些专业最明显的特点是学生所学具有非常强的就业指向性,与转学类专业有着明显的区别。转学类专业的教师对学历要求较高,而且对学科有严格限制,即所学的学科要与所教的学科对应或有密切关联。

社区学院的课程特点决定了社区学院对其师资的学历和职业经历的要求。由于转学类课程主要是为学生进一步学习学士学位课程而设计的,因此转学类课程对师资的学历要求较高,而职业教育类课程面向各行各业,主要是教给学生就业所需的知识和技能,因此对职业教育教师的要求具体而言有很强的行业或职业针对性。社区学院在聘用教师的过程中,通常会对教师的任职条件有较为明确的阐述,并且也会通过一定的方式考察应聘者是否符合社区学院的用人要求。

四、社区学院教师培训

社区学院的教师培训可以分为在职培训和职前培训两种。这些培训主要是为了提高社区学院教师的专业技术水平和教学能力。社区学院招聘教师时一般需要考察应聘者的专业技术水平和教学能力,能够体现教学能力的一是应聘者学习过的课程以及其工作经历,二是应聘者展示出来的教学能力。无论是在职的社区学院教师还是有意向到社区学院从事教学工作的专业技术人员,都需要通过一定的方式提高自身的能力。为了提高教师队伍的素质,社区学院会组织不同形式的学习和培训,这些培训以讲座、研讨等形式进行,培训时间短,培训方式灵活。其内容可能包括教学技能,也可能包括具体专业领域的知识和技能,不过这样的培训一般是由社区学院内部组织或根据社区学院的相关管理政策进行的,覆盖面有限,主要针对的是在职教师。

覆盖面较广的、更一般化的是一些高校专门开发的针对社区学院教师的培训课程,课程内容涉及教育学、教学、教育评价、教学实习等方面的内容。以加利福尼亚州立大学的"社区学院预备教师证书项目"为例。该项目包含研究生水平的四门课程——社区学院与学生;社区学院课程、教学与评价;理论与实践:有效教学与课堂交流策略;社区学院实习经历——共计 12 个学分。[①] 这些课程很少涉及具体的专业,主要是从培养教师的教学知识和技能的角度来设计的。东卡罗来纳大学提供的社区学院教学证书课程,一共 15 个学分,其中 9 个学分为三门必修课程:有效大学教学;社区、初级和技术学院;成人学习者。另外 6 个学分可选修成人教育、商业教育、信息技术教育或其他相关领域的课程。[②] 从课程构成可以看出,前 9 个学分必修的课程主要涉及教学知识和技能,后 6 个学分的课程则与所要从事的教学领域有一定的关联。从这两所大学所提供的社区学院教师培训课程来看,课程内容主要涉及教学知识和技能。有意向到社区学院从事教学工作的大学生和专业技术人员都可以学习这些课程以获得相应的知识和能力。

五、社区学院教师考核

社区学院教师主要从事教学工作,很少涉及科研。这与社区学院的办学特点是吻合的。可以说,教学工作是社区学院最基础、最核心的工作,因此教师是否做好了教学工作是衡量社区学院办学水平的最重要的因素。社区学院考核教师既是为了评估教师是否完成了教学工作,也是为了提升教师的工作绩效,还是社区学院制定相关政策如招聘教师、调整课程、修订薪酬制度等的需要。

由于管理制度不同,每所社区学院都有自身的教师考核方法。通常情况下,社区学院的规模越大,对教师的考核越规范。由于教师的工作主要是教

① Community College Faculty Preparation Certificate Program[EB/OL].[2021 – 03 – 14]. http://www.cce.csus.edu/course_group_de tail.cfm? pid=133_B.

② Community College Instruction Certificate[EB/OL].[2021 – 03 – 14]. http://www.ecu.edu/cs-educ/idp/aded/Community_College_Cert.cfm.

学,所以对教师的考核主要是围绕教学的相关环节进行的。得克萨斯州的奥斯汀社区学院(Austin Community College)对教师的考核可以视为美国社区学院教师考核的一个缩影。

奥斯汀社区学院位于奥斯汀市,奥斯汀市是得克萨斯州的首府。1972 年,奥斯汀市独立学区的居民投票决定成立奥斯汀社区学院,该学院于 1973 年开学并招收了 1726 名学生。如今该社区学院已经发展为拥有超过 40 000 多名学生、约 5000 名全职和兼职雇员的社区学院。很显然,规范的教师考核是有效管理教师的重要手段。奥斯汀社区学院教师的考核有非常明确的制度规定,该社区学院制定了详细的教工评价办法(Faculty Evaluation Procedures),该办法规定,教工评价一年一评。评价的内容包括教学支撑材料、教学理念、教学观察、教师同事评价、学生评价等。要求教师提交所要求的教学支撑文件,如教学大纲、教案材料、作业和考试资料等。教学理念实际上是教师本人对于自身教学方法等的表述。教学观察是指观察者对教师授课现场的观察,包括教学方法、教学内容、师生互动等,实际上是对教师教学现场效果的一种综合评估;而学生评价主要是从学生角度对教师工作态度、工作能力等进行评价。社区学院严格规范的教师考核制度既是人力资源管理的需要,也是社区学院教学质量的重要保证。通过对教师进行考核,可以发现教学的薄弱环节并加以改进,也有利于完善教师招聘和培训制度。

第四节　社区学院学生

一、社区学院学生的特点及构成

从整体上看,美国社区学院学生学习具有较强的目标指向性。学生学习的主要目的是转学和就业,也有一部分学生学习的目的是满足某种兴趣爱好或者达到高中学生的知识水平。学生选择转学类课程主要目的是为了经过社区学院的学习后进入四年制大学继续学习以获得学士学位。转学课程一般要求修满一定数量的普通课程学分,这些课程的设置通常具有较强的稳定性。学生选择就业类课程的目的主要是为了就业。一般而言,社区学院中低收入家庭的子女倾向于选择职业教育类课程,学习结束后可以很快就业;而较高收入家庭的子女倾向于选择转学类课程,以便以后进入四年制大学继续学习。美国社区学院学生的构成比较特殊。从注册人数看,全日制学生数量少于在职学生数量。美国社区学院协会网站的数据表明,2014 年秋季注册学生中,全日制学生占学生总数的 38%,而在职学生占学生总数的 62%。选修学分课程的学生中,女生占学生总数的 57%,男生占学生总数的 43%。同样是选修学分课程的学生中,白人占 49%,黑人占 14%。2014 年秋季招收的大学生(不含研究生)中,社区学院招收了 52% 的黑人大学生和 57% 的拉丁美裔大学生。[①] 换句话说,美国有超过一半的黑人学生和拉丁美裔学生在社区学院而不是在四年制大学接受高等教育。

二、社区学院学生的入学条件及学费

(一) 社区学院学生的入学条件

社区学院学生的入学条件是根据学生选择的教育培训项目而言的。不同教育培训项目的入学条件有所差异。同一专业针对不同对象的入学条件和收费有可能不一样。对于美国国内学生而言,一般只要具备高中文凭或者相当于高中文凭的证书,如 GED 证书等,就可以申请入学。一些特殊的专业会对学生某方面能力如数学能力等进行考察,有的专业还有绩点成绩要求,以确认学生是否适合在该专业学习,但是大部分副学士学位的专业都可以在持有高中文凭或同等证书的情况下入学。

证书类课程实际上是特征非常明显的职业类或技术类职业教育课程。证书类课程的入学条件等于或略低于应用类副学士学位课程的入学条件。大部分社区学院证书类课程的要求是具有高中文凭或相当于高中文凭的证书。有的社区学院不需要高中文凭或相当于高中文凭的证书即可入学,但是这样的社区学院所占的比例较低。在美国,除了综合中学提供中等职业教育服务外,一些职业训练中心或相当于我国中职学校的职业训练机构也招收未获得高中文凭的人员进行培训。这些中心和机构的相关信息一般可以在地方公立图书馆查询,也可以通过地方政府管理机构或网站查询。正是因为有这些机构实

---

① Fast Facts from Our Fact Sheet[EB/OL].[2021-03-15]. http://www.aacc.nche.edu/AboutCC/Pages/fastfactsfactsheet.aspx.

施中等职业教育,所以社区学院既可以包含这类职业教育,也可以不涉及。总的来说,社区学院的入学条件一般为拥有高中文凭或 GED 证书。

(二) 社区学院学生的学费

不同类型的社区学院收费不同。一般而言,私立社区学院的收费较高,公立社区学院的收费较低。由于私立社区学院数量少且收费不统一,不具有代表性,本研究仅讨论公立社区学院学费。对于公立社区学院而言,不同类型学生的学费有差异,通常社区学院把学生划分为两类(州内和州外)或三类(区内、州内、州外)。由于社区学院的公共资金来源主要是地方税收,所以社区学院针对区内和州内学生的学费较低,而针对州外学生的学费则会高很多。

表 4-6　8 所公立社区学院的学费对比表

社区学院及所属州	学生来源	年度学费 2010—2011	年度学费 2011—2012	年度学费 2012—2013	年度学费 2013—2014	2012—2013年度至2013—2014年度变化幅度
Joliet Junior College (伊利诺伊州)	区内	$3,090	$3,090	$3,210	$3,330	3.7%
	州内	$7,821	$8,285	$7,871	$8,414	6.9%
	州外	$8,684	$9,035	$8,543	$9,012	5.5%
Clinton Community College (纽约州)	州内	$4,036	$4,084	$4,153	$4,566	9.9%
	州外	$8,936	$8,964	$8,833	$9,406	6.5%
Austin Community College (得克萨斯州)	区内	$1,740	$2,115	$2,340	$2,490	6.4%
	州内	$4,980	$6,375	$7,200	$7,860	9.2%
	州外	$9,120	$9,495	$9,720	$9,870	1.5%
Southern State Community College (俄亥俄州)	州内	$3,633	$3,633	$4,032	$4,132	2.5%
	州外	$6,993	$6,993	$7,562	$7,752	2.5%
Oakland Community College (密歇根州)	区内	$2,106	$2,106	$2,247	$2,397	6.7%
	州内	$2,106	$2,106	$3,865	$4,278	10.7%
	州外	$2,106	$2,106	$5,380	$5,961	10.8%
Coastline Community College (加利福尼亚州)	州内	$656	$896	$1,136	$1,136	0.0%
	州外	$4,520	$4,736	$5,168	$5,288	2.3%
Florida Keys Community College (佛罗里达州)	州内	$2,847	$3,074	$3,276	$3,276	0.0%
	州外	$8,935	$10,175	$10,726	$10,726	0.0%
Miles Community College (蒙大拿州)	区内	$3,420	$3,630	$3,848	$3,810	-1.0%
	州内	$4,290	$4,590	$4,740	$4,830	1.9%
	州外	$7,080	$7,380	$7,500	$7,680	2.4%

说明:根据美国国家教育统计中心网站(http://nces.ed.gov/collegenavigator/)查询数据整理。

以佛罗里达州的迈阿密戴德学院(Miami Dade College)为例,2016—2017年度,针对居民的应用类副学士学位课程的收费是118.22美元/学分,以一学期修12个学分计算,一学期学费是1418.64美元。而非居民的收费是402.51美元/学分,若一学期修12个学分,非居民的学费是4830.12美元。[①] 与四年制大学学费相比,社区学院学费低廉得多。表4-6列出了随机抽取的不同州的8所社区学院收费数据,从数据可以看出,有的州的社区学院学费分为州内和州外两种类型,有的州则分为区内、州内和州外三种类型。一般而言,区内学生学费最低,州内较高,州外最高。

证书类课程完成的时间跨度不同,有的多于一学年,有的少于一学年,所以收费不能一概而论。通常也按照学分或者参照学分来计算。同样以佛罗里达州的迈阿密戴德学院为例,2016—2017年度,居民每个学分的学费是91.08美元,一学期(12学分)的学费是1092.96美元;非居民的价格分别为355.31美元和4263.72美元。[②]

美国社区学院协会网站的数据显示,2014—2015学年度美国公立二年制社区教育机构的学杂费平均为3347美元,而同期公立四年制区内大学的学杂费平均为9139美元。[③] 对比可知,与许多四年制大学很低的录取率和动辄上万或数万美元的学费相比,社区学院的入学门槛更低,收费相对低廉得多。社区学院入学条件低、学费合理使得社区学院成为美国最实惠的高等教育机构。

(三) 社区学院学生的学业资助

社区学院的学生多来源于中低收入家庭,对于他们当中的很多人而言,完成学业所需的各种费用是一笔很大的投资,往往超过他们的承受能力。这是美国社区学院学生面临的非常突出的问题。为了解决这一问题,公立社区学院尽量降低办学成本,把学费控制在较低水平,所以社区学院的学费大大低于四年制大学。尽管如此,还是有相当一部分学生无法承担学习所需的费用。为此,美国联邦政府通过多种渠道为学生提供贷款或资助,以帮助学生完成学业,州政府以及其他组织也为学生创造条件完成学业,社区学院有时也会设立

① Tuition and Fees[EB/OL].[2021-03-15].http://www.mdc.edu/about/tuition.aspx.
② Tuition and Fees[EB/OL].[2021-03-15].http://www.mdc.edu/about/tuition.aspx.
③ American Association of Community Colleges. Data points(Febrary 2015) [EB/OL].[2021-03-15]. http://www.aacc.nche.edu/Publications/datapoints/Documents/TuitionFees_R2.pdf.

奖学金等项目资助学生完成学业。

社区学院学生获得资助的渠道大致可以分为三类:联邦政府和州政府;私人机构;社区学院本身。其中,来自联邦政府的资助额度最大。学生可以通过联邦政府的资助项目申请资金支持,表4－7列出了联邦政府主要的资助项目。学生还可以通过州政府、学院以及一些私人机构获得资助。

表4－7　联邦资助项目(Federal Financial Aid Program)①

项目名称	项目类型	每年最大资助金额
Federal Pell Grant 联邦佩尔奖学金	根据需要资助	5645 美元
Federal Supplemental Educational Opportunity Grant(FSEOG) 联邦附加教育机会奖学金	根据需要资助	4000 美元
Teacher Education Assistance for College and Higher Education(TEACH) Grants 大学或高等教育教师教育资助项目	根据需要或功绩资助	一年至多 4000 美元(基于严格标准)
Iraq and Afghanistan Service Grant 伊拉克和阿富汗服役奖学金	根据需要或功绩资助	5645 美元(基于严格标准)
Federal Work-Study Program(FWS) 联邦工作—学习项目	根据需要资助或兼职贷款	无最大限额
Federal Perkins Loan Program 联邦帕金斯贷款项目	根据需要贷款	5500 美元
Subsidized Federal Direct Loan 资助联邦直接贷款	根据需要资助或学生贷款	3500 美元(第一年)
Unsubsidized Federal Direct Loan 非资助联邦贷款	不根据需要	5500 美元(第一年,非独立学生)

三、社区学院学生学业评价及学位(证书)获取

美国社区学院学生的学业评价是建立在学分制基础上的。通常某一个专业或培训项目由若干门课程组成,每一门课程都有一定数量的学分,学生通过修习这些课程获得学分,当所有课程都修完并获得相应学分后,学生便满足了获得学位或证书最重要的条件。当然,有些专业或项目还要求参加统一的职业资格考试,获得相应的职业资格证书,但并不是所有专业或项目都要求获得职业资格证书。学生获得学分的课程并不完全是传统意义上的授课课程,有

① How to Get Money for College 2014[Z]. Albany, NY: Peterson's, 2013:9.

时学生的实习或工作经历也会被折算成一定的学分,这根据专业的不同而有所区别,相当于我国的实习实训或者有偿的学徒类工作。

社区学院学生获得学位或证书的首要条件是获得学位和证书所要求的学分,有的社区学院还要求具备其他一些条件,如不低于某一绩点成绩等。以伊利诺伊州州府春田市(Springfield)的林肯兰德社区学院(Lincoln Land Community College)为例,其获得副学士学位的条件:符合录取要求;成功完成计划项目的 60 个及以上学分;综合绩点成绩 2.00 或 2.00 以上;成功完成学分课程,在林肯兰德社区学院获得最少 20 学时(学期)和 CLEP 学分、补偿课程学分、职业学习课程学分和成人基本教育学分(中学教育学分不计入);交清费用;完成学院学位要求的其他条件;提交毕业学位申请。其获得证书的条件:符合录取要求;成功完成证书项目要求的所有课程及学时学分;绩点成绩 2.00 或更高;完成要求学时的三分之一;交清各种费用;提交毕业申请。

社区学院专业和课程基本上都是实行开放式办学。一些学生由于经济拮据或不能坚持修课等原因,未能完成学业,导致社区学院学生学业完成率不够理想。一项研究表明,进入二年制学院学习的学生,在六年之内有 26.5% 的学生从本校毕业,10.0% 的学生在四年制大学毕业,未毕业但仍然登记入学的占 18.9%,没有登记入学的占 41.2%,很少一部分学生到其他二年制学院就读。① 这表明社区学院学生短期内获得学位或证书的比例不高,学业的完成率偏低。正因为如此,学生的学业完成率成了近年来社区学院改革关注的焦点之一。

第五节　社区学院与产业界的合作

一、社区学院产学合作具有良好的社会基础

(一) 产学合作深受合作教育思想的影响

早期合作教育的有效推广引起了人们的广泛关注,合作教育由工程教育

---

① JUSZKIEWICZ J. Recent National Community College Enrollment and Award Completion Data [EB/OL].〔2021－03－15〕. http://www.aacc.nche.edu/Publications/Reports/Documents/Enrollment_AwardData.pdf.

领域逐渐推广到其他领域,社区学院就是合作教育的重要实践基地。美国社区学院和初级学院协会 1978 年实施的一项关于终身教育政策项目的调查表明,参与调查的 173 所学院,有超过 10 000 个合作教育项目服务于 150 万名学生。美国社区学院和初级学院与各种类型组织一起实施广泛的合作教育,这些组织包括联邦政府、市政府机构、郡(镇)政府机构、私立或公立中学、各种协会、医院、私人企业等。① 由于社区学院立足社区,合作教育兼具天时、地利、人和等优势,所以能够取得很好的实施效果。有研究发现,参加合作教育的学生毕业后的起薪高于未参加合作教育的学生。② 这就有力地证明了合作教育的重要价值。正因为合作教育可以让学生更好地理解理论知识,较好地掌握工作所需的知识和技能,获得更好的工作,而且合作教育可以利用大量社区学院没有的教育培训资源,所以美国社区学院非常重视实施产学合作。

（二）产学合作在社区范围内非常普遍

美国大量的社区学院是在二十世纪六七十年代建立的,很多社区学院在成立之初就广泛征求社区成员的意见,以便得到社区成员的支持并更好地满足社区成员的教育培训需求,促进社区的发展。正因为如此,社区居民和社区组织都把社区学院视为自己的学院,这使得社区学院产学合作具有良好的经济基础和社会基础。由于得到社区各方力量支持,社区学院在社区范围内的产学合作就能顺利推行。社区学院产学合作得益于社区雇主的有力支持。在对自身有利的情况下,社区雇主愿意和社区学院合作,共同培养职业技术人才。社区雇主和社区学院合作,可以把自身的用人要求体现在课程中,从而缩短雇用工人从"生手"到"熟练工"的过渡时间,也可以为自身的发展储备人才。社区内企业与社区学院合作,担当一定的社会责任,可以树立和改善自身形象。而通过产学合作,社区学院的人才培养也能取得更佳效果。从某种意义上讲,社区学院的产学合作对合作双方都是有利的。

以佛罗里达州的希尔斯波路社区学院(Hillsborough Community College)的产学合作为例,该学院锁定那些具有就业增长潜力并且在地方就业市场上有

---

① GILDER J, ROCHA J. 10000 Cooperative Arrangements Serve 1.5 Million[J].Community and Junior College Journal,1980,51(3):11 - 12.

② VICKERS N W. A Comparison of the Starting Pay of Cooperative Education Graduates with That of Non-cooperative Education Graduates[D]. Springfield, MO: Drury College,1990.

较大人力需求的产业领域,和这些领域的雇主商谈产学合作,企业的人力资源管理部门的专业技术人员与学校的教师一道把工作要求与学位及证书要求的能力结合起来,根据雇主要求设计课程。不仅如此,学院还对毕业生进行跟踪调查,通过雇主的用人反馈改进和修订课程,以保证所培养的人才适合地方就业市场的需要。[①] 由此可见,社区学院与社区产业界的合作是共赢的,因而产学合作能够在社区范围内普遍推行。

（三）产学合作还在区域或全国范围推行

区域或全国范围内的合作也是社区学院产学合作的重要选择。由美国东北地区帕塞伊克郡社区学院等七所社区学院和"卡耐基教学促进会"及"实现梦想"等组织组成的"东北弹性联盟",2013 年获得了来自美国劳工部 2350 万美元的资助,用于东北部地区的老兵、失业人员及其他工人的技能和证书培训,以帮助这些人顺利就业或提升工作技能水平。[②] 由于这些较大规模的培训需要多所社区学院与很多企业合作来完成,因此这种区域内的联盟形式也是社区学院与外界开展产学合作的重要形式。

"高级技术中心"项目是美国国家科学基金会的一个项目,目的是培养高技能高薪人才。该项目在高等教育机构设立"高级技术中心",由高水平的科研机构、产业界和高等教育机构合作,开发高技术人才培训课程,培养高技术人才。社区学院作为高等教育机构的一种类型,也是基金会的一个重要选项。遴选参加该项目的社区学院可以通过该项目培养师资、改进课程、提高职业教育学生的培养质量。以美国的核电厂培养技术技能型人才为例。美国大约有100 个商业性核电厂,每一个都和地方社区学院合作,为现有雇员和未来雇员提供培训。核教育与培训区域中心的项目最初在美国东南部进行,现在拓展到全美和世界其他地方。该项目的特点是为核工人提供标准化的培训和评价。参加该项目的学生可以从三个选项中选择适合自己的项目:维修技术、辐射保护、操作控制。在该培训项目中,设计者总是考虑把最新的技术如 3D 打印技术等运用到其中。[③] 核教育与培训区域中心是美国科学基金会的一个项

---

① ATWATER K. Workforce Partnerships: a Win for All[J]. Community College Journal, 2014/2015, 85(3):6.

② The Northeast Resiliency Consortium[EB/OL].[2021-03-15]. http://achievingthedream.org/resources/initiatives/north east-resiliency-consortium.

③ Regional Center for Nuclear Education and Training[J]. Community College Journal, 2014,85(2):38.

目,总部设在佛罗里达的印第安河社区学院,该项目有数十所社区学院合作伙伴,数十个产业界合作伙伴,还有美国核协会、核研究所、能源部、美国海军等其他各种类型合作伙伴。[①] 这样的产学合作实际上是一种拓展版的产学合作,因为除了社区学院和产业界参与外,还有政府相关机构提供支持。

二、社区学院产学合作在不同项目中推行且形式多样

(一) 证书项目培训中的产学合作

这种培训根据证书的要求设计课程,学生通过选修课程,获得学分,通常这类培训项目与较为明确的工作岗位相对应。学生学习结束后就业去向比较明晰,学习的知识和技能通常为工作岗位所需的知识和技能。学员可以通过两个学期左右的学习来获得证书,凭借所获得的证书可以到就业市场上谋求相关工作职位。为了让学生学到工作岗位所需的知识和技能,社区学院会和相关企业合作实施课程,通过理论学习和实践学习相结合的方式,让学生快速掌握相关就业岗位所需的知识和技能。这些证书课程常见的如面包烤制、护士助理、美发等。这类项目中的实践类课程通常需要产学合作才能取得较好教学效果。

(二) 副学士学位专业课程中的产学合作

副学士学位一般需要经过至少两年的学习才能获得。在两年学习期间,一些课程会以产学合作的形式开展,学生通过工作场所学习、实习等形式进入相应的行业企业学习。学校和企业共同为学生的学习负责,双方制定学习目标,开发学习课程,培训教师和专业技术人员,实施基于工作场所的课程学习。这种产学合作通常在实践性很强的课程中实施,比如建筑施工、机械维修、酒店服务、健康护理等。学生经过这样的实践学习,获得与工作岗位相关的各种知识和技能,毕业就业后很容易适应工作。

(三) 注册学徒制或联盟形式的产学合作

注册学徒制项目在美国是一种比较普遍的职业教育形式,也是产学合作教育的典型形式。有的社区学院也会参与到注册学徒制项目中。早期的学徒制是指手工作坊、商业店铺中徒弟跟师傅学习,徒弟在师傅指导下学习相应职

① RCNET Partner List[EB/OL].[2021−03−15].http://gonuke.org/about-us/.

业所需知识或技能的活动。由于学习地点是真实的商业或生产场所,学徒所学到的知识和技能非常实用。但是由于周期长,随着现代学校职业教育形式的兴起,早期的学徒制形式走向衰落。现代学徒制吸收了早期学徒制优点,结合现代学校教育方式,既提高了效率,也取得了良好效果。联盟形式的合作教育在美国也非常普遍。在联邦政府、地方政府、基金会等组织的资助下,一些州社区学院和其他社区学院、四年制大学、雇主等以联盟形式合作,开发职业教育培训课程和培训项目,提供职业教育培训服务。

本 章 小 结

社区学院的现状涉及诸多方面,受研究条件的限制,本章仅选取了社区学院现状的几个重要方面进行探讨,包括:社区学院的行政管理及学校管理;社区学院的教育培训服务项目及课程构成;社区学院师资;社区学院学生;社区学院与产业界的合作。

社区学院的行政管理及学校管理简要分析了美国社区学院行政管理的特点。社区学院的行政管理权主要在州政府,而且各州的行政管理方式各有特色。对社区学院学校管理的分析,主要阐述学院理事会与校长的关系,呈现了典型的社区学院组织架构,这些组织架构充分体现了校长负责制的特点。

社区学院的教育培训服务项目及课程构成先分析了社区学院的教育培训服务的类型,然后通过列举具体的社区学院教育培训项目的课程来分析这些课程项目的特点,以便读者对社区学院的项目及课程有更直观的了解。

社区学院师资部分首先分析了社区学院师资类型及学历特点,然后从授课特点的角度分析了社区学院的专职教师和兼职教师,最后从教师素质要求、教师培训、教师考核等角度对社区学院教师进行了较为详细的解读。

对社区学院学生现状的分析主要从三个方面进行:一是社区学院学生的特点及构成,主要阐述了社区学院学生来源的多样性;二是社区学院学生的入学条件及学费,主要是通过事实的呈现来阐述社区学院办学的开放性和社区学院收费内外有别且低于四年制大学的特征;三是社区学院学生学业评价及学位(证书)获取,主要阐述社区学院学生学习和获得学位(证书)的基本要求。

　　社区学院与产业界的合作是社区学院人才培养的重要方面。社区学院产学合作具有良好的社会基础,通过各种各样的形式来实现。社区学院的产学合作在社区范围、州和区域范围以及全国范围内展开,而且形式多样,在不同的教育培训项目中都有体现。

第五章

美国社区学院的特点

美国社区学院在初、中级劳动力培养过程中发挥着基础性的作用。转学类副学士学位教育虽然没有教给学生很多具体的职业技能,却为学生学习相关职业技能打下较为扎实的基础。而应用类副学士学位和证书课程,以及针对社区需要设计的培训课程在培养美国技术技能型人才中发挥着极为重要的作用。美国作为世界上第一大经济体,其人力资源培训体系在经济运转中的地位不可或缺。尽管美国技术技能型人才的培养并不像德国的"双元制"培训以及日本的企业内部培训那样特征分明,但事实证明美国技术技能型人才培养并没有拖经济的后腿,而是在经济发展的过程中发挥着重要作用。原因是什么? 答案就在于美国拥有较为完善的以社区学院为主体的,既包含学科基础性教育又包含职业教育的教育培训系统,而正是由于社区学院兼具独特的复合型教育功能,培养了支撑美国经济发展所需的初、中级技术技能型人才。与世界其他发达国家的同类型教育相比,美国社区学院教育具有独特之处。

第一节　社区学院是美国教育培训系统的重要枢纽

一、联邦政府和州政府在社区学院管理中扮演着不同角色

美国是联邦制国家,联邦成立之初的成员只有北部 13 个州,每个州都有相对独立的行政体系。到目前为止,美国有 50 个州,除联邦的国防和外交事务是由联邦政府统一管理外,各州对本州事务具有很大的管辖权。由于各州教育制度各异,联邦政府只能在尊重州行政管理权限的基础上来影响各州教育发展,所以美国联邦政府教育部的各个机构在州政府层面并不一定有一一对应的机构,例如美国教育部设有职业、技术和成人教育办公室,①而各州教育

① OCTAE[EB/OL]. [2023-04-10]. https://www2.ed.gov/about/offices/list/ovae/index.html.

部门并未统一设置该名称的办公室,因此相应的业务合作可能是由州政府不同名称的机构负责。美国联邦政府影响社区学院的方式就是在尊重各州对社区学院管理权基础上颁布法律和政策来影响社区学院发展。

美国联邦政府和州政府明确的法律规定是社区学院管理的法律基础。关于社区学院的管理,除了联邦政府的法律外,州政府也有相关的法律规定。早期初级学院建立时,各州都有自己的做法,并没有全国统一规定。因此后来有的州已经有数十所初级学院了,有的州却只有几所初级学院,有的州甚至还没有成立初级学院。统计显示,到 1956 年,美国内华达州(Nevada State)、路易斯安那州(Louisiana State)、新罕布什尔州(New Hampshire State)、罗得岛州(Rhode Island State)均只有 1 所初级学院,而新墨西哥州(New Mexico State)仍未设立初级学院。① 可见各州对于本州建立社区学院有不同主张。即使是在美国大规模建立社区学院阶段,联邦政府充当的角色也多是倡导者的角色,各州如何成立社区学院,如何布局社区学院等都是自行决定的。当然,美国有很多区域性的学校和大学协会,这些组织会对社区学院的运行等施加影响,各州建立社区学院后,这些组织会授予社区学院颁发副学士学位和证书的权利,这在一定程度上对社区学院办学起到规范作用。美国社区学院的这种管理方式是由其历史和分权制特点所决定的。

二、以州级管理为主的教育培训系统

(一) 各州对州范围内的社区学院拥有很大的管辖权

美国社区学院的办学资金主要来自州政府和地方政府,据统计,2013—2014年,社区学院的收入中,学费占 29.5%,来自联邦政府的资金占 14.1%,来自州政府的资金占 29.8%,来自地方政府的资金占 18.1%。② 地方政府和州政府投入的资金加起来占社区学院收入的 47.9%,远大于联邦政府投入所占的比例。由于州政府对州内部事务具有主要的管辖权,所以社区学院的管理以州为主。各个州都有自己独特的管理方式,使得各州社区学院管理不尽相同。各州对州辖区内的社区学院管理和运作各具特色。例如,加利福尼亚州把社区学院

---

① HILLWAY T. The American Two-year College[M].New York, NY: Harper and Brothers,1958:17.
② Fast Facts From Our Fact Sheet[EB/OL]. [2021 - 03 - 15]. http://www.aacc.nche.edu/AboutCC/Pages/fastfactsfact aspx.sheet.

和四年制大学区别开来,实行单独管理,而佛罗里达州则把社区学院和其他高等教育机构统一管理。弗吉尼亚州成立专门的委员会管理社区学院,而俄亥俄州则通过俄亥俄州社区学院协会来协调本区域内的社区学院发展。一部分州有全州统一的课程编码系统,州内社区学院课程可以和州内四年制大学课程有机衔接,而有的州没有全州统一的课程衔接体系,社区学院与四年制大学之间的课程衔接是建立在社区学院与四年制大学之间协议基础之上的。

以州为主的管理方式既有优点,也有不足。优点是各州可以根据自身的实际需要调整社区学院发展战略,独立设置课程体系、开发课程、更新课程内容、聘用教师、实施校企合作等。缺点是很难形成全国统一的规范管理体系,各州的课程很难衔接,州与州之间职业教育的证书体系不一致在一定程度上影响了劳动力的流动。由于各州管理方式不同,联邦政府对职业教育的干预很难在短期内取得非常明显的效果。到目前为止,美国还没有形成与社区学院职业教育发展配套统一的职业资格证书体系和课程体系,职业教育在办学过程中,社区学院和产业界的合作教育方式也缺乏规范。尽管如此,美国社区学院以州为主的管理方式符合美国联邦制国家的特点,各州对于本州事务的管理拥有很大主动权,可以把对社区学院教育管理和当地经济社会发展较好地结合起来。

(二) 联邦政府通过立法、制定政策、提供资助等形式影响社区学院发展

联邦政府可以通过各种方式来影响各州社区学院发展,最常用的方式就是通过立法和制定政策来影响各州社区学院。通常在美国国会有关教育的法案中,都会有资金拨付和管理等相关规定,在一些具体的项目中有关于项目申请条件、经费使用、申请单位和个人的资格认定等具体要求。各州则根据法案的条款、政策的要求申请相关的资金或项目,为本州社区学院的发展争取更多的政策和资金支持。例如佩尔(Pell)奖学金、“技术准备计划”、联邦助学贷款以及各种专项资金的拨付等都是联邦政府影响州职业教育的典型形式。以“联邦工作—学习”项目(Federal Work-Study Program)为例,该项目面向全国3400多所高等教育机构。符合条件的学生和符合条件的高等教育机构,包括社区学院都可以申请该项目的资金资助。① 联邦政府这种通过立法、制定相关

① Programs:Federal Work-Study(FWS)Program[EB/OL].[2021-03-15]. http://www2.ed.gov/programs/fws/index.html.

政策、投入资金等影响社区学院的方式是由美国政治体制所决定的。

联邦政府对各州社区学院行政管理直接干预较少。各州对本州范围内的社区学院有行政管理权,因此州政府对社区学院的行政管理发挥着主导作用。各州可以根据本州情况对社区学院进行布局,建立社区学院的相关运行机制,如社区学院成立条件、社区学院师资聘用等。以社区学院师资聘用为例,有的州有全州统一的规定,而有的州则给社区学院很大的自由度。不过从总体趋势上看,随着美国社会对社区学院的重视,联邦政府对社区学院教育的干预力度会有所增强。如提高社区学院学生的学业完成率、加强社区学院和产业界合作、推动社区学院课程开发等都有明显的联邦政府推动的色彩。

三、学士学位教育的重要中转站

对广大学生而言,在美国大学攻读学士学位通常有两种典型渠道:一是直接被四年制大学录取,完全在四年制大学学习学士学位课程,学习结束后获得学士学位。这种获得学士学位的方式比较直接,被四年制大学录取后修完规定的课程,成绩合格后基本上就可以获得学士学位。二是先在社区学院学习两年获得副学士学位后,再转学到四年制大学继续攻读学士学位。

通过社区学院转学到四年制大学获得学士学位的方式虽然过程比较麻烦,但是这种方式有一定吸引力。由于在社区学院的学费比四年制大学的学费低得多,所以通过社区学院转学攻读学士学位可以大大降低受教育成本,因此这种"曲线攻读"学士学位的方式成为很多家庭经济不宽裕的学生的理想选择。而且由于社区学院入学条件较低,即使不能被四年制大学录取,也可以先在社区学院学习,通过在社区学院努力学习获得的好成绩为自己创造进一步攻读学士学位的机会,所以在社区学院先学习转学类副学士学位课程成为一些学习成绩较差但是想攻读学士学位的高中学生的理想选择。

美国各州的社区学院与本州四年制大学之间通常都有转学协议。这些协议有的是小范围的,比如一所社区学院与一所四年制大学签订转学协议;有的是大范围的,即多所社区学院和四年制大学共同签订转学协议或者州范围内签订转学协议。这些协议使得社区学院有攻读学士学位意向的学生有机会从社区学院的副学士学位课程转学到四年制大学的学士学位课程。为了拓展学生的升学渠道,一些社区学院会与州外的四年制大学签订转学协议,学生在社区学院毕业后有机会到其他州的四年制大学继续攻读学士学位。通过各种各样的转学机制,社区学院的学生可以转学到不同类型的四年制大学,包括加州大学伯克利分校、康奈尔大学、哥伦比亚大学、耶鲁大学、哈佛大学等名校。① 不过由于著名大学的入学要求苛刻,社区学院学生要想转学到这些大学需要非同寻常的努力。

四、职业技术教育的主阵地

美国学校形式的职业教育按照层次大致可以分为两类,一类是中等职业教育,包括综合中学中的职业教育,培训学校或职业训练中心的职业教育,一些地方协会组织的学徒训练等;一类是高等职业教育,包括社区学院的职业教育和四年制大学开设的职业教育副学士学位课程以及其他中学后高等教育机构提供的职业教育服务等。两类职业教育中,高等职业教育是主体。在美国高等教育体系中,每年新入学的大学生(不含研究生)中,社区学院的学生占了很大比例(2020 年秋季统计数据为 38%)。②

虽然有的四年制大学也提供副学士学位,但是大部分四年制大学主要提供学士学位以及更高级别的学位教育,因此社区学院就成了美国职业技术教育的主阵地。学生在社区学院学习的职业技术教育项目包括应用类副学士学位、证书课程以及其他的职业类培训课程。很多州的社区学院除了面向学生提供副学士学位课程和证书课程,还面向社会提供职业培训课程,因此社区学院是社区范围内最重要的职业技术教育服务的提供者。除此之外,社区学院还广泛参与学徒制培训等各类职业教育和培训项目。

以为退伍军人提供职业技术教育培训服务为例。美国社区学院是美国退伍军人寻求教育培训的重要平台。由于美国是世界头号军事强国,在世界很

① LEVY H O. Four-year Colleges Should Admit More Community College Students[J]. Community College Journal,2016,87(2):6-7.

② American Association of Community Colleges. Fast Facts[EB/OL]. [2023-04-10]. https://www.aacc.nche.edu/research-trends/fast-facts.

多国家都有军事基地,因此美国有庞大的现役军人和退役军人群体。美国军人服役实际上就相当于就业,他们在服役期间接受各种各样的教育培训以胜任相应岗位的工作,并且享受较好待遇。然而,这些军人在军队中接受的教育和培训并不一定能够保证他们具备就业市场上所需的能力,所以退伍军人的再就业是美国社会面临的非常大的挑战。为了解决退伍军人的就业问题,自二战结束以来,美国常采取的做法就是为退伍军人提供学历教育和职业培训,以使他们获得在社会上就业所需的知识和技能。社区学院就是退役军人接受职业技术教育培训的重要平台,是退伍军人获得再就业所需知识和技能的重要渠道。

五、补偿教育和社区培训的重要平台

美国社区学院已经形成了覆盖全国的网络,由于社区学院就设在社区,因此和其他教育机构相比,社区学院更容易为社区提供补偿教育和社区培训。除了副学士学位项目和证书项目外,社区学院提供补偿教育,开发各种社区培训项目,这些课程或项目为在职人员、失业人员、职业变换人员等提供了非常丰富的学习职业知识和技能的机会,不同需求的群体可以在社区学院找到适合自身的教育培训课程或项目。由于社区学院具有非常灵活的管理方式,人们到社区学院学习如同去超市购物,可选择的品种多,而且时间非常灵活。在社区学院学习可以选择一门或多门课程学习,也可以选择不同时段学习,有时还可以选择在线学习。所以,社区学院在周末授课、晚上授课、网络授课是非常常见的,灵活的授课时间和授课方式大大方便了到社区学院接受补偿教育和社区培训的社区求学者。

即使是没有高中毕业文凭的求学者,社区学院也为其提供合适的教育培训服务,如高中文凭课程、GED 课程等。不具备社区学院副学士学位课程入学条件的求学者,如果想进一步攻读副学士学位课程,可以通过先学习英语、数学、社会科学、自然科学等基础课程,达到副学士学位教育的入学条件后再进入相关专业学习。社区学院还为社区学习者提供了很多个性化培训课程,如语言类课程、健身类课程、计算机网络使用课程等,社区学习者可根据自身需要选修这些课程。

第二节　社区学院教育优先服务所在社区

一、社区学院在州范围内"经络通畅"

由于各州在规划成立社区学院时充分考虑到了社区学院的服务区域和服务人群,所以社区学院的布局比较合理。以南部的佛罗里达州为例,佛罗里达州社区学院系统布局时,要求社区学院一般离社区居民的住处不超过 30 英里,覆盖全州 95% 以上的人口。北部的弗吉尼亚州社区学院系统也设计得非常合理。弗吉尼亚州共有 23 所社区学院,这些社区学院分布非常合理,覆盖面大,形成了一个完善的教育培训系统。社区学院系统因此能很好地为社区服务,社区求学者很容易就近入学。

由于在大规模设立社区学院阶段,设立社区学院主要是基于政府的宏观规划,而且这些社区学院基本上是公立的,经费大部分来自联邦政府和州政府,所以除了弗吉尼亚州外,其他州的社区学院系统在建立之初也经过了充分的论证,以保证这些社区学院的人口覆盖率和区域覆盖率。换句话说,社区学院系统的设立要充分考虑社区学院为社区服务,要使社区学院网络能够更好地覆盖社区,所以美国社区学院是名副其实的社区教育培训服务机构。

二、社区学院教育培训服务覆盖面广

社区学院的前身初级学院最初是为社区高中学生服务的,很多初级学院最初设在高中,有的是社区范围内教育系统的有机组成部分。二十世纪六七十年代社区学院在全美范围内广泛设立的时候,满足社区教育培训需要成为各州成立社区学院的主要动机。社区学院在成立时就打下了社区的烙印,各地方的社区学院成立之初都要求立足社区,为社区服务。社区学院的理事会成员通常都是在本社区有较大影响力的人士,对本社区情况非常熟悉,他们的决策决定了社区学院的发展方向。正是因为理事会成员熟悉本社区的总体情况,对本社区职业教育需求把握比较全面,所以就会考虑到社区学院各类人群的各种教育需求。社区学院充分考虑到了社区教育培训可能的服务对象。具体而言,社区学院服务的典型群体有高中生及高中毕业生、社会待业和失业人员、在职人员、军人等。

从职业教育服务的角度看,美国社会的职业教育提供机构除了社区学院外,综合中学也有职业教育课程,一些四年制大学也提供应用类副学士学位课程,地方的职业训练中心(技术中心)或职业学校等也会提供职业教育服务,如美容美发培训、销售人员培训、保安人员培训等。由于除社区学院之外的其他教育培训机构提供的职业教育和培训规模小,在社区职业教育和培训中所占比例不高,所以社区学院是社区学校形式职业教育的主要提供者。一些社区学院如朱丽特初级学院把触角延伸到几乎所有职业教育领域:副学士学位职业教育、证书职业教育、一般的职业培训等。几乎全覆盖社区教育培训的社区学院成为美国教育培训系统的枢纽,它连接着中学和四年制大学,连接着用人单位和普通求职者,也连接着求学者的现在和未来。

社区学院提供的其他教育和培训服务也非常丰富。实际上,社区学院总是想方设法满足社区居民的各种教育培训需求,不但考虑到社区居民现实的教育需求,还注意开发社区居民潜在的教育需求,包括健身、娱乐、网络使用、烹调等,即使社区居民只是对社区学院的某一门课程感兴趣,很多社区学院也欢迎这样的个体到社区学院学习。

第三节　社区学院教育培训课程具有较大弹性

一、学科性和职业性兼具

在社区学院所有的功能中,最主要的功能是转学功能和就业功能,即让学生转学到四年制大学继续学习和直接到劳动力市场上就业这两种功能。对这两种功能的长期追求使得社区学院课程兼具学科教育和职业教育的特点。转学课程的设计是与四年制大学的学士学位课程衔接的,所以一般而言具有较强的学科性。这体现了社区学院课程的学科性特点。职业教育类课程强调其就业功能,如果仅仅从就业角度来分析社区学院的职业教育,最理想的状态是社区学院课程直接与社会上某一职业或职业群完全衔接,提供紧贴这些职业或职业群的知识和技能。但是,考察社区学院的职业教育课程会发现,社区学院职业教育课程结构并非完全是根据职业和职业群设计的。社区学院课程大致可以划分为两种类型:一是普通教育课程,如英语、数学、历史等;二是专业教育课程,通常包括这一专业涉及职业所需要的主要知识和技能。很多专业所开设的课程并没有与某一职业或职业群一一对应,所以在专业教育课程部分,除了职业性课程外,学科性课程也占有一定的比例。因此我们从某一专业的课程设置中比较容易看出学科教育课程和职业技能课程的倾向。以中缅因社区学院的建筑建造技术专业为例,该专业四学期的课程如表 5-1 所示。

表 5-1　中缅因社区学院建筑建造技术专业课程①

学期	课程名称及学分	课程倾向判断
第一学期	手工及电动工具安全介绍(1 学分)	职业性
	建筑概念Ⅰ(3 学分)	学科性
	建筑概念Ⅱ(3 学分)	学科性
	建筑现场监管(2 学分)	职业性
	中级代数(3 学分)	学科性
	建筑安全与健康基本原理(3 学分)	学科性、职业性
第二学期	材料力学基础(2 学分)	学科性
	建筑概念Ⅲ(3 学分)	学科性
	建筑概念Ⅳ(3 学分)	学科性
	建筑科学基础(3 学分)	学科性
	几何和三角(3 学分)	学科性
第三学期	计算机应用基础(3 学分)	学科性、职业性
	建造估价(3 学分)	职业性
	室内装饰(2 学分)	职业性
	大学写作(3 学分)或大学写作研讨(4 学分)	学科性
	选修课:人文科学/社会科学(3 学分)	学科性
	选修课:数学/科学(3—4 学分)	学科性
第四学期	陈列柜(2 学分)	职业性
	成品楼梯(2 学分)	职业性
	砖石建筑(2 学分)	职业性
	技术写作(3 学分)	职业性
	选修课:人文科学(3 学分)	学科性
	选修课:社会科学(3 学分)	学科性

说明:该专业的总学分要求是64—65学分,课程倾向的学科性和职业性判断是基于课程名称的主观判断。

① Central Maine Community College 2016—2017 Catalog[EB/OL].[2021-03-15]. http://www.cmcc.edu/Portals/0/Docs/Current%20Students/CurrentCMCCCatalog.pdf#page=42.

从表5-1中可以看出，普通教育课程如中级代数（第一学期）、几何和三角（第二学期）、选修课等的学科性很强。部分专业教育课程如建筑概念、建筑科学基础、材料力学基础等的学科性也很明显。而室内装饰、建造估价、成品楼梯、技术写作等则具有很强的职业性。总体而言，该专业的课程同时具有学科性和职业性特点。

学科性和职业性兼具的课程特点使学生未来发展有更大空间。一方面，学科性课程使学生的学历教育的衔接更加便利。学科性课程学习有利于学生进一步接受学士学位教育和更高层次教育，为个人进一步深造打下基础。另一方面，职业性使学生就业更加顺利。学生学习结束后，既可以在职业性课程所涉及的岗位或岗位群范围内就业，也可以把学科性课程所涉及的行业内就业作为备选项，因此就业的可能范围得到拓宽。实际上，这种课程结构在一定程度上也符合新职业主义倡导的理念——在开设职业教育课程过程中重视学术性教育。

当然，社区学院的这种课程构成方式并不意味着社区学院的课程非常完美。课程学科性和职业性是对立统一的。学科性是职业性的基础，职业性是学科性的发展。此外，无论是职业类课程还是学科类课程，定期升级课程内容都是非常必要的，因为专业所对应的职业对知识和技能的要求总是在不断变化。学科知识博大精深，如何取舍成为学科性课程内容组织的重点和难点。社区学院的职业教育类课程必须淘汰过时的知识和技能，增加最新的和市场最需要的知识和技能，如何更新职业知识和技能也是社区学院课程建设的重大挑战。总之，无论是学科性课程还是职业性课程，都要充分考虑到课程内容如何才能更有利于学生的就业和长远发展。社区学院课程所呈现的学科性和职业性特点对于学生发展总的来说是合理的。

二、融合性和发展性并举

融合性是针对社区学院课程与高中课程以及与四年制大学课程而言的。一方面，美国有的社区学院会专门为所在社区的高中学生设置课程，符合条件的高中学生选修这些课程可以获得被所在高中和社区学院共同认可的学分。社区学院为社区高中学生设置的这些课程是社区学院与社区高中协商的结果，这些课程的设置也是为了方便高中学生进入社区学院相关的教育培训项目、降低这部分高中学生的受教育成本。也就是说,学生学习这些课程可以同时获得高中学分和社区学院学分,由于这些课程也是社区学院副学士学位课程或证书课程的一部分,因此缩短了这些学生在社区学院学习的时间。这些为高中学生设计的课程具有较强的融合性,可以很好地衔接高中课程与社区学院课程。不过,由于高中课程与社区学院课程的差异性,这类课程只是在一些地方的社区学院设置,并不普遍。另一方面,由于社区学院转学类副学士学位课程是为学生毕业后继续到四年制大学深造而设计的,因此社区学院的这类课程必须与四年制大学的相应课程融合才能使转学的学生适应四年制大学高年级设置的课程。由于这类课程是社区学院的主流课程,具有很长的历史,所以这类课程与四年制大学的高年级课程能够较好地融合。一般情况下,州范围内社区学院与四年制大学之间的转学是最普遍的,所以社区学院的这类课程的融合性主要体现在州范围内。

发展性是针对学生的个人发展和职业发展而言的。就个人发展而言,学习普通教育课程可以为未来发展打下较好的基础,为个人进一步学习提供有力的支撑。社区学院设置了大量的普通教育课程,这些课程分为不同的门类供学生选择。规模较大的社区学院一般开设的普通教育课程门类更多,学生有更多选择机会。这些课程一般为基础性课程,学习这些课程是学生进一步学习专业课程的基础。就职业发展而言,社区学院的这类课程也很丰富,一般情况下,社区学院的职业类课程反映了社区的产业状况,常规的如教育、医护、酒店管理等。这类课程的设置主要聚焦于学生职业知识的学习和职业技能的培养,一般以短期培训课程、证书课程和应用类副学士学位课程的形式出现。社区学院课程的发展性还体现在社区学院为所在社区提供自助餐式的课程服务,学习者可以任意选择一门或数门课程学习以充实或提高自己。

最能体现融合性和发展性的是那些可以转学分的课程,也就是学生学习这类课程所获得的学分能被其他社区学院或者相关的四年制大学所认可。这些课程的学习为学生的个人发展和职业发展提供了更大的可能空间。以华盛顿州的沃拉沃拉社区学院(Walla Walla Community College)的转学课程为例,该社区学院的转学课程清单分为五类:交流(Communications);人文/表演及艺术(Humanities / Performance & Fine Arts);社会科学(Social Science);自然科学(Natural Science);定量分析(Quantitative Analysis)。每一类包含数门或数十门不等的课程,这些课程适用于学校的多个副学士学位。这些课程涵盖面广、基础性强,对个人的长远发展和职业发展都有重要影响。以交流类课程为例,该类课程包含英语作文、人际交流、文化间交流、公众演讲等。这些课程所涉及的知识和技能无疑对个人的书面交流、口语交流、跨文化交流等都有重要作用,对个人的长远发展会有深远的影响。而其所开设的定量分析这样的课程,则是很多数学类、科学类、技术类、工程类课程的重要基础,为学生在这些方面发展奠定基础。

第四节 社区学院重视转学教育和产学合作

一、社区学院重视转学教育

(一) 转学教育是社区学院的经典功能

从社区学院的历史可以看出,社区学院最初是初级学院,而初级学院的成立就是为了帮助学生转学到四年制大学继续学习学士学位课程,这一功能一直是社区学院的主要功能。直到今天,社区学院转学教育质量也一直是衡量社区学院办学水平的重要标志之一。为了能够更好地促进转学教育,一些州对转学教育的课程和学分要求作出规定,使得一些普通教育课程的学分被社区学院和四年制大学共同认可,同时也规定了转学的最低学分要求。这实际上是对社区学院转学这一经典功能的规范化,统一的课程要求和学分要求深刻地影响着社区学院的课程设置,夯实了转学教育的课程基础。尽管各州对转学教育的课程要求有差异,但比较一致的是,转学教育的课程大多是基础课程,也就是常说的普通教育课程。这些课程包括英语、数学、计算机以及一些大类学科的入门课程等,这些课程通常也是四年制大学一、二年级设置的普通教育课程和专业基础课程,所以有助于社区学院学生转学。

(二) 转学的广度和可能性是社区学院吸引力的重要方面

社区学院的转学率被视为衡量社区学院办学质量的重要指标。在美国,由白杨研究所发起的两年一次的"杰出社区学院奖"的评比,其中一项重要指标就是社区学院学生的转学成功率。优秀社区学院的转学成功率明显高于社区学院平均的转学成功率。对学生或学生家长而言,学生在社区学院学习后能否转学到四年制大学是他们非常关心的。因为从某种意义上说,能否顺利转学深刻地影响着学生的发展前途,也体现出社区学院的吸引力。

社区学院为了促进学生转学到四年制大学,除了加强教学管理,努力提高教学质量外,还积极和四年制大学合作,为学生转学创造更好更便利的条件。一些社区学院除了与州内大学签署转学协议,还与州外四年制大学进行转学合作。在一些社区学院的招生广告中,把就读社区学院能够转学到四年制大学的专业作为亮点。一些社区学院为了吸引更多国际学生就读,也非常强调国际学生可以通过社区学院转学后到四年制大学学习。由此可见社区学院对转学功能的重视。

二、社区学院重视产学合作

(一) 产学合作具有深厚的历史文化背景

有学者认为美国最早的合作教育始于辛辛那提大学的系主任赫尔曼(Herman Schneider)的倡导,赫尔曼于 1906 年创立了合作教育项目。他首先在建筑工程专业推行合作教育。第一个合作教育的班级有 27 名学生,有 13 个公司参与。学生工作和学习每周交替进行,工作一小时可获得 8—10 美分的薪水。这一合作教育项目取得了很好的效果。实践表明,合作教育可以应用于工程教育之外的其他领域。1915 年,辛辛那提大学护理专业实行了合作教育。1920 年,俄亥俄机械学院也推行了合作教育项目。1926 年,第一个合作教育专业组织成立,该组织是合作教育协会,在辛辛那提大学召开的第一次会议上,赫尔曼被选为该协会主席。

从那以后,合作教育逐渐在美国推广开来,扩展到职业教育领域和基础教育领域。不同学校基于不同专业和不同课程,积极开展合作教育。合作教育之所以能够很快推广,与产业界技术变化的周期变短密切相关,当职业教育培训机构的课程内容变化跟不上具体职业所需的知识和技能变化时,职业教育培训机构就得谋求和产业界合作。即使职业教育培训机构的职业教育课程内容不过时,但是当其与产业界合作更有利于自身发展时,也会主动谋求与产业界合作。社区学院自然也不例外。有学者认为,社区学院的合作教育始于加利福尼亚州的河边初级学院(Riverside Junior College)。初期的合作教育实践还遇到过一些阻力。据报道,加利福尼亚州的塔夫特初级学院(Taft Junior College)就曾将学生送到地方企业无薪实习,但因工会反对而放弃。① 尽管会遇到一些问题,但社区学院与产业界在职业教育领域开展合作是大势所趋。

社区学院合作教育能够有效培养人才已经成为社会各界的共识,尤其是实践性非常强的职业所涉及的专业,合作教育成为实施教学的重要选择。从社区学院角度看,社区学院培养职业教育学生需要雇主配合,从培养什么样的学生,到怎样培养学生,再到对所培养学生的"质量"反馈以及如何改进培养方案等都需要雇主的积极参与。从雇主角度看,积极介入社区学院学生培养,可以更好地克服"技能鸿沟"(Skill Gap),使从社区学院雇用的人才"更好用"。所以,合作教育自然成为社区学院培养人才的常用手段。

（二）社区学院产学合作在社区具有天然优势

美国社区学院的"根"在社区,因为其立足社区、服务社区、收费合理、上学方便,具有四年制大学不可替代的优势,使其成为高等教育系统不可替代的一部分,在激烈的高等教育竞争中生存下来并获得长足发展。美国各州在大规模设立社区学院阶段,就充分考虑到了社区学院的人口覆盖率,每一所社区学院都覆盖一定的区域范围和人口范围。可以这样说,社区学院就是社区的综合教育培训服务机构。有的社区学院在收费时还有区域内和区域外的明显差别,处于区域内的居民可以享受优惠的收费标准。

社区学院教育发展也正是因为其扎根社区的特点,与社区产业企业及其他组织联系密切,所以社区学院与社区内的各类组织的合作比较普遍。例如社区学院一些实践性很强的专业如酒店管理、护理、商业贸易等,与社区相应的行业企业以及社区相关专业技术人员有密切联系。可以说,社区学院在社区内的产学合作不仅占据"天时""地利"的优势,也尽享"人和"的优势。由于社区学院的"社区"属性,社区居民关心社区学院发展、支持社区学院发展,对参与社区学院的教育培训很容易达成共识。

（三）社区学院通过多种形式开展产学合作

社区学院通过多种形式实现产学合作。最常见的做法是社区学院通过与区域内的教育机构和用人企业合作,通过学徒制、共同开发课程或聘请企业专

① EELLS W C. Present Status of Junior College Terminal Education[M]. Menasha, WI: George Banta Publsihing Company, 1941:141.

业技术人员指导或授课等为合作教育整合更多资源。学徒制在美国具有非常广泛的社会基础,很多州政府部门都设有负责管理学徒制项目的机构,虽然名称不尽相同,但是职能非常明确。

以社区学院为主体,多方合作的合作教育形式也比较普遍。以伊利诺伊州的沃本斯社区学院(Waubonsee Community College)为例,该社区学院开展了广泛的合作教育项目,在转学类课程、职业课程、劳动力开发课程、补偿性教育课程、社区教育课程中都采取广泛的合作教育形式。该社区学院主持的"山谷就业教育系统"合作项目,把学院与18所高中、2个职业中心以及在具体职业领域内的雇主咨询委员会联系起来,定期为职业教育课程升级,整合职业教育资源,通过工作观察、实习、顶岗等形式培训学生。而该学院的另一合作教育项目——焊接项目,由一所地方高中提供实验室场地,产业内的主要雇主捐赠设备,社区学院提供全职指导教师,为高中学生、成人学生提供培训课程,同时也根据客户要求提供相应培训。①

在政府的倡导和政策支持下,社区学院与大学和产业企业以及其他组织合作成立的"高级技术中心"也是一种典型的合作教育模式。大学是科技创新的重要来源,企业是将科技转化为生产力的平台。产业竞争导致技术升级周期缩短,劳动力培训频率加大,使得社区学院与大学及产业企业的合作日益紧密。在政府的倡导和资助下,一些高级技术中心依托社区学院成立,服务于地方经济。以弗吉尼亚州的一个高级技术中心为例,州通过泰德沃特社区学院、弗吉尼亚海滩公立学校和弗吉尼亚海滩市共同合作成立高级技术中心,该中心占地137 000平方英尺,是州、市的合作项目,其中弗吉尼亚海滩市提供1250万美元,弗吉尼亚提供土地并出资1000万美元。② 中心为弗吉尼亚海滩市提供了独特的技术蓝图,同时也是国家整体战略的一部分。成立高级技术中心是美国发展高端制造业战略的重要支撑,在很多大学和社区学院都成立有高级技术中心,开发相关专业课程,培训相应师资,为国家高端制造产业培养技术人才。

社区学院多种形式的产学合作使得社区学院能够更好地借用产业界的资

---

① MARZANO W, SOBEK C. The Seeds of Success-Strategic Planning Helps Colleges See the Forest for the Trees[J]. Community College Journal, 2010, 80(6):36 – 38.

② About the ATC[EB/OL]. [2021 – 03 – 15]. http://www.vbatc.com/a-about.html.

源,同时也使社区学院的教育培训服务能够更好地服务于产业界。

第五节　社区学院拥有特色鲜明的专兼职教师队伍

一、专职教师是美国社区学院教育教学的稳定器

美国社区学院并未严格地把教师群体分为转学类教师和职业教育类教师或补偿教育类教师。实际上,教师是根据课程的需要而灵活配备的。招生时,同一专业名称可能既招收转学类学生,也招收职业教育类学生。一些教师所承担的课程对于转学类和职业教育类学生都是必修课程,所以职业教育专职教师也可能是承担转学类教育课程的教师。一般而言,美国社区学院专职教师所承担的工作比较稳定,他们承担基础的和核心的教学任务,所以学校聘用专职教师会更谨慎。有的社区学院会考虑从优秀的兼职教师中雇用专职教师;有的社区学院聘用兼职教师只要通过部门负责人如系主任等审查合格就可以了,但是雇用专职教师则要通过学校审查合格方可录用。学校在对专职教师考核时也比较细致,这也体现了专职教师对于社区学院的重要性。由于专职教师在社区学院工作的时间长,对社区学院的文化、管理制度、课程特点、学生特点等较为熟悉,因而能够按照社区学院的要求较好地完成本职工作。专职教师由于教学时间较长,具有较为丰富的教学经验,除了完成教学任务外,还会深度参与社区学院的教学管理等事务。例如有的专职教师是专业负责人,他们深度介入所负责专业的招生、专业规划、教师聘用等事务,对学校发展起着至关重要的作用。因此,专职教师队伍在学校职业教育办学中发挥着基础性作用,是社区学院教育教学的稳定器。

二、兼职教师是美国社区学院教育教学的平衡器

美国各行业之间人员流动所受限制较少,就业市场赋予人们更多的选择权。作为市场经济国家,长期推行市场经济的结果是每一种职业的待遇都有较为稳定的"价格",所以在一定区域范围内美国各种职业一般都有比较稳定的薪资水平。通过网络很容易查询到某一职业的年收入和每小时薪水。由于

行业间的限制条件较少,美国人从一种职业跨越到另一种职业的成本比较低,所以人们愿意尝试新的职业。例如大学教授到政府相关部门任职后又回到大学工作的情况不在少数。而产业界专业技术人员到社区学院任教或社区学院教师跳槽到企业工作也非常常见。这种制度设计既赋予了个人充分的选择权,也给各个组织的人力资源管理注入了活力。由于求职者视工作变换为一种常态,人力资源管理部门进行人员调整也不用顾虑重重,雇主和雇员双方互相尊重,自愿选择。

社区学院兼职教师通常是各行各业的专业技术人员,兼职教师鲜活的职业知识和职业技能使他们能够胜任社区学院相应专业课程的教学。社区学院吸收各行各业的专业技术人员加入教师队伍,从而带来了新观念、新思路、新技术、新材料、新工艺等。因为兼职教师对于一线的技术技能要求最熟悉,所以能够把生产服务一线的最新技术、最新工艺等引入课堂,引入学生的实践学习,从而使学生能够学到真才实学,非常有利于职业教育人才的培养。兼职教师任职于社区学院的同时,其过硬的专业技术水平也会给专职教师带来一定压力,因而也可以促使专职教师提升自己的知识和能力,进而促进职业教育教师队伍素质的整体提升。由于社区学院和很多企业都有密切的合作关系,所以兼职教师在企业任职的同时也在社区学院任教。一些企业为了培养所需的人才或建立人才库,还鼓励企业专业技术人员到社区学院工作,参与社区学院的课程开发和课程教学。这种长期形成的文化有利于社区学院整合企业专业技术人力资源,从而使社区学院的教育教学很容易达到动态平衡。

三、教师适度流动制度是社区学院教师队伍的活力激发器

美国文化对自由非常重视,人们希望有更多的选择,很多人愿意尝试新的工作。很多美国人一般不大愿意一辈子待在一个地方,也不愿意一辈子干一份工作。美国企业中个人与雇主之间的关系比较简单,双方的权利和义务在劳动合同中有明确规定,很多就业者在合同期满后会考虑换个雇主或换种职业,雇主也可以在员工合同期满后考虑雇用新的员工,这种自由的双向选择使得劳动力流动比较频繁。正是劳动力的流动造就了美国社区学院师资队伍的弹性。美国社会大量存在的兼职工作、志愿者工作也催生了专业技术人员到社区学院任教的可能性。一些人在更换工作前会到欲入职的相关行业兼职或

做志愿者,这种兼职或做志愿者的方式实际上也是对新职业的尝试。很多专业技术人员到社区学院工作就是从兼职到专职过渡过来的。当然,社区学院教师也会到其他行业工作。教师队伍这种自然的吐故纳新机制为美国社区学院教育培训注入了活力。

教师流动属于正常的劳动力流动。生源市场变化导致市场资源配置变化,自然也就导致了师资队伍的流动。美国社区学院的教师管理顺应了这种市场规律,通过教师流动,优胜劣汰,使得社区学院不供养"闲人",从而降低了社区学院的办学成本。尽管教师流动会导致少数课程一时招不到合适的教师,但总的来说,社区学院教师流动有效地激发了教师队伍活力。专兼职结合的教师队伍为学生提供理论和实践相结合的教育服务创造了良好的条件。这种灵活的教师结构既保证了社区学院教育培训服务的质量,又降低了社区学院的办学成本,充分体现了美国社区学院教师管理制度的特点。

本 章 小 结

本章分五个部分,较为系统地阐述了美国社区学院的特点:美国社区学院教育培训系统的地位;美国社区学院服务社区的特点;美国社区学院的教育培训课程;美国社区学院的转学教育和产学合作;美国社区学院的教师队伍。

社区学院是美国教育培训系统的重要枢纽。联邦政府和州政府在社区学院管理中发挥着不同的作用,社区学院是以州级管理为主的教育培训系统,这一系统是学士学位教育的重要中转站、职业技术教育的主阵地以及补偿教育和社区培训的重要平台。社区学院的这些功能体现了其在教育培训系统中的枢纽地位。

社区学院教育培训有着优先服务所在社区的特点。从分布看,社区学院在州范围内"经络通畅",每一个州都有规划合理的社区学院系统,从而保证了不同的社区都有相应的社区学院提供教育培训服务;从覆盖面看,社区学院教育培训服务从地域上覆盖了社区;从内容上看,覆盖了不同群体的教育培训需求。

社区学院教育培训课程的特点是弹性大。经过长期的发展,社区学院开设的课程兼具学科性和职业性,这主要是因为社区学院长期开设转学类课程和职业技术类课程。社区学院课程融合性和发展性并举的特点体现在课程设计方面和个人发展方面,社区学院与高中和四年制大学的课程衔接使得社区学院的课程具有较好的融合性,而社区学院课程的发展性则体现为社区学院的课程设计为学生的多方面发展提供了可能。

社区学院重视转学教育和产学合作。转学教育是社区学院的经典功能,社区学院转学教育的好坏决定了社区学院的吸引力,而产学合作是培养职业技术类人才的重要手段。社区学院的产学合作有着深厚的历史文化背景,并且社区学院可以依托社区进行多种形式的产学合作,从而提高人才培养质量。

教师队伍体现了社区学院的重要特征。社区学院拥有特色鲜明的专兼职教师队伍,其中专职教师是美国社区学院教育教学的稳定器,他们承担了社区学院重要且基础性的教学工作和相关事务,兼职教师可以根据教学需要灵活调整,对美国社区学院的教育教学起到很好的平衡作用,而适度的教师流动有效地激发了社区学院教师队伍的活力。

第六章

美国社区学院发展
存在的主要问题与改革

任何教育机构都会存在这样那样的问题,社区学院也不例外。归结起来,社区学院存在的主要问题有:与四年制大学的课程衔接问题、职业技术类课程的职业相关性问题、产学合作不够深入的问题以及学生学业完成率偏低的问题。社区学院与四年制大学的课程衔接在微观层面上比较复杂,需要多方合作努力方能取得良好效果。职业技术类课程的职业相关性问题实际上是职业技术课程如何贴近职业岗位需要的问题。产学合作作为社区学院培养人才的重要手段,需要在政府的支持和协调下主要由合作方共同努力解决。而提高社区学院学生的学业完成率需要多管齐下才能取得理想效果。总之,要解决社区学院发展存在的问题,需要政府、社区学院、四年制大学、产业界以及相关各方的共同努力。

第一节　社区学院与四年制大学的课程衔接

一、课程衔接存在的问题

（一）社区学院在与四年制大学的课程衔接中处于弱势地位

在社区学院与四年制大学进行课程衔接的过程中,大部分情况是社区学院"听"四年制大学的,社区学院自身的话语权不够,这是历史和现实的原因造成的。历史上,社区学院的课程设置需要充分考虑区域范围内四年制大学的意见,很多社区学院转学类课程的设计是由地方四年制大学负责完成的,因为这样的课程设计才能让学生更顺畅地转学到四年制大学。而由于不同的四年制大学对社区学院学生转学可能有不同的要求,这使社区学院学生的课程衔接问题更为复杂。大学课程结构的复杂性以及不同大学课程设置的差异性使社区学院学生转学面临很多困惑,很多学生对转学的具体路径并不十分清楚。一般而言,在社区学院转学管理较好的州,由于有州范围内的协议约束,四年制大学确定衔接课程的自由度受到一定限制。但是,在社区学院转学管理不够规范的州,四年制大学确定衔接课程有较大的自由度。

（二）社区学院学生转学到四年制大学存在着学分损失

由于在课程衔接中存在着很多课程衔接不上的问题,也就是说学生在社区学院某个专业所学的课程并不完全是四年制大学相应或相关的专业所要求的课程,所以社区学院学生在转学过程中必然存在着学分损失。举例而言,如果一位学生想转学到不同的四年制大学,或者转学到同一所四年制大学的不同专业,由于不同四年制大学或同一所四年制大学的不同专业对转学课程的要求不同,所以该学生就要选修更多的课程以满足相应的转学条件。这种情况下,即使这位学生转学成功,他也要在社区学院多修一门或数门课程,从而造成转学过程中的学分损失。实际上,一些学生就算是只转学到一个专业,也存在着学分损失问题。四年制大学课程要求的差异性越大,学生损失学分的风险越大。研究表明,大约14%的转学学生,他们被所接收大学认可的学分少于他们在社区学院所修学分的10%;大约28%的转学学生,能够保住他们在社区学院所修学分的10%—89%;仅有58%的转学学生能够保住在社区学院所修学分的90%甚至更高比例的学分。[①] 由此可以看出,社区学院的学生在转学过程中会损失学分。

二、课程衔接的改革措施

（一）在州范围内实现社区学院与四年制大学的课程衔接

一些州为了促进学生转学,在州范围内建立了学分互认制度。社区学院和四年制大学达成共识,确定共同认可的普通教育课程范围。学生在州范围内任何一所社区学院或四年制大学所修的普通教育课程都被其他社区学院或四年制大学认可。同时,四年制大学在专业课程认定过程中也尽量为转学学生创造条件,让学生的课程衔接更加顺畅。以路易斯安那州为例,该州的社区学院学生转学到四年制大学的过程中,在社区学院所修课程的学分被四年制大学认可的规定是比较明确的。学生在社区学院选修课程前要充分了解这些

---

① BIDWELL A. Report：1 in 10 Community College Transfers Lose Nearly All Course Credits［EB/OL］.［2021 - 03 - 15］. http://www. usnews. com/news/articles/2014/03/19/report-1-in-10-community-college-transfers-lose-nearly-all-course-credits.

课程被四年制大学认可的情况,具体就是在所在社区学院的咨询老师和想转学去的四年制大学的咨询老师的帮助下确定所修课程,从而保证这些课程被接收转学学生的四年制大学认可。该州要求本州社区学院学生转入本州四年制大学的基本条件是获得转学类副学士学位,修满60个学分,其中39个学分为普通教育课程学分,21个学分为与转学专业相关的课程学分,[①]这种在州范围内较为规范的学分转换做法为社区学院学生转学带来了很大便利。

(二) 在州范围内建立有效的学分转换制度

有效的学分转换制度可以降低学生学分转换的难度和成本。通过学分转换可以提高学生的学分认定比重,从而使更多的学生有机会到四年制大学学习学士学位课程。总体而言,学生在州范围内的学分转换比较容易,转学到州外的学分转换难度较大。为了使学生能够顺利地转学到州外四年制大学,有必要建立有效的学分转换制度,让社区学院学生在不同州之间的转学能够更加顺畅。一些州的社区学院与州外的四年制大学签订转学协议的做法是在这方面的有益尝试。这样的学分转换长远来看有利于促进社区学院学生在全国范围内转学。此外,学分转换制度还体现为社区学院学生在社区学院学习的某些课程或参加的某些培训可以转化为一定的学分。目前,各州在学生的学分转换方面的规定有所差异。在非常理想的情况下,学生在社区学院所修的学分可被四年制大学全部认可。

第二节　社区学院职业技术类课程的职业相关性

一、社区学院职业技术类课程的职业相关性不够

(一) 职业技术类课程设计的职业知识和技能覆盖面有限

职业技术类课程设计的职业知识和技能覆盖面有限是指职业技术类课程只是覆盖了从事具体职业所需的一部分知识和技能,学生因为只学到某一岗

① How Can the Louisiana Transfer Associate Degree Help Me[EB/OL]. [2021-03-15]. http://latrans ferdegree.org/faq/#a1.

位的一部分知识和技能,不能有效胜任岗位工作。因此这些学生进入行业后还需通过在职培训或学徒训练的方式才能获得全面的职业知识和技能。导致社区学院职业技术类课程的职业知识和技能覆盖面有限的因素很多,最重要的因素有两方面。一是因为社区学院的学习时间有限,很多课程的学习由于时间、师资、仪器设备等因素的限制并不能完全覆盖教材所包含的知识和技能。二是现有的课程内容不够精练和精准,未能有效覆盖相应职业的知识和技能。除此之外,教材的时效性也限制了职业技术类课程的实用价值,所以职业技术类课程设计的覆盖面受到较大限制。

(二) 职业技术类课程设计的职业针对性不够

职业技术类课程设计的针对性不够是指职业技术类课程设计不能紧扣职业岗位的技能要求。由于社区学院课程设计人员知识和能力的局限性和差异性,社区学院职业技术类课程设计常常各有差异。不同社区学院职业技术教育类课程可能内容有所不同。这种情况导致的结果是课程聚焦不足,不能教给学生就业最需要的知识和技能。表面上看这些职业技术教育类课程是包含了职业知识和技能,但是这些职业知识和技能不一定与当前就业所需的最重要的知识和技能相吻合。

二、社区学院提高职业技术类课程职业相关性的举措

(一) 聘请大量行业专业技术人员担任社区学院教师

社区学院在办学过程中聘请大量行业专业技术人员担任教师,这相当于把具体的职业知识和技能贯穿到课程教学中,可以弥补课本知识陈旧或针对性不足等缺陷,从而使学生学习能够紧扣职业所需的知识和技能,提高职业技术类课程的职业相关性。这种做法一般不影响社区学院的课程方案,通常所聘请的教师是承担已经设计好的某一门课程的教学任务,不过来自行业的专业技术人员担任教师可以对课程的教学任务或教学内容进行适当的修订,使其更加体现具体工作岗位的知识和技能要求。这种人为的积极因素可以提高职业技术类课程的职业相关性。

(二) 与行业合作实施工作驱动的职业技术教育

如果说聘请行业专业技术人员担任专职教师或兼职教师是提高社区学院

职业技术类课程职业相关性的初级做法的话,那么直接与行业雇主合作实施工作驱动的职业技术教育则是更进一步提高社区学院职业技术类课程职业相关性的突破性举措,因为这会带来课程结构和内容的变革。高职院校直接与行业雇主合作,就有可能对现有的课程结构和课程内容进行较大幅度的调整,使课程更加切合工作实际,更加精确地体现具体岗位的知识和能力要求。目前,美国政府通过提供资金支持,鼓励社区学院与行业合作,实施工作驱动的职业技术教育。很多社区学院与雇主合作开发职业技术教育教材、实施职业技术教育培训,使得社区学院的职业技术教育更加贴近职业岗位的需求,更加接近真实的生产和服务,从而取得较好的教学效果。

（三）开发可供共享的教材并定期修订

职业技术类课程在实施过程中遇到的一大难题是没有合适的教材,尽管社区学院很容易聘请到来自行业的专业技术人员担任兼职教师,但由于有的课程没有理想教材作为依托,这些课程的兼职教师只能自编教材。可是兼职教师由于时间、精力、知识和技能等的限制,所编教材的严谨性和科学性不够。美国社区学院的职业技术类教材中,有一部分是质量很高的,这些教材会定期和不定期地修订,既是经典教材,又不失时效性。但有的教材更新周期较长,不能把行业的最新知识和技能及时纳入教材内容。教材开发需要投入大量资源,尽管社区学院也与产业界以及行业协会等组织共同努力开发可供共享的教材,但要建立和完善社区学院职业技术类教材体系,还需付出更大努力,需要来自行业协会以及政府等的支持,为教材开发提供更多的智力和资金支持。

第三节　社区学院与产业界的合作

一、社区学院与产业界合作存在的问题

（一）合作成本制约着社区学院与产业界的合作

社区学院的学生在实践锻炼过程中的成本与收益是产业界与社区学院合作考虑的重点。美国社区学院与产业界的合作通常都是建立在自愿基础上的,雇

主觉得有利才愿意与社区学院合作,如果合作成本大于收益,雇主就会倾向于回避或拒绝合作。由于社区学院的教育培训具有公共产品的性质,所以会获得来自政府的资金支持。当政府提供资金和政策支持时,雇主与社区学院的合作就比较积极,合作的成效也比较显著。但是当政府的支持力度不够时,社区学院和雇主的合作积极性就会下降,从而影响了合作效果。因为无论是社区学院还是雇主,都不得不考虑合作的成本,当投入大于成本时,双方都会考虑控制成本,调整合作的方式,从而影响着双方的合作范围和合作深度。

（二）社区学院与产业界合作存在着价值取向的差异

社区学院会把与雇主的合作视为课程方案的一部分,因此希望雇主按照课程方案的安排开展合作。而雇主则期待两者的合作能够为其带来更多效益,因此希望按照生产或业务需要开展合作。这两种价值取向显然存在着较大的矛盾。例如,理论上讲,社区学院学生在同一岗位上或完成同样的工作任务更容易提高工作的质量和效率,所以雇主愿意学生做比较单一的工作,而社区学院则希望学生有更多更广的实践经历,希望学生有更多的岗位和工作体验。这种价值取向的差异是制约两者合作的又一重要原因。

（三）合作时间短也是影响两者合作的重要因素

由于社区学院课程设计的关系,社区学院学生学习每一门课的时间有限。也就是说,社区学院与雇主合作的过程中学生更多的是了解工作任务并学习完成工作任务所需的知识和技能。时间短决定了学生学习时优先考虑"了解"和"学会",而非"熟练"和"精进"。因此对于雇主而言,这样的合作从某种程度上说是一种"打扰",雇主付出较多而回报较少。学生刚学会技能,合作就结束了,很难为雇主创造更多价值。

以上这些问题或多或少地影响着社区学院与产业界的合作。实际上,如果合作是对双方都有利的,合作显然就比较容易推进。但是双方在合作的成本分担、合作内容确定以及合作时间等方面存在分歧时,就需要努力达成共识才能顺利推进合作。

二、推动社区学院和产业界合作的举措

（一）政府投资带动社区学院与产业界合作

美国的很多法案,如《帕金斯职业教育法案》《劳动力投资法案》《退伍军

人权利法案》等都会拨款用于社区学院教育。美国联邦政府的很多部门都有资助劳动力培训的政策和项目,部分项目是由社区学院承担。资助这些培训项目实际上就为社区学院与产业界合作提供了资金支持。例如联邦政府农业部、教育部、劳工部以及老兵事务部等都设计有很多教育培训项目,这些项目提供的教育培训资金促进了社区学院与产业界的合作。由于有了来自政府的资金支持,社区学院和产业界的合作更容易深入推进。

（二）社区学院和产业界合作实施工作驱动的教育培训

工作驱动的教育培训可以使社区学院的课程设计能够与产业界的要求紧密结合起来,让产业界在社区学院的人才培养中有更多的话语权,提升社区学院与产业界的合作质量。由于工作驱动的培训充分考虑到具体工作岗位的知识和技能要求,因而更容易吸引雇主的参与。雇主通过工作驱动的教育培训可以多方面获益,如可以获得一定的资金支持,可以借合作开发出员工培训课程,可以提高生产和服务质量,可以进行劳动力储备等。以俄亥俄州的一家公司与社区学院的合作为例。该公司面临着技术工人退休、缺少熟练劳动力的困境,与社区学院合作培养公司所需的人才是这家公司最主要的合作动机。因此该公司要求社区学院扩大招生,与社区学院合作培养人才并且为学生的学习提供资助。

（三）谋求职业技术教育与学徒制培训的整合

一些州为了更好地提高人才培养质量,使学生能够获得更好的就业技能,鼓励职业技术教育与学徒制培训整合。这样的做法一方面可以使课程设计更加合理,另一方面可以通过适当延长教育培训时间来保证学生获得胜任相关职业岗位工作的能力。学生在社区学院学习期间既要学习理论知识,又要学习实践技能,由于学习时间的限制,学生所学到的知识和技能还是比较有限的。社区学院职业技术教育与学徒制培训相结合,可以增加社区学院学习相关职业知识和职业技能的时间,使学生进一步熟悉岗位工作要求,在师傅的指导下全面学习相应岗位所需的具体知识和技能,从而完全胜任具体岗位的工作,使他们成为真正的专业技术人员。这样的整合可以进一步提升社区学院与产业界的合作。

第四节　社区学院学生的学业完成情况

一、社区学院学生学业完成面临的问题

（一）社区学院学生因前途迷茫而放弃学业

社区学院有的学生在学习过程中，虽然也修完了部分课程，但是由于对所学课程的前景感到悲观，中途会放弃学业。而有的学生在社区学院学习过程中目标不明确，糊里糊涂地到社区学院学习，学习动力不足，社区学院对于他们而言就好像"咖啡厅"，进出都比较随意。这些状况的出现与社区学院的开门办学政策以及社区学院的办学相关环节不理想密切相关。学生进入社区学院学习时并没有明确的目标，就会出现学习动力不足，产生随时准备"撤退"的想法。在这一过程中如果没有得到及时的帮助，这部分学生就有可能中途放弃学业。

（二）社区学院学生因学习困难而放弃学业

不可否认，社区学院招收的学生总体水平不高。有研究表明，进入社区学院学习的学生中，有相当一部分学生的知识水平有限，这些学生到社区学院学习后，社区学院通常要求他们补修基础课程，如英语、数学等，以使他们具备学习后续课程所需的知识基础。对于这部分学生而言，一旦他们不能克服补修基础课程中遇到的学习困难，及时修完补修课程，他们就有可能选择放弃学习这些基础课程和后续课程。

学习面临困难的还不仅是入学时知识准备不足的学生。一部分学生虽然也有足够的知识基础，但是后续学习过程中由于在专业选择、课程选修等方面并未获得足够的帮助，致使他们所选择的专业或课程并不能与自己的学习能力相匹配，所学的专业或课程的难度超过了他们的学习能力。在不能跟进这些专业或课程学习的情况下，他们就有可能选择中断学业。这部分学生面临的问题是他们未能选择到与他们的学习能力匹配的教育培训项目，例如选择了难度较大的专业或课程等。

127

（三）社区学院学生因经济困难而放弃学业

社区学院的学生多来自中低收入家庭,他们在学习的同时常常从事兼职工作。有的成人学生需要挣钱养家,他们面临的经济压力使他们有时会陷入"顾此失彼"的困境,一些学生选择放弃学业完全是不得已。因为需要挣钱、孩子没人照顾、不能支付学费等因素,他们不得不中断学业,而一旦中断学业,要想再继续学业就变得非常困难。实际上,对于这些学生而言,到社区学院学习的最现实的动机就是通过学习提升就业知识和技能,使自己在就业市场上具有更多竞争优势,能够找到更专业的工作。如果不是因为遭遇经济上或与经济密切相关的困境,这部分学生是愿意继续学习的,解决这部分学生的后顾之忧才能为他们顺利完成学业创造更好的条件。

二、促进社区学院学生学业完成的举措

（一）设计更加清晰合理的发展路径

社区学院的开放性使得很多学生到社区学院求学时并非有备而来。对于这部分尚未准备好的学生而言,他们的学习目标并不十分清晰,他们有的是抱着"先上车再说"的心态进入社区学院学习的,因此帮助这些学生设计更加清晰可行的发展路径显得尤为必要。清晰是指要让他们对自己在社区学院的发展轨迹有更加明确的认识,可行是指要关注具体的发展路径是否适合他们。设计清晰可行的发展路径就要求社区学院帮助学生匹配相应的学习项目,使相应的学习项目与学生兴趣爱好及知识水平等相匹配。芝加哥城市学院（City Colleges of Chicago）在改革的过程中为社区学院学生提供了更加清晰合理的发展路径,其改革的做法是提高相关性。举例而言,如果社区学院提供的学位或项目是就业导向的,那就要努力提高课程的实用性,使得所学的知识和技能与就业岗位密切相关;如果提供的是转学类副学士学位项目,就要使课程设计更容易转学到四年制大学。采取这些措施可以让学生看到更明显的希望,从而激发学生的学习动力,使他们更愿意努力完成学业,所以这些措施为提高芝加哥城市学院的学业完成率作出了很大贡献。

（二）及时帮助有学习困难的学生

社区学院一部分学生中途放弃学业的原因是某些课程对他们而言难度较大,他们在学习过程中遇到各种各样的挫折,而社区学院和学生本人都没能很好

地解决这些问题,从而导致这部分学生选择放弃学业。从这个角度而言,社区学院帮助学生渡过学习难关显得尤为必要。对于进校时就面临学习困难的学生,要设计合适的课程帮助他们及时打好基础,并且提供必要的教学辅助服务。对于进校时基础不错,但在新课程学习时遇到困难的学生,要及时发现并帮助他们摆脱困境。很多社区学院在这些方面采取了针对性的应对措施,同样以芝加哥城市学院为例,其通过投入更多资金,为学生提供更多更好的服务,帮助学生解决学习过程中遇到的困难,使学生顺利修完课程,从而提高他们的学业完成率。芝加哥城市学院在这些方面所做的努力贯穿的一个重要理念是"帮助学生不要太迟"。学生在学习的过程中会遇到各种各样的学习困难,解决这些困难离不开教师和相关人员的及时帮助。芝加哥城市学院发起的"成绩第一"活动,旨在通过教师、咨询人员、管理人员的介入,让有学习困难的学生能够得到及时帮助。学院建立预警制度,一方面是学生有问题可以与教师和咨询人员及时沟通,另一方面是有学习困难的学生可以被及时发现并得到帮助。①

（三）解决学生的后顾之忧

社区学院很多学生常常受到多种因素的困扰而很难集中时间和精力学习。除了上面所说的迷茫和学习困难这些因素外,因经济原因产生的压力是很多社区学院学生面临的最现实的问题。纽约城市大学的一位学生是两个孩子的母亲,她的丈夫因为经济压力不得不每天努力工作挣钱养家,没有时间照顾孩子,所以这位母亲在社区学院学习的同时需要照顾好两个上小学的孩子。她早上送孩子上学后得马上赶到社区学院上学,孩子放学后又得照顾孩子。对这位学生而言,要完成学业非常不易,类似的情况是很多社区学院成人学生面临的共同问题。为了解决学生的后顾之忧,一些社区学院提供了费用较低的孩子看护服务,而有的社区学院则为学生提供兼职工作机会,为学生学习解决缺钱的燃眉之急。很多社区学院还大力开发网络课程,为学生提供"纯在线教学"以及"在线教学"与"面对面教学"相结合的教学方式,让学生根据自身的实际情况通过多种方式学习课程,使他们在学习的同时能兼顾家庭或工作,为他们完成学业创造条件。政府和其他社会组织也通过多渠道投入资金帮助这些学生完成学业。总之,社区学院针对学生学习过程中面临的困难和问题,

---

① Early Alerts：An Opportunity to Improve Student Retention and Success［EB/OL］.［2021 - 03 - 16］. http://www.ccc.edu/menu/Pages/Grades-First.aspx.

有针对性地为学生完成学业创造各种条件,使他们能够更有效、更自信、更投入地学习,对学生学业完成率的提升起到了很好的促进作用。

本 章 小 结

本章分析了社区学院存在的四个方面的典型问题并探讨了社区学院改革的相应做法,包括社区学院与四年制大学的课程衔接问题,社区学院职业技术类课程的职业相关性问题,社区学院与产业界的合作问题以及社区学院学生的学业完成问题。

社区学院与四年制大学的课程衔接存在的问题主要是社区学院在与四年制大学的课程衔接中处于弱势地位,话语权较小,而且社区学院学生转学到四年制大学存在着学分损失。课程衔接方面的改革措施主要有:在州范围内实现社区学院与四年制大学的课程衔接,在州范围内建立有效的学分转换制度。

社区学院职业技术类课程的职业相关性是社区学院长期面临的问题。社区学院职业技术类课程的职业相关性不够体现在职业技术类课程设计的职业知识和技能覆盖面有限、职业技术类课程设计的职业针对性不够等方面。解决这一问题的举措主要有:大量聘请行业专业技术人员担任社区学院教师,与行业合作实施工作驱动的职业技术教育,开发可供共享的教材并定期修订等。

社区学院与产业界的合作存在的问题主要是合作成本制约着社区学院与产业界的合作,社区学院与产业界合作存在的价值取向差异导致双方对合作的侧重点的主张不同,此外合作时间短也是影响两者合作的重要因素。推动社区学院和产业界合作的举措主要包括政府投资带动社区学院与产业界合作、社区学院和产业界合作实施工作驱动的教育培训以及谋求职业技术教育与学徒制培训的整合等。

社区学院学生的学业完成率较低是目前社区学院存在的又一突出问题。社区学院学生因前途迷茫、学习困难、经济困难等原因而放弃学业导致了社区学院的学生学业完成率不高。为了解决这一问题,社区学院尝试采用设计更加清晰合理的发展路径、及时帮助有学习困难的学生、解决学生经济上的后顾之忧等措施来帮助学生完成学业,以提高社区学院学生的学业完成率。

第七章

美国社区学院的
发展趋势

美国社区学院的发展既受到外部因素的影响,也受到内部因素的制约。总体而言,社区学院系统作为社会的一个子系统,其发展与社会政治经济等各方面的发展密切相关。从社区学院自身而言,要提升办学各要素的贡献率,更好地整合内部资源。只有内外部协调发展,社区学院的整体办学质量才会有更大提升。通过研究社区学院的历史和现状,揭示其发展规律和特点,了解社区学院存在的问题以及相应的改革举措,可以预测出社区学院的一些发展趋势。

第一节　社区学院将更加关注
产业发展趋势和劳动力市场需要

一、国内产业发展趋势和劳动力市场变化影响着社区学院的专业结构

　　从国家范围内来看,传统产业的演变和新兴产业的崛起,会对劳动力结构产生影响,劳动力结构变化会给社区学院教育带来挑战和机遇。以传统的健康护理产业为例,随着美国人口的增长和人口老龄化问题的凸显,美国对健康护理人员的需求旺盛。据预测,到 2030 年,美国人口将增加 18%,65 岁以上的人口将增加三倍。而今天,超过 51% 的注册护士至少 40 岁,40% 的注册护士至少 50 岁。根据美国健康护理协会的消息,目前长期护理机构有 19 400 个注册护士空缺职位,医院有 116 000 个空缺职位。随着护士退休和人口老龄化,对护理人员的需求会更多,[①]可以想象健康护理产业中护士这一职业的数量变化对社区学院护理专业及相关专业的设置和招生规模带来的影响。社区学院如果从自身实际出发,根据需要调整专业结构或招生规模,则有可能抓住很好

---

　　① KARAS J. Solving the Healthcare Workforce Shortage[J]. Community College Journal,2013,84(2):6.

的发展机遇。健康护理这类产业领域的职业属于可预测的,社区学院可以在信息明确的情况下进行相应的调整以满足劳动力市场的需要。劳动力市场上的这类人力需求变化比较好预测,因为这类需求属于传统的用人需求,其变化的特点和规律比较容易把握,社区学院的专业和招生调整一定意义上可以做到有的放矢。

相比之下,一些新兴产业的人才需求不容易把握,这就要求社区学院有敏锐的洞察力和及时的反应力,对产业发展的未来有一定的预见性并及时做好准备。以新兴的网络安全产业为例,随着互联网日益普及以及信息交流速度加快,企业及各类社会组织几乎都会建立自己的网站,以提升自身的影响力,更好地开展业务。网站的建立和维护在黑客盛行的今天是一件让企业和相关组织头疼的事情,因为网站的信息安全面临巨大的挑战,需要专业技术人员进行维护。一些社区学院注意到这一发展趋势,开发新兴专业,及时满足市场需要。以马里兰州的乔治王子社区学院(Prince George's Community College)为例,该学院与国家网络监控中心合作,开设了网络安全专业,该专业在运行之初,就有很多雇主上门要人。该项目主要聚焦于网络安全的防御方向,即培养学生在网络威胁越来越严重的情况下如何保证系统安全和保护数字信息安全。很显然,由于这类办学项目紧扣市场需要,毕业生深受市场欢迎。

在国内产业不断变化的背景下,社区学院不能采取消极的应对方式。消极应对方式体现为生源枯竭时才去寻找原因,在竞争中处于弱势时方才调整策略,在课程内容陈旧时才着手升级等。主动应对产业变化带来的影响已经变成很多社区学院调整课程结构和内容的重要动因。

二、国际产业竞争对社区学院的专业设置产生间接影响

从世界范围内看,每个国家都想在国际竞争中占据优势,激烈的产业竞争使得各个国家和地区的产业结构发生很大变化,进而影响了学校的专业结构和课程结构。作为培养技术技能型人才的机构,社区学院职业技术教育的专业结构受产业结构变化的影响很大。由于人力成本较高等原因,美国在劳动力密集型的很多低端产业不具有竞争力,美国在中高端产业上也面临来自世界各国尤其是发达国家的激烈竞争。这种竞争背景下,美国社区学院的职业技术教育项目不得不进行变革,可以说是随着产业的兴衰而沉浮。

以汽车业为例。汽车作为日常耐用消费品,随着人们生活水平的提高,社会的汽车消费在数量上和质量上都有提升,这使得汽车行业竞争非常激烈。美国曾经被誉为车轮上的国家,汽车业曾经独霸全球。但是,美国汽车业却面临着来自世界各国的强劲竞争,首先是德国和日本的竞争,此外韩国也是一个不可小觑的竞争对手,中国也是强有力的竞争者。很显然,美国汽车业对汽车制造、汽车修理等专业和培训项目的影响非常显著。我们完全可以想象一个国家的某个产业从强盛到衰落的过程中相应的职业技术教育所面临的挑战。当然,作为汽车制造的强有力竞争者,美国汽车业也在积极谋求其竞争优势。2012 年 6 月 27 日,美国白宫主持了一个由汽车业利益相关者参加的小组会议,会议的主题是"高级机动车:驱动成长"(Advanced Vehicles:Driving Growth)。① 会上有人提出,革新每天都发生在工厂里,社区学院怎么介入的确是一个巨大的挑战,培养汽车业需要的人才就像打一个移动靶,静态的思维和做法是远远不够的。社区学院对人才培养要符合产业界对技术技能型人才的期待是社区学院面临的重要课题。一方面,社区学院要关注产业发展的趋势,主动与产业界合作;另一方面,产业界也会寻找合适的合作伙伴,培养生产、管理一线所需要的人才。以美国汽车城底特律为标志的美国汽车业的兴衰对社区学院职业技术教育相关专业的影响是可想而知的。因此从这个意义上讲,社区学院职业技术教育类项目和美国的相关产业如同一条绳上的蚂蚱,命运息息相关。

美国的制造业中,高端制造业为美国带来了巨大利润。以飞机制造业为例,飞机制造为美国带来了巨大的利益。尽管有来自包括空客公司等各方的竞争,但美国一直保持着飞机制造业的霸主地位,所以社区学院的飞机维修和保养的相关专业一直很有市场,生源很好。查阅美国两年制学院的招生目录,会发现很多社区学院提供了与飞机制造和维修相关的专业和培训项目。由此可见,社区学院的发展与国家产业的发展紧密相连,两者在一定程度上成了"命运共同体"。美国政府一直非常重视包括飞机制造在内的高端制造产业的发展。2014 年 10 月,总统科学技术专家咨询委员会提交了一份题为"加速美国高端制造"的报告,该报告中分析了美国政府和大学以及相关产业合作的重要性,并提出了很多具体的政策建议。可以这么说,美国要保持高端制造业的竞争地位,离不开政府的

---

① WHISSEMORE T. Driving Growth in Automotive Education[J]. Community College Journal,2012,83(1):10.

政策引导,离不开产业界和包括社区学院在内的高等教育机构的积极合作,包括在科研方面的合作和具体的职业技术类人才培养方面的合作。

美国联邦政府深刻地意识到产业变化和职业技术教育的相互影响,所以在职业技术培训领域,明确提出培训要"工作驱动",即根据工作要求对知识和技能的要求开展培训,这也成为很多社区学院和企业合作的重要基础和合作趋势。"工作驱动"的培训模式反映出产业变化对教育培训的诉求,要求社区学院对产业变化带来的挑战应以更加积极的态度来应对。

三、社区学院将不断调整教育培训项目并及时更新课程内容

美国社区学院为了更好地适应经济发展的需要,更好地满足政府对其培养人才的期望,有必要及时调整教育培训项目和更新课程内容。从国家整体的角度看,一个国家经济发展从宏观上看必然经历产业转型和升级,而产业的转型和升级常常意味着职业技术教育培训服务项目的调整。从微观上看,一个国家经济发展必然伴随着工作岗位类型的变化以及工作知识和技能的变化,这些变化意味着劳动力培养过程中课程结构和内容的调整。从区域的角度看,某一个地区、某一个州甚至某一个社区也同样会面临产业结构的变化,这些变化带来了劳动力需求的变化,而劳动力需求的变化是社区学院职业技术教育必须关注的现象。社区学院不仅要关注劳动力统计和预测数据的变化,还要及时和雇主以及业内专业人士沟通交流,了解产业变化的趋势,了解职业知识和技能变化的特点,从而决定是否终止某一专业或培训项目,或者是否要增加或减少招生数量,是否要调整课程设置或更新课程内容等。美国华盛顿州的沃拉沃拉社区学院是一所知名的社区学院,该社区学院获得 2013 年白杨杰出社区学院奖。该社区学院的校长史蒂文·万勒斯德尔(Steven VanAusdle)是一位劳动经济学家,他紧盯劳动力市场变化,为学生创造获得好工作的机会。当风能发电兴起的时候,他看到了这一趋势产生的机会,在经济比较困难的情况下,投入 500 万美元建设该州第一个风能项目。参加该项目学习的学生学业完成率达到 71%,90% 的学生获得了起薪(年薪)为 37 000 美元的工作。[1]

---

① WYNER J S. What Excellent Community Colleges Do[M]. Cambridge, MA:Harvard Education Press,2014:99.

美国社区学院的专业调整既是美国产业结构变化的需要,也是美国产业结构调整的反映。由于职业技术教育培养学生的质量取决于学生是否具备相应职业所需要的知识和技能,因此教给学生什么样的知识和技能就成为社区学院职业技术教育关注的重要方面。虽然社区学院聘请的教师拥有丰富的实践经验,但这并不意味着其拥有很强的课程开发能力,他们也要依托一定的资料进行教学,而这种教学的资料通常来自市场上已有的教材或其他参考资料,也包括教师自己准备的其他教学资料,如实践案例等。虽然每一所社区学院都有自己的教学资源,但州层面或联邦层面的专业结构调整和课程内容的更新仍非常必要。随着世界范围内竞争的加剧,产业升级、产品换代提速,相应的人才培养也必须进行变革才能适应产业发展的要求,所以社区学院的专业结构调整周期会变短,课程内容更新速度会加快。

随着科技发展速度加快、产业升级速度提升、产业转移频率加快,就业市场对各种就业人员的数量及质量都提出了新要求。社区学院教育培训项目尤其是职业技术类项目的课程设置、课程内容以及课程实施在这种背景下都面临着巨大挑战。社区学院必须适应这种变化,积极完善课程设置、更新课程内容、整合课程教学所需资源,才能培养出适销对路的"产品",满足不断变化的市场需要,也只有这样,社区学院的生存和发展才能得到保证。所以技术更新、产业升级对就业市场劳动力结构和质量的影响会传递到社区学院,社区学院将不断调整专业结构、更新课程内容,才能及时满足产业界对各种就业岗位知识和技能的要求。

第二节　社区学院对外合作将更加深入和广泛

一、社区学院会巩固与产业界的合作

社区学院的常规合作伙伴主要是高中、大学和产业企业等。这些组织既是社区学院与外部沟通的重要渠道,也是社区学院生存和发展的重要依托,所以社区学院会继续巩固与这些合作伙伴的合作。社区学院与产业企业的合作是社区学院职业技术教育对外合作的最重要方面,因为产业企业是社区学院学生就业的主要去向。从现状上看,社区学院职业技术教育培养的学生,其所具备的技能和工作岗位所要求的技能之间还有较大差距,在一些行业和一些地区,这种差距还在扩大。① 很显然,培养符合产业企业需要的技术技能型人才是社区学院努力追求的目标。但是产业企业需要的技术技能型人才是什么标准,为了达到这些标准应该开设什么课程,如何开发或升级这些课程,如何获得优秀的师资等问题都意味着社区学院必须加强和产业界的合作。一些社区学院设立咨询委员会,通过咨询委员会成员的意见和建议来修订课程结构和课程内容。而一些社区学院则直接和产业内龙头企业合作,把企业的用人要求贯穿到课程内容和课程教学之中。以社区学院和联合包裹公司(United Parcel Service,简称UPS)的合作为例,联合包裹公司是美国快递业的巨头,其业务的发展需要大量技术技能型人才的参与,社区学院培养到联合包裹公司就业的学生需要详细了解其用人要求,而联合包裹公司为了招聘到高素质的员工,也愿意与社区学院合作。

二、社区学院将加强与高中和四年制大学的合作

社区学院与高中和四年制大学的合作可以使得整个教育培训系统成为一个有机的整体而不仅是简单模块的组合。一项调查表明,美国60%的高中毕业生没有做好上大学的充分准备。② 在社区学院致力于提高学生学业完成率、培养更多人才的背景下,构建社区学院与高中之间的人才管道的重要性更加凸显,如何让高中学生准备好就读社区学院成为社区学院与高中合作的重要内容。和其他很多国家一样,美国的中小学课程是一个有机整体,大学的课程体系也比较完善,但是高中与大学的课程衔接存在较多的问题。所以有学者致力于研究如何使高中课程和大学课程一体化,力求做到学生在中学阶段所学的知识和技能与中学后教育的知识和技能紧密衔接。例如,霍夫曼(Nancy Hoffman)和维格斯(Joel Vargas)等人编辑的《关注鸿沟——为什么整合高中和大学课程是有意义的? 怎么做?》一书阐述了从9年级到14年级的课程整合

---

① WOODS B. Beyond the Finish Line[J]. Community College Journal,2015,85(4):32-38.
② Survey:60 Percent of High School Graduates Underprepared For College[J]. Community College Journal, 2012,83(2):48.

问题。① 为了促进课程的融合,同时也为了吸引更多的学生到社区学院学习,社区学院会继续与高中合作设置"双学分课程",落实"2+2"等技术准备课程等。

社区学院与四年制大学的合作在未来也会更加频繁。2014 年,美国社区学院协会、美国州学院及大学协会和美国公立及赠地大学协会达成共识,将致力于提升会员学校的学生学业完成率。这三个协会拥有超过 1500 所高等学校会员,涵盖了美国三分之二的中学后教育学生,其将从三个方面共同合作:一是建立无缝过渡机制,让学生从学院到四年制大学转学更加顺畅;二是通过在小学、中学、社区学院和大学中建立清晰的教育和职业发展路径,为学生创造更多的入学机会;三是为学生取得的进步和成功提供更加综合和精确的结果评价。这些措施的实施,无疑将更进一步推动社区学院与四年制大学的深入合作。实际上,社区学院与四年制大学在课程开发、课程整合、学分互认、教师培养等方面仍有很多工作要做,所以未来社区学院与四年制大学的合作将更加广泛和深入。

三、社区学院会扩大与其他机构的合作

(一) 社区学院与政府及公共服务部门的合作

社区学院作为社会的一分子,和政府及公共部门合作:一是可以获得更多政策和资金支持,二是可以通过政府和公共服务部门培养学生。在社区学院的资金来源渠道中,除学生的学费外,财政拨款占较大比重。社区学院除固定的财政经费来源外,还通过申请项目资金支持等形式获得来自政府的各种资金。马里兰州的巴尔的摩市社区学院(Baltimore City Community College)与联邦政府能源局(U.S. Department of Energy)合作,共同培养新能源方面的人才,建立在该社区学院的节能培训中心(Weatherization Training Center),为地方清洁能源和可循环利用能源方面的人才培养作出了很大贡献。② 通过与政府的合作,社区学院可获得相应的政策和资金支持。而从人才培养角度看,司法、

① HOFFMAN N, VARGAS J, VENEZIA A. Minding the Gap-Why Integrating High School with College Make Sense and How to Do it[M]. Cambridge, MA: Harvard Education Press,2007.
② OUTLAW L. Maximizing Opportunities in the Solar Industry[J]. Community College Journal, 2016, 87(1):10-11.

现代职业教育研究丛书 / 美国社区学院发展与变革

执法等专业的学生,其就业去向就是政府和公共服务部门。社区学院加强与这些机构合作,可以创造更好的条件让学生习得相应职业所需要的知识和技能。

(二) 社区学院与行业协会等组织合作

社区学院拥有联邦层面和州层面的社区学院协会、社区学院理事会等平台,可以通过这些平台争取来自政府的法律、政策和资金支持。以美国社区学院协会为例,该组织的一项重要工作就是通过与立法者互动,争取立法者对社区学院的支持,协助立法者形成与社区学院发展密切相关的提案,并通过各种方式促成国会通过相关法案。在美国社区学院改革呼声很高的背景下,类似的努力会更加频繁。此外,社区学院会加强与行业协会、各类基金会、相关科研机构的合作。社区学院与行业协会合作,可以优化课程设置;社区学院与各种基金会合作,可以争取到更多的发展资金;社区学院与相关科研机构合作,可以吸收最新科研成果,改进社区学院的教学和管理等。因此社区学院在改革和发展过程中会通过与这些组织合作以争取更多办学资源。

第三节　社区学院将进一步完善证书体系和课程体系

一、教育界人士会进一步倡导建立统一的证书体系和课程体系

美国社区学院协会主席沃尔特·巴梦菲思(Walter Bumphus)在《接下来的大事》(*The Next Big Things*)一文中提出,建立可衔接的证书和国家证书系统是社区学院未来发展的一个走向,他认为社区学院应和国家领导们一道,开发和实施国家证书系统,以便更有效地工作。[①] 在学者们的研究和倡导下,通过政府和社会各界努力,美国社区学院的证书体系会不断走向完善。这不仅是社区学院自身发展的需要,也是教育发展的必然要求。因为社区学院规范的证书体系有利于社区学院的学生转学或就业,有利于社区学院的教育培

① BUMPHUS W. The Next Big Things[J]. Community College Journal,2014,84(5):14.

训与整个社会的教育培训体系衔接。

社区学院职业技术教育学生获得的证书可以大致分为两类：一类是学历型证书，这类证书主要是副学士学位证书，可与本科证书对接；另一类是与就业资格密切相关的证书，这类证书主要是与行业工作岗位对接。在学者们的倡导和推动下，学科证书体系和职业资格证书体系会越来越完善，因此社区学院的专业和课程设置也必然会随之走向规范化。证书体系的完善必然要求标准体系的完善，而标准体系的完善会带动课程体系的完善，课程体系的完善会带来教学体系的完善，这些趋势导致的结果是社区学院的课程设置和教学实施会在州范围内或较大区域范围内甚至在全国范围内逐渐走向融合，从而使社区学院课程设置与证书或职业标准实现较好对接。

二、完善的学科系统将促进统一的证书体系和课程体系的完善

对于社区学院而言，建立和完善相对统一的证书体系和课程体系是一项庞大的系统工程，美国成熟的高等教育学科体系为这一系统工程奠定了较好基础。首先，美国是世界上高等教育最发达的国家，拥有完善的学科分类系统和相对成熟的学科课程体系，因此也拥有完善的学科证书体系。这一完善的学科体系实际上为社区学院副学士学位证书和课程体系与四年制大学衔接提供了比较理想的参照。每一个州四年制大学的学科体系和课程体系都可以为本州社区学院的副学士学位体系和课程体系提供参照，且各州之间还可以建立共享的课程体系。其次，学科知识和职业知识与技能有一定的对应关系，交叉学科知识也对应着相应的职业范围。有了这样的对应关系，就比较容易找到学科知识对应的职业领域，从而有利于沟通学科证书体系和职业资格证书体系。无论是学科知识体系还是职业知识体系，实际上都是知识和技能的组合，只是组合的逻辑存在差异，一种是学科分类的逻辑，另一种是职业分类的逻辑。既然它们都是知识和技能的组合，就能通过一定方式实现体系对接，所以现有的相对完善的学科证书体系和课程体系将促进社区学院的证书体系和课程体系不断完善。

三、成熟的职业分类将推动统一的证书体系和课程体系走向完善

经过几十年的建设，美国已经建立了比较完善的职业分类体系，而且不同

类别的职业对知识、技能等的要求也比较明确。政府一直致力于为公众提供关于就业和职业的详细信息,最常见的就是建立了一些全国性的网站。通过这些网站,公众可以了解某一种职业的详细信息,并且可以通过网站的链接找到相关的教育和培训项目信息。这些全国共享的资源可为社区学院课程设置提供较好的依据,同时也在社区学院和其教育培训服务对象之间架起一座沟通的桥梁。

以美国劳工部资助的网站 onetonline.org 为例,该网站是很重要的关于职业信息的网站,是美国政府"工作中心"网站(http://jobcenter.usa.gov)的重要合作伙伴。onetonline.org 网站把社会上的各种职业划分为职业大类,每一个职业大类又细分为若干子群,最后细化为各种具体职业。科学的职业分类系统加上职业研究团队的支持以及各种最新数据的及时更新使得该网站关于各种职业的信息具有很强的权威性。该网站提供具体职业的相关信息,一般包括职业编码、职业名称、职业任务、职业所需的工具和技术、职业知识、职业技能、工作活动、职业的薪水、职业证书等非常具体的描述。例如,在该网站上搜索厨师(cook)这种职业,搜索结果有快餐厨师、饭店厨师、单位食堂及自助餐厅厨师、主厨/大厨等,相关的结果如面包师、食物准备工等也显示在搜索结果中。如果进一步点击快餐厨师,则可获得这一具体职业的详细信息,表 7 - 1 列出了"快餐厨师"这一职业的部分信息。[①]

表 7 - 1 "快餐厨师"职业相关信息

职业编码	35-2011.00
职业名称	● 快餐厨师
职业任务	● 保持工作场所的卫生、健康和安全标准 ● 打扫食物准备区、食物加工区和器具 ● 加工和打包食物,如订购和待售的热汉堡、炸鸡腿等 ● 用快捷的方法准备特殊食物,如比萨、鱼、薯片、三明治和玉米豆卷等 ● 操作大容量的食物加工设备,如烤架、深油炸锅或烤盘 ● 阅读食品订购单或根据顾客要求准备食品,并根据指导烹调食物 ● 为具体的食物准备所需分量的配料 ● 收食物、饮料的订单和收顾客付款 ● 清洁、盘点库存、整理工作间和摆放器具等

① Summary Report for: 35-2011.00-Cooks, Fast Food [EB/OL]. [2021 - 03 - 16]. http://www.onetonline.org/link/summary/35-2011.00.

职业工具	• 碳酸饮料分配器 • 商用餐具——厨师刀 • 商用烤架 • 商业用灯暖热的食物加热器 • 商业使用范围——电烤炉;燃气炉 • 商业用途的食品秤 • 非碳酸饮料分配器;榨汁机 • 触摸屏监视器
职业技术	• 常用销售时点系统软件
职业知识	• 客户及个人服务知识——提供客户或个人服务的原则和过程,含顾客需求评估、符合高质量服务标准以及评估顾客满意度等 • 英语语言知识——英语语言的结构和内容知识,含单词拼读、作文规则和语法等 • 食品生产知识——与消费有关的食物产品的种植、生产和收割技巧方面的知识,包含储存、处理技巧等
职业技巧	• 积极倾听——对他人所说的话给予足够的注意力,花时间理解说话要点,适当询问,不在不合适的时刻打断别人 • 服务导向——积极帮助别人
能力	• 口语理解能力——能听懂口语表达的单字或句子的信息或意思 • 信息处理能力——根据具体或系列规则,按照一定的顺序或方式安排事情或行动的能力 • 口头表达能力——口头交流信息让别人能明白自己的意思 • 近距离审视能力——在近距离内(离观察者几英尺)识别细节的能力 • 躯干力量——用腹部及以下肌肉支撑身体而不容易疲乏的能力 • 臂膀及手稳定能力——在移动臂膀和手或是抓住手臂或手时保持臂膀和手稳定的能力 • 手的灵活性——快速移动手或快速同时移动手臂和手,或者双手抓取、操作或组装物体的能力 • 问题感知能力——能表达问题出现或可能出错的时间,意识到问题的能力(不包括解决问题) • 选择性注意能力——能专注于一项任务而不被打扰的能力 • 清楚表述能力——能清楚表达让别人理解你的能力
工作活动	• 直接为公众服务——含在饭店或店铺为顾客服务 • 训练或教别人——辨别别人的教育需求,开发合适的教育培训课程,指导别人学习 • 与上司、下属和同级人员交流——亲自或利用电话、手写、电子邮件与上司、同事和下属提供信息 • 建立和维持人际关系——发展与他人建设性、合作性的工作关系并长期保持 • 决策和问题处理能力——分析信息、评估各种结果,选择最佳解决方案并解决问题 • 信息获取——从各种资源观察、接收或获取信息 • 组织、计划和优先处理工作——确定具体目标和计划,优化组织工作并完成任务 • 解决矛盾和与人协调——处理抱怨,解决争论,处理投诉和矛盾,或者和他人协调 • 评估信息以决定是否符合标准——利用相关信息和个人判断决定某一事件或处理过程是否符合法律、规定或标准

工作背景	• 站着工作——88%回答"一直或几乎一直站着"
	• 和他人联系——91%回答"会一直和他人联系"
	• 和工作组或团队工作——59%回答"非常重要"
	• 室内及环境控制——84%回答"每天"
	• 面对面交流——73%回答"每天"
	• 身体接近程度——55%回答"通常很近(约一手臂距离)"
	• 花时间做重复的手势——38%回答"超过一半的时间"
	• 用手拿、控制或摸物体、工具——54%回答"持续不断或几乎持续不断"
受教育程度	• 87%低于高中文凭
	• 10%高中文凭或相当于高中文凭
	• 2%大学文凭,无学位
证书	• 寻找执照(此处为链接,点击可查询各州情况)
	• 寻找学徒制项目(此处为链接,点击可查询各州情况)
工作风格	• 合作——让人有愉悦感、合作态度等
	• 可靠——靠得住、负责、尽责
	• 自控——冷静、控制感情、不生气、避免侵略行为,即使是很难的情况下也应如此
	• 正直——诚实、有道德
	• 关心别人——对他人需求和感受敏感,理解和帮助别人
	• 社交取向——喜欢与人交往而不是独处,工作中与别人联系
	• 关注细节——在完成工作的过程中注意细节
	• 压力忍耐——能忍受批评并冷静有效处理高压情况
	• 领导——愿意领导、负责,提供意见和指导
	• 适应和灵活——对改变持开放态度
工作价值	• 人际关系
	• 支持
	• 独立
相关职业	• 单位或自助餐厅厨师
	• 饭店厨师
	• 食物准备工
	• 食品准备服务工
	• 柜台服务员、自助餐或咖啡店服务员
	• 餐厅服务员
	• 食品服务员(非饭店)
	• 饭店、洗衣店、咖啡店店主
	• 面包师
工资及就业趋势	• 2013年平均工资8.88美元/小时,年薪水18 470美元
	• 州工资(此处为链接,点击可查询各州情况)
	• 2012年从业人数约为517 000
	• 预计增长(2012—2022)——很小或不变(-2% to 2%)
	• 预计空缺数(2012—2022)——101 900

说明:编译自网站 http://www.onetonline.org/link/summary/35-2011.00(访问时间2021年3月16日)。

这些关于"快餐业厨师"的职业信息为社区学院开展职业指导、设立和调整专业、确定课程内容、设定招生规模等都提供了很好的参考。例如,快餐业厨师职业信息中的一项内容是"职业工具"，这项内容可以为社区学院开设相应的课程提供清晰的参考信息。当然，"职业知识""职业技巧""能力"等也为系统设置课程提供了非常有价值的线索。如果搜索不同的职业，我们也可以获得关于相应职业的相关信息，所有这些都为社区学院的专业和课程设置以及证书体系完善提供了较为可靠的依据。职业教育专业设置和课程开发以及证书体系的研究者循着这些线索，可以规范职业教育的专业设置和课程开发，并进一步完善相应的证书体系。

四、建立统一的证书体系和课程体系的未来走向

建立统一的证书体系和课程体系已经具备了较好的基础，但还是存在着不少困难。这是因为虽然美国是工业化国家，但是国家范围内的技能标准体系还不够完善，联邦和地方政府以及行业协会等组织在职业资格证书的颁发上并未形成完全统一的体系。由于教育界人士和政府都意识到了建立统一的证书体系和课程体系的重要性和必要性，在将来一段时间内，政府、社区学院以及相关各方的努力可能呈现以下走向。

首先是社区学院会努力尝试学科课程和职业课程融合。从证书体系建立的角度看，因为学科体系比较严谨，所以学科类证书体系已经比较完善。但职业变动和职业知识与技能变化较快，所以职业类证书体系不容易完善。社区学院现有的课程很多是在学科类课程基础上演变而来的，因此很多课程呈现出"学科课程+职业技能课程"的特点。这种机械的组合存在的问题是所开设的学科类课程系统性不足，职业类课程覆盖面不够精准，同时学科类课程和职业类课程之间融合不够理想，容易导致"学非所用、用非所学"并存的情况发生。建立统一的证书体系和课程体系，实际上是要解决好这两类课程的融合问题。目前，一些州的四年制大学与社区学院在课程融合方面进行了一些新的尝试。例如，亚利桑那州立大学就和社区学院共同努力，使社区学院学生的转学通道更加顺畅。这样的尝试对于学生的学习产生了积极的效果，因此将会有更多的州进行这方面尝试。

其次是会对颁证机构进行一定程度的整合，使它们成为有机的整体。美国的职业类证书的颁证机构比较复杂，有全国性的行业协会，也有地方性的行

业协会。一些行业协会的影响力很大,所以可以在全国范围内统一某类职业的入职标准,也就是说使用全国统一的职业资格证书。但是有很多职业并没有全国统一的技能标准,因此不同地方的同质性协会颁发的证书名称有可能雷同,在缺乏统一技能标准的情况下,不同协会对证书所涉及的知识和技能的主张就有差异,标准不同必然带来课程设计的差异,反映在社区学院的课程设置上就是对就业知识和技能的定位不够精准。如果颁证机构对职业知识和技能要求在联邦范围内得到相对的统一,则相应的课程设置、教材开发等就有了权威依据,不会处于无序状态,从而更容易对课程进行科学的设计并开发出高质量的教材。

最后是政府会采取有力措施引导社区学院和行业共同开发课程,形成证书的课程标准。多年来,美国联邦政府一方面通过研究来推进技能标准的整合,另一方面通过资助项目的方式推进产学合作,由行业和学校共同开发教育培训课程,鼓励社区学院共享课程。这实际上折射出社区学院证书体系和课程体系的未来发展趋势,即证书体系需要有合理的课程体系作为支撑,课程体系需要社区学院和行业共同升级完善。这些证书体系和课程体系的建立及完善离不开教育机构和产业部门的共同努力。

无论是从就业角度看还是从转学教育看,社区学院规范课程设置或者课程标准都是未来发展的趋势,因为一旦有一定的标准遵循,社区学院及其合作伙伴就不用各自探索如何设置课程、如何开发教材,可以在州范围内或更广范围内共享课程设计方案、共享共同开发的教材,从而节约大量人力、物力和财力。换句话说,社区学院课程方案设计、课程标准制定及教材开发会进行“顶层设计”,而不是处于各自为政的无序状态。

第四节　社区学院将致力于提高学生的学业完成率

一、学业完成率低是美国社区学院面临的严酷现实

美国社区学院学生的学业完成率一直不够理想。研究表明,只有大约一半首次就读社区学院的学生继续第二学年的学习,而四年制大学相应的数字

是四分之三。① 公立社区学院的学生中,6 年以内在他们所开始上学的社区学院毕业的学生只有 24%,而在同一时间范围内,社区学院只有 12% 的学生在其他教育机构完成学位。② 对于社区学院学生而言,学业完成率低的原因很多。有的是因为学生没有很强的学习动力,有的是因为课程难度大,也有的是因为经济压力大、工作太忙而无暇顾及学业等。从社区学院方面看,学生学业完成率低有对学生的专业选择指导不够、课程设计指向性不强、对学生学习跟踪指导不到位、学习氛围不浓等原因。从社会背景的角度看,学生的学业完成率低与所学项目的就业前景不理想,社会未能为社区学院学生创造更好的学习条件等有关。但是不管怎样,学业完成率低是困扰社区学院发展的突出问题,这一严酷现实有必要改变。

二、社区学院学生学业完成率会受到教育研究者更多关注

如何留住学生学习并提高他们的学业完成率成为社区学院管理人员、教师和学者们关注的焦点。2010 年的白宫社区学院峰会对学生的学业完成率非常重视,与会专家对如何提高社区学院的学生学业完成率进行了专题讨论,提出了若干政策建议。芝加哥大学社区学院研究中心的研究人员也对社区学院学生的学业完成率进行了研究,提出了若干可行的建议。他们认为可以通过改进课程设置使社区学院的课程与四年制大学课程和就业市场更好地衔接,提供更好的服务以帮助那些学习有困难的学生,改进教师的教学等来帮助学生顺利完成学业。由于学生学业完成率低这一问题目前尚未得到有效解决,将来会有更多的教育研究者关注此问题并提出更多的解决策略。

三、社区学院学生的学业完成率会更受社区学院重视

由于提高学生的学业完成率成为舆论关注的焦点,人们把学生学业完成率作为衡量社区学院办学质量的重要指标,一些评价机构把学生的学业完成率作为社区学院是否优秀的重要衡量标准,政府也对大学的学业完成率有更

---

① SCHUETZ P. 2005 UCLA Community College Review: Campus Environment, a Missing Link in Studies of Community College Attrition[J]. Community College Review,2005,32(4):60-82.

② WYNER J S. What Excellent Community Colleges Do[M].Cambridge, MA: Harvard Education Press,2014:13.

多的关注,所以社区学院主观上和客观上都会关注学院学生的学业完成率。为了提高学生的学业完成率,帮助学生更快更顺利地完成学业,一些社区学院采取了很多有效措施。如加强学业指导,建立早期预警制度,对学业面临困难的学生进行针对性帮扶等。这些提高学生学业完成率方面的成功做法和经验在社区学院协会出版的杂志上发表,以供更多的社区学院借鉴,从而会带动其他社区学院关注学生的学业完成率问题并采取积极措施解决。

四、政府和社区学院将会采取措施提高学生学业完成率

自从美国联邦政府在奥巴马执政时期提出希望社区学院培养更多的人才后,美国教育部更加重视社区学院的学生学业完成率。这意味着政府将督促社区学院在提高学生学业完成率的同时,招收更多的学生并帮助他们完成学业。为了提高社区学院学生的学业完成率,使社区学院培养更多的人才,政府采取了很多措施。首先是为社区学院投入更多的资金,这些资金帮助学生获得更多就读机会,同时也激励学生更努力地完成学业。例如,提供奖学金资助符合条件的学生入学并资助他们完成学业;通过拨款推动社区学院与产业界合作的工作驱动的职业教育,增加社区学院教育对学生的吸引力。

政府通过社区学院免学费项目帮助那些经济有困难的学生进入社区学院学习。洛杉矶、底特律、芝加哥等地方政府都设计了类似的免学费项目,让符合条件的学生免费到社区学院学习。以底特律为例,从 2016 年开始,任何即将毕业的高中高年级学生都可以进入指定的五所社区学院学习,学费全免。[①] 从政府对社区学院的关注角度可以看出,政府对社区学院培养更多人才有很高的期望,这有助于社区学院提高学生的学业完成率。学生的学业完成率也是美国社区学院目前和未来一段时间关注的焦点。证书体系的完善和课程设置的规范,最终都是为了让学生更好地学到知识技能,更快地完成学业。学业半途而废无论对于学生还是对于社区学院而言都意味着大量资源的浪费。而对于社会而言,社区学院学生的学业完成率低可能意味着充实到中产阶级队伍的人数下降。

---

① LOBOSCO K. Detroit Makes Community College Free[EB/OL].[2021-03-16].http://money.cnn.com/2016/03/22/pf/college/detroit-tuition-free-college/.

第五节　社区学院教育呈现"高移"和"国际化"的趋势

一、社区学院教育"高移"趋势分析

（一）社区学院的教育层次"高移"是社区学院发展的自然结果

随着社区学院教育不断完善,社区学院部分副学士学位专业的师资、设备等资源逐步接近或达到提供更高层次教育服务的条件,这为社区学院的教育层次"高移"打下了基础。从20世纪90年代开始,一些州允许辖区内的一些社区学院举办本科专业。[①] 这一做法导致的直接结果是社区学院的学位类型更加多元化,也在一定程度上打破了对社区学院的传统定义。社区学院之所以能够提供学士学位教育,一是社区学院一些专业的教育资源已经达到了提供学士学位教育的水平,二是社区学院的学生有更高层次的教育需求,三是社区学院具有很多优惠和便利条件,如社区学院比四年制大学低很多的收费以及社区学院便于就近入学等。

以佛罗里达州的圣匹兹堡学院为例,学校的前身是圣匹兹堡社区学院,如果再往前追溯,会发现该学院是佛罗里达州最早的初级学院,该校经历了从初级学院到社区学院再到学院的发展过程。2002年起,该学院开始开设学士学位专业,目前开设了大量学士学位专业、副学士学位专业以及各种各样的职业教育培训课程。又比如伊利诺伊州的林肯兰德社区学院,也开设了学士学位教育课程。加利福尼亚州的社区学院也在进行学士学位教育的尝试,2015年,该州的15所社区学院首次获批举办本科专业。该州将对社区学院举办本科专业的情况进行及时监督,以评估这些社区学院的本科办学情况并反馈给立法者。[②] 由于加州是美国拥有社区学院最多的州,加州社区学院的本科办学很有可能后来居上,成为社区学院举办本科教育的重要标杆。

①　COHEN A M, BRAWER F B. The American Community College[M]. San Francisco, CA: Jossey-Bass,2008:5.

②　SONG J. What will Bachelor's Degrees from Community Colleges be Worth[EB/OL][2021 - 03 - 16]. http://www.latimes.com/local/education/la-me-college-prestige-20150204-story.html.

本科教育在社区学院的出现,使社区学院和四年制大学之间的界限变得模糊。对此人们莫衷一是,有的认为社区学院应该"安分守己",致力于办好两年制副学士学位专业和其他短期培训项目;有的则认为社区学院可以把具备办学条件的专业升格为学士学位层次教育,而不应该对所有社区学院实行"一刀切"。社区学院教育朝本科教育发展,长远来看是一种必然的趋势,因为随着社会不断向前发展,人们对教育层次的需求自然会不断提升。当然,这并不意味着两年制的社区学院最终会变成四年制的本科院校。更可能的趋势是社区学院中一部分师资等条件具备的专业会尝试开展学士学位教育,形成学士学位教育与副学士学位教育并存的局面。学士学位教育发展成为社区学院的新增教育功能,但学士学位教育只会在社区学院中占据较小比例。

(二) 社区学院的教育层次"高移"是社区学院教育培训项目的必要补充

社区学院教育层次的"高移"并不代表社区学院副学士学位教育和证书教育属性淡化。首先,全美可以授予学士学位的社区学院数量有限,即使是那些可以攻读学士学位的社区学院,其所提供的学士学位专业也比较有限。因此,社区学院的主要服务项目还是副学士学位教育和证书教育,而学士学位教育则是社区学院教育培训项目的必要补充。其次,从社区学院设立的初衷看,社区学院存在的目的就是为了满足社区民众多样化的教育培训需求。随着人们受教育程度的提升,接受更高层次的教育成为人们的教育需求,如果想攻读学士学位又不想离开社区,社区学院自然是接受学士学位教育的重要选择。社区学院作为社区教育最重要的平台,如果提供学士学位课程的条件成熟,自然应该努力满足人们的学士学位教育需求。

(三) 社区学院教育层次会点缀式"高移"

从市场的角度看,教育作为一种社会服务,是由不同的市场主体提供的,这些市场主体之间必然存在着竞争压力。社区学院的教育层次"高移"并不是填补学士学位教育的空白,而是挤进学士学位教育服务市场,所以必然面临着强劲的竞争对手——四年制大学。众所周知,学士学位教育服务是四年制大学的强项,也是四年制大学的"核心业务",因此社区学院在举办学士学位项目的过程中自然会遇到来自四年制大学的压力,这是一个新的竞争对手进入成熟的学士学位教育领域必然面临的挑战。由于四年制大学是学士学位教育的最重要的提供者,而且在学科教育方面具有比社区学院强得多的实力,所以尽管很多社区学院都对教育层次"高移"很有热情,但社区学院的教育层次"高移"由于面临很大的阻力进展不会很快。

从社区学院自身而言,社区学院的教育层次"高移"是一些社区学院提高自身影响力的一种策略。社区学院的服务领域主要集中在副学士学位和证书项目中,一所社区学院如果能够有学士学位教育点缀,自然让人觉得其与其他社区学院不同,而这样的不同可以提高该社区学院的知名度和吸引力。尽管一些社区学院很想使其教育层次"高移",也提供了少量的学士学位课程,但是社会对社区学院的期待主要还是办好副学士学位和证书项目,实际上,这也是社区学院的核心竞争力所在。社区学院如果不能把其传统的副学士学位教育办好,其教育层次"高移"实际上也是一句空话。因为社会各界很难相信一所办不好副学士学位教育的社区学院能够办好学士学位教育。

二、社区学院"国际化"趋势分析

美国社区学院的"国际化"可以从两个方面理解:一方面是社区学院教育模式走出美国,社区学院的理念和模式在世界其他国家传播;另一方面是社区学院的教育服务对象不再仅限于本国公民,社区学院也为国际学生提供相应的教育服务。

(一)社区学院教育模式的传播

社区学院是美国的发明,由于美国强大的影响力,美国社区学院作为重要的高等教育模式,被一些国家模仿和借鉴。如沙特、越南等国家就学习美国社区学院的做法,在本国设立社区学院。我国的研究人员和教育工作者也对美国社区学院教育产生了较浓厚的兴趣。例如,中国职业技术教育学会与美国社区学院协会签订了合作协议,美国社区学院协会与中国职业技术教育学会还共同主持中美校长对话。2014年,该对话就在北京圆满进行。美国社区学院协会还成立了一个咨询委员会,以促进与中国的各种交流活动。美国社区学院模式输出是美国文化输出的一个侧面,同时也是美国社区学院开放办学和创新办学的要求。在全球化的背景下,任何国家行之有效的职业教育模式都有可能被其他国家学习和模仿。美国社区学院教育已经稳定发展了上百年,其积累的经验和推行的模式必然受到一些国家关注和学习。

（二）社区学院招收国际学生

社区学院招收更多国际学生,使得社区学院成为国际学生接受美国高等教育的一个重要渠道。从美国接收国际学生的历史看,20 世纪 30 年代末 40 年代初,美国实行友好邻邦政策,联邦政府鼓励拉丁美洲的学生到美国学习。二战爆发后,很多欧洲大学关闭,导致大量学生涌到美国学习。从 1930 年到 1953 年,亚洲、欧洲、美洲到美国学习的学生增加了大约三倍。[①] 这些学生中有一部分选择了进入社区学院学习,为美国社区学院培养国际学生积累了经验。此后,美国社区学院继续通过接收国际学生等方式扩大影响。尽管美国社区学院培养国际学生具有一定的经验,但是由于语言、文化、需求等方面的原因,社区学院培养国际学生还是遇到很多困难。二十世纪六七十年代,一些研究社区学院的学者就指出了美国社区学院招收国际学生面临的种种挑战,如专业是否符合国际学生的需要,国际学生的语言及文化适应问题如何解决,以及与国际学生的饮食、宗教信仰等密切相关的问题。一些基金会和专业组织纷纷意识到需要帮助社区学院建立有效的国际学生项目。[②]

美国社区学院发展到今天,对于如何培养国际学生已经有了较为成熟的做法。尽管社区学院是两年制学院,但由于其学费相对于四年制大学学费的比较优势,社区学院正成为美国高等教育机构吸引国际学生的重要渠道。据报道,美国高等教育招收的五十多万国际学生中,有超过八万选择在社区学院就读。为了促进美国社区学院的国际化,吸引更多国际学生到美国社区学院学习,美国社区学院协会专门编写了《美国社区学院概览:国际学生手册》。[③] 截至 2013 年,该手册已经更新到第 13 版,可见美国社区学院协会对社区学院招收国际学生的重视。该手册详细阐述了国际学生就读美国社区学院的各个方面。从认识美国社区学院到申请美国社区学院,再到就读和适应美国社区学院,最后到从社区学院转学到美国四年制大学等,在该手册中都有详细的阐述。通过阅读该手册,国际学生能够了解美国社区学院的全貌。

① CONNOLLY J J. International Students and the Two-year College[J]. Junior College Journal,1967, 31(5):20.

② ELLIOTT F G. The Dilemma of Foreign Student Admissions[J]. Junior College Journal,1969,40 (2):17.

③ Profiles of U.S. Community Colleges:a Guide for International Students[EB/OL].[2021 - 03 - 16].http://www.aacc.nche.edu/Resources/aaccprograms/international/Documents/profiles2013.pdf.

第六节　社区学院评价将会更受重视

一、社区学院的办学质量受到各方关注

（一）社区学院办学的利益相关方关注社区学院的办学质量

社区学院办得怎么样，既是社区学院决策者和管理者关心的问题，也是政府、学生、家长以及社会其他利益相关者关心的问题。社会不仅关心社区学院招生数量如何，还关心学生的学业完成情况如何、就业状况如何等与社区学院办学质量密切相关的问题。从政府管理角度看，政府希望纳税人的钱使用价值最大化，希望社区学院低成本高效率地培养更多经济社会发展所需的人才。纽约州州长安德鲁·马克·库默（Andrew Mark Cuomo）在其 2015 年州情咨文中多次提到社区学院，他呼吁对社区学院职业教育进行改革，以使社区学院培养出来的学生更容易找到工作。[①] 从社区学院角度看，提高办学质量，用好纳税人的钱和学生的学费是其生存和发展的重要基础。提高办学质量才能吸引更多更优质的生源，产业企业及其他组织才更愿意与社区学院合作，社区学院才能获得更多的办学资源，从而使办学进入良性循环的发展轨道。从学生角度看，社区学院的办学水平是学生选择社区学院的重要依据，学生关心社区学院的办学声誉、专业前景、课程设置、师资配备、学习设施设备等与学生能否学到必要知识和技能密切相关的各个因素。从公共管理角度看，社区学院教育评价是衡量社区学院办学效能的重要方式，也是监督和促进社区学院职业技术教育提高办学质量的有效手段。大量公共资源投入社区学院，政府和公众想知晓办学效果，这是社会的要求，也是公众监督的焦点。

（二）社会越来越重视对社区学院评价

近年来，为了创造更多的高等教育机会，政府对社区学院直接或间接地投入了大量资源，产业界为了获得高质量的劳动力也对社区学院办学给予了更多期待，学生也希望在社区学院中能够学到过硬的知识和本领。随着社会各

---

① Opportunity Agenda—2015 State of the State ［EB/OL］. ［2021 – 03 – 16］. https://www.governor.ny.gov/sites/governor.ny.gov/files/atoms/files/2015_Opportunity_Agenda_Book.pdf.

界对社区学院办学期望和办学关注度的提高,美国社会试图通过对社区学院评比和排名来促使社区学院提高办学质量,同时也增加公众对社区学院办学各个侧面的了解。对于社区学院来说,在评比和排名中占据突出位置自然会"名利双收",所以大量社区学院纷纷参与到社区学院的评比活动中。那些在评比中脱颖而出的社区学院不仅借此提高了知名度,而且还吸引到更多更好的生源,获得更多办学资源。其办学经验也通过各种渠道为同行和公众所了解。社区学院的评比和排名是政府与社会各界监督和促进社区学院发展的重要手段,也是公众对社区学院办学知情权的必然要求。评比和排名会对监督社区学院办学质量和促进社区学院改革产生重要影响。

二、一些非政府组织用奖项推动社区学院提高办学质量

为了鼓励社区学院提高办学质量,美国社会的一些非政府组织设立奖项,通过奖项评定来激发社区学院办学的积极性,促进社区学院办学改革,提高社区学院整体办学水平。美国白杨研究所和美国社区学院协会在这一过程中扮演着重要角色,各种奖项的评定和颁发在一定程度上促进了社区学院的办学。

在为社区学院设立的奖项中,白杨杰出社区学院奖(Aspen Prize for Community College Excellence)最引人注目。白杨杰出社区学院奖于2011年设立,每两年评选一次,奖金100万美元。该奖项是为了表彰在学生学业完成、学生学习、学生就业和薪酬、为少数族裔提供更多教育机会方面取得突出成就的社区学院。该奖项的评价指标是经过国家高等教育研究、教育实践、教育政策、教育领导等方面的专家论证后确定的。指标的确定主要是基于四个方面:学业完成、学习、劳动力市场结果、平等。学业完成是指学生获得副学士学位及有意义的证书,以及转学后获得本科学位的情况;学习是指社区学院设定对学生学习的期望,衡量学生是否达到学习期望以及如何利用这些信息改进对学生的学习期望和学生学习;劳动力市场结果是指学生毕业后是否找到长期的工作;平等是指学校的工作保证了少数族裔和低收入家庭学生以及其他服务不足的群体的平等结果。[①] 这些指标对于检验社区学院办学质量都是非常重要的。从指标所针对的内容上看,这些指标的评价结果既能检验社区学院

---

① WYNER J S. What Excellent Community Colleges Do[M]. Cambridge, MA: Harvard Education Press, 2014:6.

的转学教育水平,也能说明社区学院职业技术教育的办学水平。

　　白杨杰出社区学院奖获得者必须经过严格的三轮评选:第一轮评选根据已有的数据(主要来自国家教育信息统计中心)进行综合评分,从全美1000多所社区学院中遴选出约150所社区学院;第二轮评选从遴选出的约150所社区学院中根据一定的指标体系采集相关的数据,评选出约10所优秀的社区学院;第三轮评选通过委员会投票的方式决定杰出社区学院奖的最终获得者。通过杰出社区学院奖的评选,社会对社区学院更加了解,优秀的社区学院会脱颖而出,很多社区学院在公众的关注下提升了知名度,而那些评选中排名靠后的社区学院自然增加了不少危机感。总体而言,评比促进了社会对社区学院的了解,评比也促进了社区学院办学水平的提升。迈阿密戴德社区学院是美国佛罗里达州一所著名的社区学院,该学院是美国社区学院中的佼佼者,于2013年获得美国白杨杰出社区学院奖。

　　由于贡献突出,该学院的校长 Eduardo Padrón 曾被《时代》杂志评为"十位最棒的学院校长",也被《华盛顿邮报》评为"有影响力的学院领导者"。① 该校长自1995年以来一直担任迈阿密戴德社区学院的校长,学校通过白杨杰出社区学院奖大大提升了其知名度。而2015年捧走白杨杰出社区学院最高奖的是圣达菲学院(Santa Fe College),圣达菲学院以"优秀"为文化,获奖后声名鹊起。美国有约1200所社区学院,即使是在第一轮评选产生的约150所社区学院也属于社区学院中的佼佼者,它们也因此会获得很高的社会声誉。

　　通过白杨杰出社区学院奖的评比,社会对优秀社区学院有了更多了解,学生也更愿意选择优秀社区学院就读。正因为如此,美国社区学院对该奖项非常重视,纷纷依照该奖项的评价指标改进自己的办学,以期在下一轮评选中取得更好评价。而这样的效应正是奖项的设立者所期望的结果。为了推广这些杰出社区学院的办学经验,白杨研究所还就该项目撰写了研究报告《白杨杰出社区学院奖的经验》(Lessons from the Aspen Prize for Community College Excellence),总结出这些杰出社区学院成功的原因:强有力的领导和愿景;清晰的证书和其他紧凑的机构支撑学生;紧密关注提升教与学;连续地、系统地、战

　　① Priceto Honors Padrón[J]. Community College Journal,2012,83(2):10.

略地使用数据提升实践,为了学生的利益整合连接学院和更广泛的社区。[①] 报告详细阐述了获奖社区学院的各项指标,介绍了这些社区学院的成功经验。很显然,其他社区学院可以从这份报告中学到很多有价值的经验。

美国社区学院协会也通过设立奖项的方式,评选杰出的组织和个人,以此促进社区学院办学水平的提升。美国社区学院杰出奖就是这些奖项中的一类。美国社区学院协会主席沃尔特说,协会通过设立杰出奖项,通过办学机构及其领导者的榜样行为而不是他们所言来定义其杰出。[②] 2015 年,美国社区学院协会设立的杰出奖项包括出色领导奖、学生成功奖、教工创新奖、杰出校企合作奖、推进多样化奖、示范首席执行官/委员会奖、社区学院安全计划和领导奖。[③]

通过科学评比促使社区学院变革,增强社区学院影响力的做法取得了较好效果。在白杨杰出社区学院奖第一轮评选中胜出的社区学院,从某种意义上讲已经获得了社会对其办学质量的认可,而那些最终进入前十名的社区学院,自然属于非常优秀的社区学院。其对学生的吸引力是显而易见的。美国社区学院协会评选杰出组织和个人,也是为了促使社区学院不断提高办学质量。应该说,评奖只是提高社区学院办学质量的手段,其真正目的是为提升包括转学教育、职业技术教育、补偿教育、社区教育培训在内的社区学院教育的整体办学质量。

三、一些机构积极探索社区学院的评价及排名

在高等教育的精英教育阶段,人们普遍关注的是有没有接受高等教育的机会。当高等教育从精英教育向大众教育转变时,人们既关心有没有机会接受高等教育,也关心所接受的高等教育质量如何。美国社区学院大发展阶段主要解决创造更多高等教育机会的问题,但当社区学院数量和招生规模都趋

---

① The Aspen Institute (2017). Lessons from the Aspen Prize for Community College Excellence[EB/OL]. [2021 - 03 - 16]. https://assets.aspeninstitute.org/content/uploads/files/content/docs/pubs/Lessons_from_the_Aspen_Prize_for_Community_College_Excellence.pdf.

② About the Awards of Excellence[EB/OL]. [2021 - 03 - 16]. http://www.aacc.nche.edu/ About/Awards/awardsofexcellence/Pages/about.aspx.

③ 2015 Awards of Excellence[EB/OL]. [2021 - 03 - 16]. http://www.aacc.nche.edu/About/Awards/awardsofexcellence/Pages/default.aspx.

于稳定的时候,人们会更加关注社区学院的办学质量。具体而言,就是哪所社区学院服务更好、性价比更高,哪个专业的教师更棒、前景更好等。很显然,公众需要科学和权威的结论。在美国,对大学的办学质量给出参考的常常是一些有影响力的媒体。如《美国新闻和世界报道》就定期公布大学排名情况,《普林斯顿评论》也定期公布大学排名,《福布斯杂志》《华盛顿月刊》也会发布大学排名情况。这些排名情况成为美国学生选择大学时的重要参考,也成为外国学生申请美国大学的权威参照。

社区学院标准项目的研究和实践是社区学院办学走向规范化的重要基础。社区学院的职业技术教育办得好不好,应该有科学合理的评价机制作为基础,而科学合理的评价指标体系的建立,离不开深入细致严谨的科学研究。《华盛顿月刊》2013 年对社区学院的排名主要基于 8 个指标:积极及合作学习(Active & Collaborative Learning);学生努力(Student Effort);学术挑战(Academic Challenge);生师互动(Student-faculty Interaction);学习支持(Support for Learning);第一年保持率(First-year Retention Rate);三年毕业率/转学率(three-year Graduation/Transfer Rate);百名全日制学生证书获得率(Credentials awarded per 100 FTE students)。[①] 这些指标及其次级指标是经专业人员研究确定的。《华盛顿月刊》通过数据采集评出并公布前十名的社区学院。

因为社区学院评价标准是社区学院评价的基础,所以学者们非常重视对评价指标的研究。强生郡社区学院(Johnson County Community College)国家高等教育标准研究所(National Higher Education Benchmarking Institute)的一个研究项目——"国家社区学院标准项目"(the National Community College Benchmark Project),[②]就是研究社区学院评价标准的重要案例。自 2004 年以来,超过 400 所两年制学院参与该项目的数据采集和报告处理。该项目的评价指标见下页表 7-2。从表 7-2 所列的信息可以看出,该标准体系主要基于 6 个一级指标和 26 个二级指标。[③] 这些指标比较全面地反映了社区

---

① 2013 Community College Rankings[EB/OL].[2021-03-16]. http://www.washingtonmonthly.com/college_guide/rankings_2013/community_rank.php.

② Benchmarking Institute[EB/OL].[2021-03-16].http://www.nccbp.org/benchmarking-institute.

③ Credit Benchmarks for Community Colleges [EB/OL].[2021-03-16].http://www.nccbp.org/benchmarks.

学院办学的全貌。评价者可以通过这些指标较好地衡量社区学院教育培训服务的质量。

表 7 - 2　社区学院评价标准

一级指标	二级指标
全日制学生和 在职学生的学业完成率及转学率	• 证书及学位完成率 • 转学率 • 在转学学校的表现
保持及坚持	• 大学水平的课程保持及成功率 • 发展性课程的保持及成功率 • 秋-春季和秋-秋季坚持率
学生绩效	• 核心学术技能领域成功率 • 第一级大学水平课程发展性学生成绩 • 机构范围成绩信息 • 远程学习结果 • 远程学习领域及年级分布
满意度及参与度	• Noel-Levitz, CCSSE, and ACT 学生满意度及参与度等级 • 教育目标达成
就业市场	• 生涯项目完成者的受雇地位 • 雇主评级 • 商业及产业生产力
其他机构有效性指标	• 平均学分大小 • 每学分学时和 FTE 学生成本 • 高中毕业生入学登记率 • 人力资源统计 • 教学人员工作量 • 市场渗透度 • 少数族裔参与度 • 生师比 • 学生及学生服务职工比 • 每个职工的培训花费

说明:编译自网址 http://www.nccbp.org/benchmarks(访问时间:2021 年 3 月 16 日)。

四、政府有意促进社区学院提高办学质量

除了民间对教育机构的排名以及对教育机构进行评价对比外,政府出于管理的需要,也对社区学院的办学给予了关注。美国总统奥巴马 2009 年就任后,对美国高等教育的发展非常重视,他希望美国在完成大学教育方面像以前

一样走在世界的前列,并且提出根据社区学院的绩效来决定联邦政府的拨款等想法。

政府对社区学院的评价主要有三个目的:一是对社区学院的办学进行中肯的评价,认可社区学院的办学效果;二是帮助学生和学生家庭对社区学院有清楚的了解,为他们选择社区学院就读提供权威的参考;三是使政府对社区学院的投资能够取得更好的效果,使纳税人的钱得到更好的利用。很显然,政府如果对社区学院进行办学水平或等级评定,其影响将是广泛而深远的,因为这关系到各方的切身利益。

由于政府对社区学院进行等级评价的想法存在很大争议,要在大范围付诸实施仍非常困难。不过可以肯定的是,对社区学院的科学评估既有利于改进社区学院内部管理,又有利于政府的行政管理。客观可靠的评价可以促使社区学院不断提高自身的教学质量,也可以改进政府对社区学院的行政管理,所以政府将会通过对社区学院评价来促使社区学院提高办学质量。

本 章 小 结

美国社区学院呈现六大发展趋势:将更加关注产业发展趋势和劳动力市场需要;对外合作将更加深入和广泛;将进一步完善证书体系和课程体系;将致力于提高学生的学业完成率;将呈现"高移"和"国际化";评价将会更受重视。

社区学院更加关注产业发展趋势和劳动力市场需要是因为美国国内产业和劳动力市场变化影响着社区学院的专业结构,而国际产业竞争对社区学院的专业设置也产生深刻影响,所以社区学院将不断调整教育培训项目并及时更新课程内容以适应不断变化的市场对人才提出的新要求。

社区学院的对外合作是为了更好地为人才培养创造条件,社区学院会巩固与产业界的合作以培养职业技术类人才,将加强与高中和四年制大学的合作,以吸引更多的高中学生到社区学院就读,并为社区学院学生转学到四年制大学深造创造条件。社区学院扩大与其他机构的合作也是为争取更多更好的办学资源,为社区学院的人才培养创造更好的条件。

现代职业教育研究丛书 美国社区学院发展与变革

社区学院将进一步完善证书体系和课程体系,这是社区学院规范发展和提高办学质量的需要。教育界相关人士已经意识到建立相对统一的证书体系和课程体系对于社区学院发展的重要性。

社区学院在今后一段时间内会较为重视提高学生的学业完成率。学业完成率低是美国社区学院面临的严酷现实,这一问题受到教育研究者关注,社区学院也想改变学生学业完成率低的现状,政府对社区学院培养人才的重视也会使得政府采取一定的措施来提高学生的学业完成率。因此在未来较长的时间范围内,社区学院学生的学业完成率会更受重视。

社区学院教育的"高移"和"国际化"趋势是现代教育发展的必然结果。人们总是希望所受教育的质量越来越好,层次越来越高,所以对社区学院有更高期待。在这种背景下,一些社区学院已经成功地开设了部分学士学位课程并取得了较好的办学效果,有的州也开始尝试在本州社区学院开办学士学位课程,这些都是为了顺应人们追求更高层次高等教育的需要。社区学院的国际化是美国政府致力于推广社区学院教育模式意图的反映,也是社区学院扩大影响力和招收更多国际学生的需要。

社区学院评价将会更受重视主要是因为此前社区学院评价所受重视程度不够。随着各利益相关方对社区学院的办学质量越来越关注,社区学院评价必然更受行政管理部门和民间机构的重视。从民间看,白杨研究所、美国社区学院协会以及一些组织通过设立奖项、研究评价指标等推动社区学院评价;从政府角度看,政府也有意对社区学院进行更科学的评价,以推动政府的科学决策,这些因素交织在一起,必将使社区学院的评价更受重视。

第八章

美国社区学院发展与
变革中的典型问题研究

社区学院在发展过程中面临着各种各样的问题,一些问题的处理会对社区学院的发展产生全局性影响。例如,社区学院与四年制大学的课程衔接问题直接关系到社区学院教育培训的枢纽地位;社区学院职业技术类证书体系的构建深刻地影响着社区学院的职业技术教育走向;社区学院兼职教师聘用制度的完善与社区学院教学质量的提高密切关联;社区学院产学合作机制的创新可以有效地提高人才培养质量。深入探讨这些问题,有利于从整体上提高社区学院的办学水平。

第一节　州范围内社区学院与四年制大学的课程衔接

社区学院与四年制大学的课程衔接是社区学院转学类副学士学位学生进入四年制大学攻读学士学位的重要通道,该通道的通畅程度是评价社区学院是否具有吸引力的重要指标,也是衡量州社区学院管理水平和办学水平的重要标志。每一位选择社区学院就读的学生都希望有更多发展可能和更大发展空间,而经由社区学院进入四年制大学学习就是其中的一条捷径。通常情况下,州范围内社区学院转学到四年制大学比较容易,而跨州转学则比较困难。尽管州范围内社区学院转学到四年制大学难度较小,由于各种各样的原因,州范围内社区学院与四年制大学之间的课程衔接存在很多障碍,而建立通向四年制大学的通畅课程衔接体系是社区学院发展的未来走向。通畅课程衔接体系的建立既是终身教育的趋势,也是完善高等教育体系的重要内容。美国社区学院的管辖权主要集中在州,因此探讨州范围内社区学院与四年制大学之间的课程衔接具有很强的现实意义。

一、建立统一的课程编码系统是课程有效衔接的前提

(一) 州范围内更容易建立统一的课程编码系统

为了便于进行教育统计,美国教育信息中心开发了完善的教学项目分类

编码系统（Classification of Instructional Programs，简称 CIP），大学的专业一般都有统一的编码。美国教育信息中心依据统一的教学编码系统，可以很方便地对全国高等教育课程及教学的相关情况进行统计分析。这一编码系统于1980年首次开发至今，已经进行了多次修订，目前使用的版本是 CIP－2000 版本。CIP－2000 版本是一个较为成熟的编码系统，公众可以通过网络查询到相应的教学项目编码，①并且可以进一步获得与该教学项目对应的职业信息。这一系统的建立大大方便了联邦政府对高等教育的管理。尽管这一系统可以呈现出美国高等教育体系的"骨架"，但是从微观上看，这些教学项目之间的课程衔接仍有待努力，由于各州的教育管理体系相对独立，所以州范围内社区学院和四年制大学的课程衔接比较容易推行。

由于每一个教学项目由若干门课程组成，而这些课程并没有全国统一的标准，所以一个教学项目开设哪些课程每一所高校具有一定的自主权。这种情况导致的结果是各所高校的课程不容易兼容，学生从一所高校转学到另一所高校存在很多困难。美国教育行政是实行分权制的，虽然联邦政府设有教育部这样的行政机构，但是教育的管理权主要在州一级政府，所以要想让学生在高等教育机构间转学变得更容易，努力的重心应该在州层面上，因为在州范围内对每一个教学项目要开设哪些课程更容易达成共识。很多州为了便于管理，对州范围内高等教育的课程进行统一编码，于是形成了各具特色的课程编码系统。州范围内高等教育统一的课程编码系统满足了教育管理、教育研究的需要，也为社区学院的学生转学带来了很大便利，使学生从社区学院转学到四年制大学更加便捷，同时也为四年制大学录取社区学院学生增添了很多便利。

（二）州范围内统一的课程编码系统可使课程衔接更加容易

州范围内社区学院和四年制大学之间的课程衔接如果单靠课程名称来判断，就意味着巨大的工作量和信息的不对称。通过对课程进行统一编码，可以使每一所高校所开设的课程都有对应的课程编码，同样的编码意味着相似的课程内容和课程难度。四年制大学在录取学生时很容易判断出学生对某一门课程的知识和技能的掌握程度，并可以很方便地对来自不同社区学院学生的

① Classification of Instructional Programs（CIP－2000）[EB/OL].[2021－03－16]. https://nces. ed.gov/pubs2002/cip2000/cipsearch.asp.

水平进行横向对比。

以得克萨斯州为例,该州建立了统一的"得克萨斯普通课程编码系统"(Texas Common Course Numbering System,缩写为 TCCNS)。该编码系统把课程分为数十个类别,每一类别由若干门课程组成,每一门课程都有对应的编码。普通课程指的是大学一、二年级课程中被得克萨斯社区学院和大学共同认定为普通课程的学术学分课程。每一所大学或社区学院对于本校课程有固定的编码,"得克萨斯普通课程编码系统"中的课程也有相应的编码,所以每一所社区学院和大学的相关课程与这些课程有一定的对应关系。建立这样的编码系统可以把每一门普通课程进行编码,尽管不同社区学院的课程名称可能有差异,但是只要课程与"普通课程编码系统"中的课程是同等的,这些课程就可以视为同一门课程,这为学校之间的学分互认和课程衔接提供了极大的便利。

例如,2016 年秋季到 2017 年夏季课程中的化学课程一共包含 23 门课程。① 每一门课程在"得克萨斯普通课程编码系统"中有对应编号和相应名称,社区学院或大学开设的对应课程名称不一定与该名称完全相同,不过只要是"得克萨斯普通课程编码系统"认定的课程,不管这门课程在具体的社区学院或大学课程系统中的名称和编号如何,在"得克萨斯普通课程编码系统"中都认定为同一门课程。如在"得克萨斯普通课程编码系统"中,编号为"CHEM 1107"这门课的名称为"化学实验介绍",但是这门课在社区学院和大学中的编号和名称却不同,有"CHEM 1106 重要的化学实验""CHEM 131 普通化学实验 I""CHEM 1111 化学 I 实验原理"等不同名称。② 尽管名称和编号不同,但是这些课程实际上相当于"得克萨斯普通课程编码系统"中编号为"CHEM 1107"的同一门课程——"化学实验介绍"。

二、制定共享的课程及学分互认机制是学生转学的重要保证

(一) 社区学院和四年制大学在转学合作上可能存在分歧

一般而言,社区学院希望有更多的学生转学到四年制大学,因为有更多学生转学到四年制大学可以说明社区学院的办学质量较高,也可以增加社区学院的吸引力。但是四年制大学为了保证生源质量或出于其他的考虑,通常会

① Check Course Compatibility[EB/OL]. [2021 - 03 - 16]. https://www.tccns.org/search/course/.
② Check Course Compatibility[EB/OL]. [2021 - 03 - 16]. https://www.tccns.org/search/course/.

对转学学生设置一定的限制条件。相比之下,社区学院在合作过程中处于弱势地位。也就是说,是否接收社区学院的学生是由四年制大学决定,认可哪些学分四年制大学有更大的话语权。这些状况导致社区学院的学生转学到四年制大学面临很多困难,所以有必要通过建立一定的机制促进社区学院学生转学。

（二）有必要在州范围内建立社区学院转学到四年制大学的基础性标准

从社区学院与四年制大学转学合作的情况看,一些管理比较规范的州在州范围内制定了相对统一的转学政策,这种相对统一的转学政策有助于社区学院学生顺利转学到四年制大学。而有的州四年制大学招收社区学院学生还处于各自为政状态,社区学院学生的转学仍然面临不少障碍。加州是在社区学院学生转学方面比较规范的州之一。加州大学系统对社区学院学生转学的基本条件有较为统一的规定,因此转学的学生就很容易判断自己是否满足了基础条件,如何根据不同大学的要求进行相应准备等。由于建立了较好的机制,加州顶尖大学有相当一部分学生是由社区学院转学而来的。其他州可以仿效加州的做法规范社区学院学生转学的基础条件。

三、同中有异的课程衔接标准是州范围内转学的现实选择

（一）各州高等教育系统管理制度不同必然导致转学政策差异

不同州的四年制大学对社区学院的转学条件要求是不一样的。高等教育规模较大的州相对而言更有必要建立较为统一的转学制度,因为这样可以有序引导社区学院的学生转学到四年制大学。而高等教育规模较小的州主要是四年制大学根据自身情况制定相应的转学条件,因为这些州的四年制大学数量有限,四年制大学在招收转学学生的过程中有较大的自主性。总的说来,各州的政策虽然不同,但是州内社区学院转学到四年制大学各自也有不同的方式。

（二）四年制大学的水平和特色差异导致其转学条件差异

由于社区学院办学水平存在差异,整体而言各所社区学院培养学生的质量是有差异的。四年制大学的办学水平也有高有低,每一所四年制大学在整体排名和学科排名上都有区别。正因为如此,不同社区学院与不同四年制大学之间的转学条件必然存在差异。办学整体水平高的四年制大学倾向于招收

办学整体水平高的社区学院的学生,或者说好的四年制大学倾向于招收高质量的学生,因此不同四年制大学在设置转学条件时必然就存在差异,较好的四年制大学的转学标准要求就会更高些。

(三) 四年制大学根据其与社区学院之间的合作协议招收转学学生

美国四年制大学与社区学院之间的转学通常是根据一定的协议进行的。由于历史和现实的原因,这些转学协议存在很多类型。有的是州范围内的四年制大学与社区学院之间单独签订的;有的是州范围内相对统一的;有的是一个州的某一所社区学院与另一个州的某一所或几所四年制大学签订的。各种各样的协议为社区学院的学生进入四年制大学学习设置了不同的条件,也体现了四年制大学招收转学学生的差别化标准。

四、网络课程是优化课程衔接的重要方式

(一) 社区学院学生选课有时会面临着没课可选的尴尬

社区学院学生转学到四年制大学的一个非常明显的障碍是课程不能有效衔接,也就是说社区学院学生进入四年制大学学习面临着课程的兼容问题。因为四年制大学三、四年级的课程很多都有先修课程要求,即要学习某一门课程,必须具有相应的先修课程基础,这是由知识体系的内在逻辑所决定的,也是四年制大学课程长期实践的结果。而学生在社区学院学习期间由于开课资源的限制没有机会学习这些课程,或者虽然学习了这样的课程,但是课程内容过于简单,不足以为四年制大学的后续课程打下基础。这些因素会造成社区学院学生很难转学到四年制大学深造,或者导致社区学院学生进入四年制大学后学习面临困难。

(二) 网络课程增加了社区学院学生的选课机会

互联网的普及以及在线教学系统的不断完善使很多高等教育机构建立了自己的网络课程系统。这些网络课程大大方便了教师教学和学生学习,同时也拓展了学校的生源市场。四年制大学的网络课程可以有效地解决社区学院学生选修课程不足的难题,使得社区学院与四年制大学之间的衔接更加顺畅。网络课程的一大优势是课程可以在大范围内实现共享,因此社区学院的学生在被授权的情况下也可以选修四年制大学的网络课程。在社区学院系统内部或社区学院系统与四年制大学达成协议的情况下,一所社区学院的学生可以

选修另一所社区学院的网络课程,也可以选修四年制大学的网络课程,以选修网络课程的方式获得被四年制大学认可的学分。通过这样的资源共享,社区学院既可以弥补自身课程开设的不足,也可以使得社区学院与四年制大学的课程更容易衔接。学生通过网络选修某一所四年制大学的课程,可以更容易、更顺利地转学到该四年制大学学习。

第二节　社区学院职业技术类证书体系的构建

统一的学科类学位体系为副学士学位学生进一步攻读学士学位提供了较为理想的参照,攻读转学类副学士学位的学生有较为清晰的发展路径,因为这些副学士学位很容易对接四年制大学的学士学位。然而,社区学院的职业技术类副学士学位和证书体系并不是非常完善,一些职业技术类副学士学位或证书并未与职业或职业群之间建立良好的对应关系,导致这些副学士学位和证书在市场上的含金量比较低,而且由于课程设置五花八门,这类副学士学位和证书也不能有效地与学士学位证书体系对接。因此建立相对统一的职业技术类证书体系无论是州层面还是联邦层面都很有必要。

一、建立统一的职业技术类证书体系是市场发展的趋势

在一个国家和一个州范围内建立统一的职业技术类证书体系有利于劳动力市场的规范化管理。科学规范的职业技术类证书体系可以为雇主提供明确的用人标准参考,也为求职者寻找工作提供更大便利,从而有利于劳动力就业和流动。传统的副学士学位及证书提供给雇主的信息并不十分明确,更多的是充当一种学历证明。雇主还需要进一步甄别才能有效地挑选到合适的劳动力,并且在很多情况下,雇主还需要对招聘的人员提供一定的岗前培训。而科学规范的职业技术类证书体系可以与具体职业岗位对接,因而可以为劳资双方提供更加清晰和利于决策的信息。科学规范的职业技术类证书体系可以有效降低交易成本,带来管理上的诸多便利,很多国家都致力于建立统一的职业技术类证书体系。

从教育和培训的角度看,统一的职业技术类证书体系有利于教育培训市

场的健康发展。从公共管理的角度而言,制定科学的标准,开发与标准吻合的教材,根据标准实施规范考试并颁发证书可以使得与教育培训相关的各个环节的管理更加规范。目前英国、澳大利亚等发达国家已经建立了科学规范的职业技术类证书体系,并且这样的证书体系已经与学历学位证书体系实现了良好对接。这些证书体系的建立提高了课程标准的开发、教材的开发、教育培训的管理、证书的颁发等与教育培训密切相关的各个环节的效率,也使得对这些环节的管理更加规范。

虽然美国的社区学院是以州管理为主,与社区学院教育培训相关的职业技术类证书体系也不够健全,一些证书存在着州范围内标准和联邦范围内标准不一的情况。教育培训界和产业界很多人士都认识到了建立统一的职业技术类证书体系的重要性。社区学院和产业界的合作也使一些领域的证书体系朝着规范统一的方向发展。从工业产品生产制造的经验看,统一标准能带来生产效率的提升。从教育和培训的角度而言,统一标准有利于教育资源的共享,无论是教材开发、教学实施还是证书考试等环节都可能因为有统一标准而获得效率提升。以教材开发为例,缺乏统一标准的教材开发必然五花八门,而且由于投入教材开发的资源比较分散,整体上很容易造成投入的资源很多但所开发的教材质量不高的状况。

二、建立职业技术类证书体系已具备的基础

建立职业技术类证书体系需要具备各种各样的条件。从课程体系、职业分类、技能标准开发以及人们对建立统一的职业技术类证书体系的认识等方面来看,建立该体系已经具备了较好基础。从课程体系看,目前美国有的州社区学院体系已经建立了较为规范的课程编码体系,统一的课程编码可以促进统一证书体系的建立。因为统一的证书体系可以建立在一定的课程设计基础上,一定的证书可以与一定的课程相互对应,而完善的课程编码体系为证书体系的建立打下了基础。从职业研究和职业分类的角度看,美国已经建立了较好的职业分类系统,对职业的科学分类可以界定与职业相关的各种知识和技能,这些知识和技能的界定为职业技术类证书的标准开发、教育培训教材开发、职业技术类证书的考取等提供了科学的依据,有利于建立统一的职业技术类证书体系。

从技能标准研究的角度看,美国对技能标准的研究已经有了较好的基础。早在 1994 年,美国就通过了《国家技能标准法案》(*National Skill Standard Act of 1994*),根据该法案,美国成立了"国家技能标准委员会"(National Skill Standards Board)。该委员会的成立对美国国家技能标准系统的建立起到了重要的推动作用。技能标准体系的建立实际上是与职业技术类证书体系的建立密切相关的,因为技能标准体系是针对一定的职业或职业群而言的。从行业协会的角度看,各行各业的行业协会组织都发展得非常成熟。这些组织对相关职业的知识和技能有明确要求,并且建立了较好的考证制度。

从社会认知的角度看,社会对职业技术类证书体系的建立已经有了较强的共识。政府和公众意识到统一的职业技术类证书体系的重要性,因此必然支持和推荐该体系的建立。早在 20 世纪 90 年代初,美国各地就积极尝试技能标准示范项目,通过多方合作开发具体职业的职业技能标准,并且探索与这些标准相对应的课程体系。这些方面的探索有利于逐步完善职业技术类证书体系。

三、建立职业技术类证书体系存在的主要障碍

尽管美国教育界的一些人士呼吁建立统一的职业技术类证书体系,但是要建立全美统一的职业技术类证书体系还存在很多障碍,这些障碍有的是历史原因形成的,有的是由行业的多样性和复杂性所决定的。

首先是制度设计的障碍。美国教育和培训的管理权以州为主,各州经过长期的发展,已经建立了各自相对稳定的证书体系。由于各州的标准有差异,职业技术类证书体系之间也就存在着不兼容的情况,一些职业资格证书在不同的州可能有不同的要求,这导致各州的证书体系融合存在较大的困难。也许正因为如此,社区学院通常只颁发副学士学位和证书,而对副学士学位和证书所对应的职业资格证书关注不多。除了一小部分职业类副学士学位有职业资格证书要求外,大部分职业类副学士学位都没有职业资格证书考证要求。由于社区学院的职业类证书与行业协会的职业资格证书之间没有必然联系,社区学院和行业协会之间的交流与协作并未达到非常理想的状态。

其次是美国的职业技术类证书的颁发机构和组织五花八门。地方性的和全国性的各种行业协会也颁发职业资格证书,导致同一名称的资格证书可能

来自不同的行业协会。从职业与职业资格证书对应的角度看,不同组织颁发同一种证书并没有很大必要。由于"考证"和颁发证书会给各类组织带来收益,因此每一个组织在统一职业技术类证书的问题上都不会轻易妥协,不同组织之间的利益冲突增加了职业技术类证书统一的难度,谁说了算需要政府的引导和规范,这一过程必然是一个长期的利益博弈过程。

再次是统一职业技术类证书体系所需的统一管理体系并未完全建立。从政府的角度看,统一的管理体系需要理顺政府内部的各种关系。例如,需要规范相关管理部门的职责,这无疑意味着要对各州已经形成的管理系统进行变革,很显然这非常不容易。从职业技术类证书体系的权威性上看,高质量职业技术类证书管理体系需要依托专业的行业协会开发标准和教育培训教材,认证的各个环节也离不开专业组织的参与。政府的行政管理体系如何整合这些专业资源仍然是一个问题,这种现状导致整合管理体系仍存在很大难度。

四、社区学院系统建立统一职业技术类证书体系的策略

建立统一职业技术类证书体系既是劳动力市场发展的趋势,也是社区学院课程建设的重要依据。根据以上分析,社区学院系统建立统一的职业技术类证书体系可以采取以下策略。

一是联邦政府和州政府达成建立统一的职业技术类证书体系的共识。建立全国、区域和州范围内统一的职业技术类证书体系离不开政府全面的统筹规划,联邦政府和州政府之间的共识是建立这一体系的前提。历史上社区学院的大规模发展实际上也是联邦政府和州政府达成共识才有效推动的。同样地,职业技术类证书体系的建立也有赖于联邦政府和州政府的共识。联邦政府需要各州政府的密切配合才能建立统一的职业技术类证书体系,各州政府也需要联邦政府的政策支持和有效协调才能更好地推进职业技术类证书体系的融合。同样的职业岗位,各州所颁发的证书可能不一样,标准也可能有较大差异,整合各州标准并进一步推进证书体系融合的前提是联邦政府和各州政府达成共识。

二是联邦政府和州政府要投入资金引导和规范职业资格证书体系的建立。美国联邦政府常常使用提供资金资助的办法来引导教育的发展,在职业技术类证书体系的建立上也可以采取类似的方式。政府投入资金引导构建职

业资格证书体系,分阶段分领域地推进职业技术类证书体系的建立,重视与证书体系对应的课程体系建设,使得课程所提供的知识和技能能够体现证书所对应职业岗位的知识和技能要求。要加强职业资格证书体系中薄弱环节的投资,使社区学院涵盖的主要行业领域的职业和职业群形成科学的职业技术类证书体系,并且不断完善社区学院所涉及的职业技术类证书体系。

三是继续加强对职业分类以及职业知识和技能的研究,通过研究成果引导建立职业资格证书体系。美国已经开发出逻辑清晰、结构完整的职业分类体系。这一体系中,每一种职业都有相应的编码,这些职业的知识和能力要求,以及薪酬待遇、证书、培训机构等信息大多能通过网络查询到。不可否认,随着社会的发展,一些旧的职业会消亡,而一些新的职业也会不断产生。同时每一种职业所需的知识和技能也会不断地发生变化。加强对职业及职业分类的研究可以实时跟踪职业的变化情况,更新不同职业所需要的知识和技能信息,使职业分类体系更加科学合理,为职业技术类证书体系的建立提供科学的依据。

四是成立统一的管理系统,通过直接管理或授权管理的形式促使职业技术类证书体系不断完善。由于美国的职业技术类证书来源渠道多样,一些证书来自公共管理部门,而一些证书则来自私营机构。不管来源渠道如何,很多证书都有较高的市场认可度。要打破现有的证书颁发和管理体系比较困难,较好的办法是对证书既实行统一管理也实行授权管理,即整体上构建统一的证书体系,证书的具体管理等环节实行统一管理和分权管理相结合,把市场中零散的证书颁发机构整合到同一体系中。举例而言,一些行业协会颁发的职业技术类证书具有很高的含金量和行业认可度,这些证书的颁发和管理可以授权行业协会进行,同时也把这些证书整合为全国统一证书体系的一部分。

第三节　社区学院兼职教师制度的利弊分析及完善策略

社区学院的前身是初级学院,很多公立初级学院成立之初是设在高中的,初级学院开设的一些普通教育课程的授课也由高中教师兼任,而一些专业性很强或与就业相关度较高的课程的教学需要聘请校外兼职教师来完成。可以这样说,兼职教师聘用制度一直伴随着社区学院的发展。据美国国家教育统计中心统计,2011 年秋季公立两年制学院的兼职教师数量为 264 455 人,全职教师的数量为 113 241 人;私立两年制学院的兼职教师数量为 18 070 人,全职教师的数量为 12 222 人。公立两年制学院兼职教师数量是全职教师数量的 2.3 倍,私立两年制学院兼职教师数量是全职教师数量的 1.5 倍。可见社区学院兼职教师在整个教师队伍中扮演着极为重要的角色。兼职教师队伍的管理成为社区学院办学是否成功的重要环节。分析社区学院的兼职教师制度的利弊,针对性地提高兼职教师队伍的水平,有利于完善社区学院的兼职教师制度。

一、兼职教师制度的"利"

社区学院聘用兼职教师是长期演变的结果,也是社区学院教育培训课程实施的必然要求。正因为聘用兼职教师对于社区学院而言是有利的,所以社区学院才会聘用大量兼职教师,以至于兼职教师的数量远远大于全职教师的数量。社区学院聘用兼职教师有哪些益处?

首先,聘用兼职教师可以降低成本。相对于聘用全职教师而言,社区学院聘用兼职教师的费用要低很多。社区学院为全职教师提供的待遇除工资外,还包括购买保险、发放福利以及带薪休假等。而给兼职教师的待遇主要是按照工作量计算报酬,支付的其他费用较少。通常社区学院聘用兼职教师是根据兼职教师的工作时间来计算报酬的,因为工作时间意味着相应的工作量。由于受教育背景和工作经历的不同,兼职教师的待遇有所不同,因此社区学院聘用兼职教师时需要和兼职教师议定相应的待遇。社区学院对兼职教师需要完成的工作以及工作时间的规定非常明确,内容通常包括完成教学任务、固定时间为学生答疑、考核学生以及参加教师会议及相关活动等。由于社区学院的课程变动较大,一些课程教学任务的完成没有必要聘请全职教师,因此大量聘请兼职教师可以减少学校的支出。以美国第一所公立社区学院朱丽特初级学院(Joliet Junior College)为例,2014 年秋季,其兼职教师和全职教师的数量分别为 525 人和 218 人,兼职教师数量是全职教师的 2.4 倍。很多社区学院之所以雇用大量兼职教师,其中一个重要原因就是可以降低成本。

其次,兼职教师一般比较熟悉所教课程涉及的知识和技能。社区学院聘请兼职教师的针对性很强,通常是按照课程教学的需要聘请相应的教师,所以聘请的兼职教师一般对所教课程所涉及的知识和技能都比较熟悉。以职业技术类课程为例，兼职教师常常具有丰富的职业经历，因此他们熟悉某一具体职业所需的知识和技能。由于职业领域的知识和技能一般都会不断更新，而兼职教师本身就在职场上"摸爬滚打"，所以他们在课程教学中能教给学生最新的职业知识和技能。比如，一位长期在酒店工作的兼职教师能胜任酒店管理相关课程的教学；而长期从事电子商务的专业人士也能较好地完成电子商务相关课程的教学任务。相比较而言，不熟悉职业领域最新知识和技能动向的全职教师则有可能教给学生过时的知识和技能，或者在教学中很难精确把握教学重点，从而影响教学效果。社区学院聘用的兼职教师在知识和技能上具有全职教师不可替代的优势，很多社区学院在招聘兼职教师时都要求兼职教师具备并能展示所教课程所需的知识和技能。

再次，社区学院很容易对兼职教师队伍进行动态调整。由于社区学院的课程会随着招生的变化而变化，进行课程调整是社区学院的常态。社区学院的兼职教师合同或协议期短，相对于全职教师而言更容易进行动态调整。兼职教师和社区学院签订的协议或合同通常以一个学期或一个学年为单位，双方权利和义务的规定明确而简洁。关于合同期结束是否续约，双方都有很大的自由度。社区学院很容易根据自身需要和兼职教师的工作绩效决定是否续聘或终止聘用兼职教师，保证兼职教师队伍的结构和数量与学校的课程教学需要相吻合。社区学院根据课程教学需要增补教师，一般会在其网站上定期发布兼职教师招聘信息，招聘信息对兼职教师任职条件、工作内容、薪酬待遇等都有详细说明。由于美国社会普遍认同兼职工作，很多行业的专业技术人员到学校任教很常见，因此社区学院很容易招聘到兼职教师。这种招聘兼职教师的做法是社区学院招聘兼职教师的常态，有意到社区学院兼职的专业技术人员很容易了解到社区学院的兼职教师招聘信息。因为社区学院容易聘请到兼职教师，所以也就容易动态调整兼职教师队伍。

二、兼职教师制度的"弊"

任何事情都有两面性，兼职教师聘用制度也不例外，美国社区学院的兼职教师制度也存在一定的弊端。由于兼职教师来自各行各业，各自的受教育背景以及工作经验等差异很大，他们复杂的兼职动机让他们的工作有很多不确定性。

首先,兼职教师的兼职行为动机多元导致兼职教师的教学价值取向不同。社区学院的兼职教师到社区学院工作的动机是多种多样的:有的是为了增加收入;有的是因为喜欢教学;有的是希望分享工作经验;有的是为了将来成为全职教师等。只有那些善于学习、热爱教学的兼职教师才更可能胜任教学,取得良好的教学效果。兼职教师的多元化动机直接影响到兼职教师的教学专注度,影响到兼职教师可能投入教学的时间和精力,从而影响到兼职教师的教学质量。有研究表明,除薪金外,兼职教师对福利、健康保险等都有相应的诉求,他们对工作的满意度有限。兼职教师队伍的复杂动机以及有限的工作满意度导致兼职教师的教学质量存在较大不确定性。

其次,兼职教师队伍的稳定性不高在一定程度上会影响教学的稳定性。社区学院的兼职教师通常还有其他雇主的工作要完成,在很多情况下,他们在社区学院的兼职是"副业"。兼职教师在社区学院一般担任一门或数门课程的教学任务,他们的兼职工作通常是暂时的,与学校签订的合作协议也多以一个学期或一个学年为单位。由于工作时间短,兼职教师通常倾向于完成教学任务而不太可能花更多时间和精力去钻研教学中遇到的问题,使自己的教学水平精益求精。因为兼职教师所教课程通常是社区学院因办学调整而常常变动的课程,社区学院也可能在协议期结束后不再续聘兼职教师,还有很多其他因素会影响到兼职教师的工作稳定性。这就造成了社区学院的兼职教师队伍稳定性不高,在一定程度上也会影响社区学院的教学质量。

再次,兼职教师的水平参差不齐会影响教学质量。社区学院的教育属于中学后教育,要做好社区学院课程的教学工作并不容易,需要教师既要熟悉所教课程包含的知识和技能,也要具备较高的教学技能。兼职教师由于学历和经历的不同造成他们职业能力的差异,而且兼职教师有的具有丰富教学经验,有的欠缺教学经验,所以整体而言兼职教师队伍质量良莠不齐。为了使兼职教师很好地做好教学工作,有的社区学院会对兼职教师进行短期培训,介绍学校的文化、管理制度以及教学的基本要求等,有的社区学院则缺少这样的环节。各方面的原因导致兼职教师队伍的水平参差不齐,从而影响到兼职教师的教学质量。

三、兼职教师制度的完善策略

兼职教师制度是美国社区学院教师管理制度的一大特色。正是有了兼职教师的参与,社区学院的教学尤其是职业技术类课程的教学才更加贴近行业企业的需求。也正是因为有了兼职教师的参与,社区学院才有效地降低了办学成本,提高了办学效益,从而能为更多的人提供接受高等教育的机会。针对社区学院兼职教师制度存在的问题,可以从以下几方面来完善社区学院的兼职教师制度。

(一) 设计和开发针对社区学院兼职教师的培训课程

初次从事社区学院教学的兼职教师或教学经验不够丰富、教学技能尚需提升的兼职教师有必要参加岗前培训。社区学院应设计和开发专门针对到社区学院兼职的专业技术人员的课程包,并通过社区学院或四年制大学提供针对这类人员的培训。这些课程包可以设计为具有学士学位的专业技术人员的硕士课程,也可以设计为普适性的社区学院兼职教师证书课程。社会各行各业的专业技术人员通过学习这些课程,能够胜任社区学院的兼职教师工作。如果各行各业的专业技术人员在到社区学院兼职前拥有这样的课程学习经历,他们的知识和技能结构就会得到完善,尤其是他们的教学知识和技能可以得到有效改进,从而能够更好地胜任社区学院兼职教师。目前美国一些大学提供了类似的课程服务,如果这样的服务可以拓展到各州的四年制大学,通过这些四年制大学提供的教育培训服务,就能帮助具有兼职意愿的专业技术人员学习社区学院教学必需的教学知识和技能,从而整体上提高兼职教师队伍的水平。

(二) 重视对兼职教师的岗前培训

社区学院应对兼职教师进行岗前培训,使兼职教师对学校的办学理念、管理制度等有比较全面的了解。每一所社区学院的校园文化和管理制度都有一定差异,让兼职教师了解学校的文化和管理制度有利于兼职教师更好地胜任教学,同时也可以保证兼职教师的教学活动及相关活动能够符合学校教学管理的要求。为了做好社区学院的兼职教师培训工作,可以在州范围内以政府或以社区学院协会、社区学院教师协会等组织的名义发起这类培训,采用网络课程、网络研讨会、讲座、座谈、参观等形式促使兼职教师了解社区学院的文化、管理制度并熟悉教学环节，保证他们的兼职教学工作能够顺利进行；也可以社区学院为单位开展兼职教师的岗前培训，以使兼职教师的教学与学校文化和管理制度相吻合，从而提高兼职教师的教学质量。

（三）推行兼职教师在岗培训制度

社区学院的兼职教师更好地胜任工作离不开兼职过程中的指导和帮助，社区学院可以推行针对兼职教师的顾问或指导制度。每一所社区学院都有大量经验丰富的教师，可以让这些有丰富教学经验的专职或兼职教师担任新进或教学经验欠缺的兼职教师的顾问或教练。具体而言，可以院系为单位，按照不同的学科领域或课程领域为兼职教师指派不同的指导教师。指导教师通过听课、点评、答疑等形式指导兼职教师的教学，兼职教师通过跟课（到指导教师的课堂听课并承担一定的辅助工作）、咨询、讨论等方式熟悉课程教学的各个环节，进而胜任兼职教学工作。

（四）通过考核促进兼职教师的教学工作

绩效考核是管理的重要环节，没有科学的绩效考核方法和可靠的绩效考核结果就很难取得较好的管理效果。社区学院兼职教师的数量大，因此社区学院有必要加强对兼职教师的绩效考核，将考核结果与兼职教师的待遇和"去留"联系起来，促使兼职教师改进教学工作，提高教学效果。在对兼职教师的管理中，如果没有对其工作绩效的评价，没有与绩效评价挂钩的薪金和任职激励制度，就很难激发兼职教师的积极性，提高他们的教学质量，所以需要建立科学的考核制度来促进兼职教师的教学工作。

第四节　社区学院产学合作机制

尽管产学合作是社区学院人才培养的有效方式，但因为产学合作需要投入大量的资源，所以产学合作实施起来并不容易。分析社区学院产学合作实施过程中面临的障碍和存在的优势，可以有效地完善社区学院产学合作机制。

一、社区学院产学合作存在的主要障碍

(一) 产学合作缺乏稳定的资金支持

社区学院的产学合作实际上是政府、社区学院和相关企业在教育培训资源方面的共同投资。如果仅凭社区学院所收的学费,社区学院不可能有足够资金购买学生所需的实习实训设备,也不具备大规模开发相关课程的能力,所以社区学院需要与产业界合作,同时也需要来自政府等渠道的更多资金支持。从社区学院产学合作情况来看,来自政府和企业的资金较好地促进了社区学院产学合作。在《从学校到工作机会法案》推行的过程中,政府在教育领域投入了大量资金,这些资金有效地促进了社区学院合作项目的开展。但是当这一法案有效期结束后,社区学院的部分产学合作项目由于缺乏资金支持而搁浅,一些项目不得不压缩规模、延期甚至取消。同样地,企业与社区学院的合作项目也是如此,企业投入资金自然可以促进社区学院与企业合作,一旦企业减少或取消投入,产学合作的推进就会受到影响。从社区学院的角度看,社区学院能够获得资金的渠道比较单一,学生的学费和政府的拨款是社区学院的主要资金来源,社区学院并不像四年制大学那样擅长科研,所以社区学院很难通过科研项目获取大量资金。各方面非常现实的原因限制了社区学院的办学资金来源,缺乏足够资金的投入限制了产学合作的发展,常常使社区学院在开展产学合作方面心有余而力不足。

(二) 产学合作受到双方的合作条件限制

社区范围内企业的种类和规模可能制约着产学合作。从产业的角度分析,如果社区学院所提供的副学士学位项目和证书项目在社区学院所在社区或附近社区范围内有相应的产业企业,则产学合作的可能性就很大,并且合作方式可以多种多样,合作内容也非常丰富;如果社区学院提供的教育培训项目在社区学院所在社区或附近社区范围内很难找到产学合作的企业,或者这样的企业的数量和规模有限,不能容纳足够数量的参与产学合作的学生,那么产学合作的实施就会受到很大限制。从具体的合作企业角度分析,如果与社区学院的产学合作不能给产业企业带来益处,或者产学合作不符合产业企业的预期,产业企业的合作动机就不会很强。由于社区学院提供的教育培训服务种类繁多,涉及很多行业,因此社区学院办学过程中的产学合作不可能与社区

内的产业结构和规模完全吻合,这样的矛盾自然就制约着产学合作的开展。有的项目社区学院可以找到理想的产业合作伙伴,因此可以实施高质量的产学合作,而有的项目由于产学合作基础薄弱却只能是勉强推进。

（三）职业资格证书体系不够完善客观上制约着产学合作

缺乏统一的职业资格证书体系使产学合作不能精确对焦。社区学院所颁发的证书并非职业技术类证书,这些证书所要求的知识和技能也不一定与社区行业企业的具体工作岗位要求完全对应。证书体系的缺陷导致了产学合作过程中沟通成本上升,产学合作因为合作双方的着重点不同而不容易精确对焦,导致产学合作在实施过程中存在困难。实际上,存在这种矛盾的主要原因还在于社区学院产学合作的课程不是严格按照职业资格证书的课程要求设置的,有学科知识体系的因素、价值取向的因素或者其他人为的因素导致了产学合作的课程设置与职业岗位的知识和技能要求不能很好地吻合,自然也就带来了产学合作不能精确对焦的问题。

（四）产学合作尚未形成全面的共赢机制

一些产学合作项目未能很好地达到"双赢"或"多赢"的效果,限制了产学合作可持续发展。不可否认,产学合作各方都有利益诉求。实践证明,只有共赢的合作才会长久。如果产学合作的各方觉得自己没有获得相对满意的利益,觉得吃亏的主体就有可能退缩,这样的产学合作基础就会受到影响。由于产学合作的方式多种多样,产学合作投入的资源也各不相同,因此产学合作成本因项目不同而各有差异。产学合作的各方都要承担一定的成本,如果成本远远大于收益,产学合作就成了赔钱的合作,自然不会可持续发展。很显然,社区学院的某些教育培训项目的成本很高,有限的投入很难取得理想的教学效果,而产学合作的成本高自然就限制了产学合作的开展。

二、社区学院产学合作具备的优势

（一）人才流动机制可以促进产学合作

产业界专业技术人员的兼职和合理流动客观上促进了产学合作的发展。从产学合作的形式看,产业界投入的人力资源主要是产业界的专业技术人员。社区学院产学合作的过程中产业界的专业技术人员担任授课教师或指导教师较好地保证了产学合作的质量。可以说,专业技术人员的参与是产学合作取得良好效果的关键。从目前情况看,由于社区学院大量聘用来自企业的专业技术人员担任兼职教师,实际上相当于变相地进行了产学合作。另外,人才流动也会使产业界的部分专业技术人员到社区学院担任全职教师,专业技术人员的共用和流动客观上促进了产学合作的发展。

（二）现有的职业分类和技能标准开发可以促进产学合作

科学的职业分类可以促进产学合作的规范化。经过数十年的努力,美国已经建立了科学的职业分类系统,常规的职业都有统一编号,对这些职业的工作任务,所需的知识和技能也有比较详细的描述,新兴的职业也不断被整合到已有的职业体系中。这种科学的职业体系为顺利推行产学合作奠定了较好的基础。通过职业分类系统中所提供的对具体职业知识和技能的信息,产学合作双方可以根据自身情况找准合作切入点。由于科学的职业分类系统通过网络向公众开放,这就大大方便了社区学院设计产学合作项目,确定产学合作教育培训课程以及实施产学合作项目。

除了职业分类为产学合作提供了较好的参照外,技能标准开发也为社区学院产学合作的实施提供了更加具体的信息。美国近二十年来非常重视技能标准的开发工作,其目的是促进全国范围内的劳动力培养,使劳动力培养更加规范化,同时也提高劳动力培养的效率。社区学院的产学合作在很大程度上是为了培养中、初级劳动力,因此工作技能标准的开发实际上也为社区学院产学合作提供了详细的教育培训参考标准,使产学合作很容易找到着力点。一般而言,由于有行业协会和一些培训委员会的参与,美国在州范围内的常规职业一般都有参照标准,一些职业还在全国范围内有统一的标准,这些标准的存在为开发产学合作课程提供了依据。

（三）多方重视产学合作可以为产学合作注入动力

社区学院推行产学合作必须依赖多方支持和合作才能取得良好的效果。近年来,社区学院的发展受到来自政府、产业界及教育界的多方重视,这为社区学院产学合作注入了新的活力。从目前情况看,政府对社区学院的产学合作非常重视,联邦政府和州政府通过提供资金和政策支持的方式大力倡导社区学院与产业界合作培养人才,提升全国和地方的劳动力水平。同时,产业界为了提升自身竞争力,也更加关注高效率、低成本的劳动力培养模式,社区学院的特殊角色使产业界对社区学院抱有较高期待,一些产业界人士认为和社区学院合作既可以提高劳动力培养效率,也可以降低劳动力培养成本。很多产业企业积极和社区学院进行产学合作并在一些地方形成了独具特色的合作模式。不仅如此,很多组织如社区学院协会、行业协会、基金会等也对社区学院的产学合作给予了有力支持。这种多方重视的局面对社区学院的产学合作提供了强大动力。

三、建立和完善社区学院产学合作机制的策略

(一) 政府通过制定政策和投入资金支持和引导产学合作

政府要积极引导社区学院与产业界加强产学合作,以搭建产学合作的平台和形成产学合作的文化。社区学院与产业界的产学合作离不开政府的引导,政府一方面可以通过投入资金引导社区学院与产业界合作;另一方面要引导多方合作,提高社区学院教育培训产学合作利益相关方的合作效率。当社区学院和产业界因不能达到立竿见影的效果而没有很强烈的合作意向时,政府注入资金推进合作可以对产学合作起到"催化"作用。而一旦社区学院和产业界之间形成了互利共赢的合作机制,双方都觉得可以受益于合作时,政府就可以缩减或取消资金资助。在多方合作的情况下,政府"牵线搭桥"或者"主持"促进产学合作显得非常必要,社区学院的办学并不是纯粹的市场行为,政府公共管理的角色决定了政府既是投资者也是协调者。

(二) 开发和建设有利于合作方的教育培训课程

社区学院与产业界宜共同设计和开发既适合社区学院教育又适合产业界内部培训的专业课程。如果产学合作只是产业界帮助社区学院设计和开发适合社区学院的课程,而不考虑开发有利于产业界进行教育或培训的课程,产业界参与产学合作的积极性就会受到影响。因为社区学院产学合作的初衷是为了更好地培养学生,产业界合作的重要目的之一也是为了提高现有劳动力和未来劳动力的职业知识和职业技能,努力寻求"双赢"或"多赢"是产学合作可持续发展的重要保证。从合作的角度看,参与合作的任何一方都应获益,并且获利大于成本,这样的合作才是可持续的。除非这样的产学合作不以营利为目的,例如产学合作的合作双方只是为了让产学合作项目达到理想效果,不太在乎成本的高低,或者产业为了承担一定的社会责任,愿意投入较多资源。

（三）促进专业技术人员流动

专业技术人员在教育培训机构和产业界之间流动有利于促进产学合作，这种流动让社区学院与产业界对于人才培养更容易达成共识。因为这些专业技术人员的流动使产学双方更容易发现自身的不足并找到合作的着力点，所以各方都应为产业界专业技术人员的兼职和流动创造更多有利条件。产学合作除了依托产业界的设施设备及生产服务等具体的实践工作任务外，最重要的就是依托产业界的专业技术人员参与产学合作，分享他们的专业知识、专业技能以及他们丰富的从业经验。从这个意义上讲，为专业技术人员兼职与流动创造更多便利条件，客观上也相当于促进了产学合作。专业技术人员兼职和流动可以把产业界最新的知识和技能及时传授给社区学院的学生，这在客观上减少了教育和培训对职业技术类教材的依赖。也就是说，即使没有高质量的最新教材支撑，专业技术人员也可以充当"活教材"，他们可以把最新的知识和技能传授给学生，从而也就部分达到了有形的产学合作想要取得的效果。

（四）通过学徒制等项目增加合作的时间和空间

学徒制被认为是成功的人才培养方式，这种方式可以让学徒把理论知识的学习和实践技能的培养更好地结合起来。学徒制是经典的职业技术教育形式，在学徒制培训过程中，由于学徒接受真正职业训练的时间较长，虽然学徒训练的初期不一定能为产业界带来利润，但是随着学徒的知识和技能的增长，他们在师傅指导下的劳动可以为产业企业创造效益，而学徒可以获得一定的工资也减少了学徒的生计之忧。学徒制周期较长，参与学徒制培训的产业企业可以有足够时间对学徒进行系统的职业知识传授和技能训练，使学徒真正学到职业岗位所需的各种知识和技能。社区学院与产业界共同推进学徒制项目是多方共赢的产学合作模式，社区学院的人才培养方案可以考虑类似于学徒制培训的方式，吸引更多的产业企业和学生参与到产学合作中来。如果产业界提供更多的学徒制机会，社区学院积极组织学生参与到学徒制培训项目中，那么这种基于学徒制的产学合作因为能够让各方受益必然能够取得良好效果。此外，其他形式的产学合作也可以积极尝试。社区学院的产学合作实际上是为了争取更多教育培训资源而实施的"取长补短式"合作模式，学生有更多的实践机会有助于学生大幅度提高自身的实践能力。

本 章 小 结

本章着力分析了社区学院的四个典型问题:州范围内社区学院与四年制大学的课程衔接;社区学院职业技术类证书体系的构建;社区学院兼职教师制度的利弊分析及完善策略;社区学院产学合作机制。

州范围内社区学院与四年制大学的课程衔接是学生转学的基础。为了使州范围内社区学院学生转学到四年制大学更加顺畅和便利,有必要建立统一的课程编码系统,制定共享的课程及学分互认机制,实行同中有异的课程衔接标准,通过网络课程优化社区学院与四年制大学之间的课程衔接。

社区学院职业技术类证书体系的构建有助于社区学院职业技术类教育培训项目的规范运作。建立统一的职业技术类证书体系有利于对劳动力市场进行规范化管理,有利于教育培训市场的健康发展。建立统一的职业技术类证书体系在课程编码、职业分类、技能标准、行业协会影响力等方面都具备了较好的基础,尽管存在着各州的教育和培训管理不同、各州已经形成了各自相对稳定的证书体系、职业技术类证书颁发机构和组织多样、统一管理职业技术类证书体系尚未完善等问题,但还是可以通过多种方式建立统一的职业技术类证书体系。这些方式包括:联邦政府和州政府达成建立统一的职业技术类证书体系的共识;联邦政府和州政府投入资金引导和规范职业资格证书体系建立;加强对职业分类以及职业知识和技能的研究,通过研究成果引导建立职业资格证书体系;成立统一的管理系统,通过直接管理或授权管理的形式促使职业技术类证书体系不断完善。

社区学院使用兼职教师制度的"利"主要体现为聘用兼职教师可以降低学院的办学成本,而兼职教师熟悉所教课程涉及的知识和技能可以较好地保证教学质量,并且社区学院很容易根据教学的需要对兼职教师队伍进行动态调整。社区学院使用兼职教师的"弊"在于兼职教师的兼职行为动机多元可能导致兼职教师不认真对待教学,兼职教师队伍的稳定性不高可能会影响教学安排,而兼职教师水平参差不齐也会对教学质量产生负面影响。为了更好地发挥兼职教师的作用,可以设计和开发针对社区学院兼职教师的培训课程来提高兼职教师的水平,重视对兼职教师进行岗前培训,推行兼职教师在岗培训制度并通过考核促进兼职教师的教学工作。

社区学院产学合作是社区学院人才培养的重要环节。社区学院产学合作存在着一些障碍,但也具备很多优势。社区学院推进产学合作的策略主要有:政府通过制定政策、投入资金支持和引导产学合作,开发和建设有利于合作方的教育培训课程,促进专业技术人员流动,通过学徒制等项目增加合作的时间和空间。

第九章

美国社区学院给
我国高职院校的启示

美国社区学院系统在美国高等教育中发挥着重要作用,在美国高等教育大众化过程中扮演着重要角色,为美国中学后教育的普及和社区教育及培训作出了重大贡献。社区学院系统与各类教育的衔接为各类学习群体接受更高层次的教育和终身教育提供了可能。中国高职院校系统的功能与美国社区学院系统类似,也是高等教育的重要提供者,同时也是中学后教育的主体。相比之下,中国高职院校系统在社区教育和培训中的作用还有待加强。社区学院和高职院校功能的相似性使得美国社区学院的办学经验对于中国高职院校而言具有很强的借鉴价值。通过学习美国社区学院系统的成功经验,可以使我国高职院校系统的功能更完善,服务范围更广,在教育培训系统中发挥的作用更大。

第一节　高职院校应致力于满足区域教育培训需求

一、我国高职院校教育培训在服务区域方面存在的弊端

（一）高职院校的服务范围较窄

高职院校作为重要的高等教育机构,主要服务于高中阶段的毕业生。首先是高中毕业生,其次是中职学校升高职院校的学生,来自其他渠道的学生数量较少。一些高职院校设有继续教育之类的部门,但是所招收的成人学生占全校学生的比例较小。由于高职院校的招生对象主要是在读高中阶段的学生,因此高职院校并未有效地满足社会各类成人学生的教育培训需求,高职院校的教育培训范围有待拓宽。

（二）高职院校的教育培训在学习时间和科目上弹性较小

高职院校的教育培训服务一般是传统的专科学历教育,其专业大多是为全日制学生设置的,主要提供专科水平的课程,学制一般为2—3年。学生在

学习科目的选择上自由度较小,学习时间跨度也受到一定限制,高职院校倾向于让学生在固定时间范围内修完规定的课程。也就是说,学生学习什么课程以及在什么时段学习课程会受到较大限制,这种缺乏足够弹性的教育培训服务既影响了学校招生,也给在读学生带来不便。

（三）高职院校的教学质量有待提升

高职院校的教学质量决定了其是否能够满足区域教育培训需求。随着网络普及和教育培训市场竞争加大,人们可以选择的教育培训服务越来越多。四年制大学的网络教育学院、大规模开放在线培训课程以及一些专业的教育培训机构都在努力拓展教育培训市场。我国是一个人口大国,高职院校大多分布在人口比较密集的城市,为城市大量居民和外来人口提供教育培训服务。高职院校只有不断提升教学质量,更好地满足人们需要,才能吸引到更多生源,才能在激烈的竞争中占据有利位置。

二、美国社区学院给我国高职院校在满足区域教育培训需求方面的启示

（一）充分考虑区域内的各类教育培训需求

第一,高职院校可以拓展教育培训服务,满足各行各业在职人员的需要。美国很多州的社区学院都推出"上班族"所需的专项技能培训,"上班族"可以通过选修一门或数门课程来达到"充电"的目的。从理论上讲,在应用类副学士学位课程和证书类课程的基础上很容易开发出专项技能培训课程,因为这些课程本身就与就业密切相关。我国的高职院校可以在现有专业的基础上开发"上班族"所需的教育培训项目。"上班族"除了有拓宽知识和技能的需要外,还有更新专业知识和技能的需要,高职院校可以通过举办短期培训班和研讨班的方式满足这类群体的教育培训需求。一些升级换代快的产业,技术更新的周期很短,这类产业的技术技能型人才的知识和技能就需要定期升级,这样的升级可以通过企业内部培训来实现,也可以在高职院校进行。高职院校可以和行业协会等合作,及时举办针对特定行业和职业的短期培训班和研讨班,利用自身优势,整合各方资源,把高职院校打造成为特定行业的新技术新技能培训中心。美国社区学院通过各种方式来达到这一目的,如为企业量身定做培训课程,满足企业个性化的培训需要,或通过建立"高级技术中心"等平

台来满足特定产业的用人需求。社区学院和相关科研和产业机构合作成立的这些培训中心,也就成为区域内相关产业新技术新技能培训的平台。我国高职院校也可以建立类似机构,聘请或培训相应的师资,开发相应的课程来满足这类市场需求。

第二,高职院校可以推出适合高中辍学学生的课程,帮助这些学生重回常规教育轨道。由于我国还未普及高中教育,一些高中学生和中职学校的学生还未毕业就辍学踏入社会,进入劳动力市场,因而他们很少有机会重新进入常规教育轨道。实际上,这些群体进入社会后,其中的一部分仍希望有机会继续学习,高职院校完全具备为这类群体提供教育培训的能力。美国社区学院把针对这部分群体的教育称为发展性教育或补偿性教育,很多辍学高中生正是通过社区学院提供的这类教育获得高中毕业文凭或相当于高中毕业文凭的证书,并且进一步攻读副学士学位、学士学位等。我国的高职院校若提供这样的教育服务,就能为高中辍学学生提供更多教育机会。

第三,高职院校可以为军人提供量身定做的教育培训服务。我国每年都有大量军人退役,国家对退伍军人的就业、创业和受教育都制定了很多优惠政策。但是,由于条件的限制,退伍军人接受教育尤其是职业教育的工作还有待加强。到目前为止,我国并未形成像美国一样完善的退伍军人受教育制度。在美国,由于《退伍军人权利法案》等法律和政策规定,退伍军人接受教育培训的机会较多。各地方的四年制大学和两年制学院为了吸引退伍军人入学,纷纷推出适合退伍军人的各种教育培训项目。一些组织还专门评估这些教育机构,以帮助退伍军人选择合适的教育机构。在 2010 年美国白宫社区学院峰会上,“社区学院与老兵及军人家庭”是众多议题中的一个重要议题,可见美国政府对退伍军人受教育的重视。我国对退伍军人的职业教育和培训还有许多可改进之处。实际上,我国退伍军人是素质很高的群体,他们当中相当一部分持有高中毕业证书,而且由于部队对他们进行了教育和培训,他们当中有的具有一定的专业技术,具有某一职业领域所需要的知识和技能基础。但是,军人训练的很多技能是根据战争需要设计的,拥有这些技能并不一定能在市场上找到理想的工作。我国很多普通退伍军人退役后从事含金量较低的工作,这并不是非常理想的状况。如果退伍军人获得较好的职业教育机会,他们应该有更理想的职业选择,毕竟他们当中的很多人持有高中毕业文凭,具备接受高等职业教育的基础。借鉴美国退伍军人受教育的做法,我国有必要提供专项资金,把退伍军人送到高职院校或中职学校等教育培训机构接受职业教育。高职院校可以和部队合作,开发适合军人的各种职业教育课程,为在职军人和退伍军人提供合适的职业教育和培训服务。

第四,高职院校可以满足失业、待业人员的职业教育需求。在美国,社区学院为社会失业人员和待业人员提供职业教育的做法非常普遍,时间跨度灵活的各种学位课程和证书课程使得这类群体有很多"充电"机会。由于社区学院的职业教育课程几乎覆盖各行各业,而且针对低收入者的奖学金项目也比较多,所以失业和待业人员只要想学习,很容易找到适合自己的培训课程。在我国,失业、待业人群的职业教育和培训相当一部分是由社会培训机构来承担的,职业教育和培训市场鱼龙混杂,误导了不少消费者。与此同时,具有较好资质的高职院校介入失业、待业人员职业教育的力度也不大,这从某种意义上说是对高职院校职业教育资源的一种闲置和浪费。实际上,失业、待业人员中,很多人具备接受高职院校职业教育的知识基础,他们是高职院校职业教育服务的重要目标群体。高职院校应开发出品种多样的职业教育项目,满足这些群体的职业教育需求,这也是高职院校职业教育的重要战略选择。

(二)设计丰富的职业教育项目满足区域内多样化的职业教育需求

美国社区学院成立的初衷就是为社区服务的,所以美国社区学院的决策者特别重视满足社区各种教育培训需求。从社区学院内部的管理体制来看,社区学院的重大决策一般都是由社区学院理事会作出的。社区学院理事会具有广泛的代表性,理事会成员对社区教育培训需求有较为充分的了解,因此理事会的决策能充分考虑到社区的职业教育需求。美国社区学院为社区提供的职业教育主要是两大类,一类是应用类副学士学位课程,一类是证书课程。这些职业教育服务面向不同的群体,也面向不同的组织,尤其是各种类型的企业。也就是说,社区内有职业教育需求的个人和组织,通常可以在社区学院找到合适的职业教育服务。

从职业教育的角度看,社区学院应用类副学士学位课程和证书类课程几乎涉及社区的各种行业,如早期教育、健康护理、酒店管理、食品加工、汽车保养等。由于课程的设计从一学期到多个学期不等,因此能够满足各种学习者的需求。以美国伊利诺伊州的朱丽特初级学院生涯与技术类课程中的"酒店管理结业证书"课程为例。设置这一证书课程是为了让学生获得就业所需的知识和技能,获得该证书需完成 18 学期学时的课程。该项目一共包含 6 门课:酒店顾客服务、甜点管理、酒店和饭店法律、销售和会务管理、酒店组织和前台管理、房间分配管理。[①] 从名称上看,每一门课程都紧扣酒店管理的工作内容,全日制学生花约半年的时间即可学完这些课程,学生学完这些课程后即可获得在酒店就业所需的基本知识和技能。

我国高职院校面向社会开设培训课程的情况并不普遍,这种状况应该得到改善。高职院校应大力发展面向各类成人群体的职业教育和培训项目,在现有专科课程的基础上,开发更多的职业类课程,从而形成以专科课程为核心,辅以丰富的职业类课程的课程体系,以充分满足社区的职业教育需求。由于种种原因,中国的高职院校办学还不够开放,对社会劳动力市场变化的反应不够灵敏,面向社会开设的职业教育和培训课程不多。实际上,高职院校有能力开发并推出各种培训课程满足社区多样化的职业教育培训需求。高职院校的很多专业很容易开发出类似于美国社区学院证书课程的培训项目,例如把一些专业的课程中职业性很强的专业课组合起来,就可以形成非常好的培训类证书课程包,而且高职院校可以和行业协会、行业指导委员会、实力很强的企业等组织合作,推出市场需要的短训课程,以证书课程的形式推向市场。通过过些课程的推广,更多的社区学习者共享职业教育资源,学习相关职业所需的知识和技能,从而获得更好的职业发展机会。

(三) 不断提高教育培训服务及相关服务质量,提高学生的学业完成率

美国社区学院学生的学业完成率比较低,这已经引起了美国政府和社会各界的高度重视。社区学院为了提高学生的学业完成率,进行了很多有益的探索,这些探索的经验值得我国高职院校借鉴。尽管我国高职院校学生的毕业率比较理想,但是考虑到学生流失和学生水平参差不齐等因素,高职院校也有必要探讨如何提高学生学业完成率。我国一些高职院校存在着流失现象,有的学生一年级还在学校学习,二、三年级就"不辞而别"了。这种情况应该给予足够重视,高职院校应关注流失学生群体,分析其流失的原因,采取针对性的措施减少学生的流失。学校要加强办学的薄弱环节,尽量提供高质量的教

---

① Hotel Management, Certificate of Completion [EB/OL]. [2021 – 03 – 16]. http://catalog.jjc.edu/preview_program.php? catoid = 7&poid = 1895&returnto = 229.

学服务和周到的教学辅助服务,让学生能够在保证质量的前提下完成学业。另外,高职院校应关注辍学学生,由于管理的灵活性不够以及各种各样的原因,我国高职院校辍学学生很少回到高职院校继续学习。美国社区学院在学生的学籍保留方面的做法非常值得借鉴。总之,我国高职院校应采取必要措施留住包括青年学生在内的各类学生,让学生学到必要的职业知识和技能,提高学生的学业完成率。

（四）在服务好本区域的基础上追求辐射效应

从美国社区学院的发展历史来看,绝大部分社区学院早期是以服务社区作为发展起点的,满足社区教育需求是绝大部分社区学院成立的初衷。社区学院的收费机制也体现了服务社区的特点,通常社区学院对社区范围内或州内的学生收费更低,而对社区外或州外的学生收费更高。如果社区学院的办学水平连对本区域内的学生都没有吸引力,区域外的学生慕名而来的可能性可想而知。一般情况下,社区学院在本区域内办学影响力不断扩大的前提下,其辐射效应才会逐步增加,从而才可能吸引到来自其他社区、其他州甚至其他国家的生源。以佛罗里达州的圣达菲学院（Santa Fe College）为例,该社区学院 2015 年秋季入学的学生中,47.3% 来自社区内,52.7% 来自社区外。① 该学院除了招收其他州的学生外,还招收国际学生。圣达菲学院是 2015 年"白杨杰出社区学院奖"的获得者,其办学水平得到了来自社区内外的认可,同时也吸引了来自其他国家的学生。

我国高职院校可以从美国社区学院的这一发展特点中得到启示,以做好区域内教育服务为根本,通过高质量的教学和良好的社会口碑吸引生源。在服务好本区域的基础上将教育服务面延伸到区域外,而不是盲目利用招生宣传、商业广告等手段追求辐射效应。当然,我国省与省之间劳动力流动比较大,一个省区域内的部分劳动力接受职业教育后,其就业去向可能是另一省份,因此一些高职院校所开设的某些课程可能与地方经济等关联不大,但这并不影响高职院校服务地方这一基础。不管怎样,高职院校职业教育只有真正促进本区域的经济社会发展,高职院校才会有较为扎实的基础,有了较为扎实的基础才会产生很好的辐射效应。以新疆农业职业技术学院为例,该校是我

① Santa Fe facts(Fall, 2015) [EB/OL]. [2021-03-16]. http://www.sfcollege.edu/facts/.

国示范性高职院校之一,位于昌吉市。学院的知名度实际上来自其长期以来对地方经济社会发展所作出的突出贡献。新疆农业职业技术学院紧紧抓住服务地方经济这一理念,提出"专业跟着产业走、教学跟着生产走"的"两跟理念"。[①] 显然,这样的理念是与地方产业和生产密切关联的。因为这所学院培养的实用技术技能型人才含金量高,一些专业的毕业生出现因"抢购"而"短缺"的现象,附近地区和其他省份的学生也慕名而来学习。新疆农业职业技术学院在全国具有很高的知名度也正是在服务好本区域基础上产生辐射效应的结果。这和美国知名社区学院的发展经验相似,这些知名社区学院也是因为服务地方的良好口碑才吸引到了来自更大范围内的求学者。

第二节　高职院校课程应兼顾产业界需要和学生发展

一、我国高职院校课程设置中存在的问题

（一）高职院校的课程设置比较单一

从某种意义上讲,高职院校的课程设置是根据高职院校的招生来决定的,而高职院校的招生又带有一定的"计划"色彩,尽管教育行政部门会淘汰那些就业不理想的专业,但这一体制还是决定了高职院校的课程设置灵活性不够。

高职院校这种计划制约下的课程设置模式决定了高职院校的课程设置比较单一。绝大部分高职院校以专科教育为"主业","主业"之外拓展不足。虽然提倡要面向市场办学,但是面向市场的办学"计划"的成分还很浓。尽管高职院校可以根据自身的办学条件开设更多的课程,或者根据自身的办学平台整合更多的资源,但是现有的管理制度使得高职院校的课程设置还是不够丰富。

（二）高职院校设计和开发课程时未能有效兼顾产业界需要和学生发展

高职院校的课程设计一方面要满足招生计划的需要,另一方面要满足市场的需要。前者是高职院校履行本职功能的需要,后者则是高职院校走向市场的需要。高职院校开发课程满足市场需要,实际上就是要满足产业界的需

①　蓬勃发展中的新疆农业职业技术学院［EB/OL］.［2023－04－04］.http://www.xjnzy.edu.cn/info/1211/12864.htm.

要和个人需要。从理论上讲，除了专科层次的教育外，高职院校还可以设计更多灵活的、面向市场的课程，如短训课程包、单科课程等，让学习者有更多选择，通过学习后能够学到多维的知识和能力。但是，现实情况却是很多高职院校的课程开发力度不够，课程开发能力较弱，不能有效满足产业界和学生发展需要。

二、美国社区学院给我国高职院校课程设计的启示

（一）普通教育课程和学科基础课程的设计要兼顾学生长远发展和个性化发展

学生的近期就业和长远发展是一对矛盾，共性化发展和个性化发展也是一对矛盾。如何处理这些矛盾是高职院校面临的重要课题。社区学院和高职院校开设普通教育课程和一些学科基础课程，主要是为了满足学生长远发展和个性化发展的需要。美国社区学院因为具有转学功能，从事普通教育课程和学科基础课程教学的教师较多，所以社区学院能开设大量普通教育课程和学科基础课程，从而使学生有很大的课程选择空间和未来发展空间。美国社区学院普通教育课程和学科基础课程的设置对于我国高职院校具有很强的启发性。

以伊利诺伊州的朱丽特初级学院为例，该学院要求选择应用类副学士学位课程的学生必须从五组普通教育课程中选课修满最少 12 学期学时的课程。第一组是交流类课程（Communication），含修辞、技术写作与交流、演讲交际原理、演讲辩论等十多门课程。学生必须在修辞、技术写作与交流两门课中二选一，商业系应用类副学士学位学生必须选"演讲交际原理"这门课，其他学生可以选其他课程。第二组是社会及行为科学课程（Social and Behavioral Science），含近 38 门课。所有学生要在其中选至少一门课程，商业系专业的学生需要在"美国历史（至 1865 年）"和"消费者经济学"两门课中二选一，并在此类课程中再选一门课。第三组是人文及艺术类课程（Humanities and Fine Arts），含 80 门课。除商业系的专业外，其他专业没有最低选课要求。第四组是数学/科学类课程（Math/Sciences），含 66 门课程。学生必须选至少 3 学分的课程，商业系商业类学位必须在数学和科学课程中各选一门完成共 7 个学分。第五组是职业提升类课程（Career Enhancement），含 20 门课程，没有最低

学分要求。① 如此丰富的普通教育课程和学科基础课程显然非常有利于学生的长远发展和个性化发展。

就个体发展而言,无论是就业需要还是日常生活需要,交流能力、计算机应用能力、数学计算能力、对自然科学和社会科学一般知识的学习等都是非常重要的。而这些知识和能力中,相当一部分对人的长远发展如未来学习更多知识、变换新工作等都非常重要。这也是美国社区学院要开设阅读、写作、计算、交流等普通教育课程和大量学科基础课程的重要原因。我国的高职院校也开设了相当数量的普通教育课程,但对学生选课的限制较多,这显然不利于学生的发展,应在提供专业化的指导基础上给学生更多的自由度,使普通教育课程和学科基础课程的学习更符合学生长远发展需要以及个性发展需要。具体说来,就是要为学生提供多样化的课程,同时提供专业化的指导,让学生选择的课程或组合有利于学生的长远发展和个性化发展。因为杂乱的课程组合对于学生的发展来说并不具备太高的价值,只有富有逻辑性和发展指向性的课程才会有效地促进学生的长远发展和个性化发展。

（二） 专业和课程设计要以升学和就业为重要着力点

社区学院的人才培养质量最终要体现在学生的升学和就业这些看得见的指标上,所以社区学院的专业和课程设置要充分考虑到学生的升学和就业。如果说大量的普通教育课程和学科基础课程为学生的长远发展和个性化发展提供了各种可能,那么这些课程的组合以及这些课程与专业课程的整合就形成了学生具体发展的主要路径——升学或就业。虽然升学和就业看上去是两个完全不同的走向,但在新的时代背景下升学和就业的关系会越来越密切。"新职业主义"强调职业教育中加强学术教育的重要性,强调在职业课程中融入更多的学术内容,强调应提高学术教育的职业教育相关度等。② 这一教育思想对社区学院升学和就业的课程融合有一定的影响。高职院校进行专业和课程设计时就要以升学和就业作为两大着力点,同时也要充分考虑两者的融通性。即专业和课程设计要以升学和就业为指向,同时在设计倾向于就业的专业或课程时要考虑到学生升学的可能性,在设计倾向于升学的专业或课程时

---

① Career and Technical Education[EB/OL]. [2021 - 03 - 16]. http://catalog.jjc.edu/content.php? catoid = 6&navoid = 127.

② GUTHRIE J W. Encyclopedia of Education[M]. Macmillan Reference USA,2003:2641.

也要把学生就业因素考虑在内。

（三）专业课程的结构和内容应根据产业和技术发展及时更新

高职院校培养人才以就业为主要目的，如何才能更好地满足就业市场需求是高职院校专业课程设计永恒的主题。美国社区学院通过各种方式了解雇主的人才培养要求，并且在办学过程中努力谋求和相关雇主合作，以此来提高人才培养的质量。高职院校也可以参照美国社区学院的经验，一是充分了解产业企业的要求，在产业企业专业技术人员的参与下开发职业教育课程，更新职业教育课程内容，以使高职院校所开设的课程能够紧扣产业界的用人要求；二是要从相关产业企业聘请专业技术人员到学校任教，这样可以帮助学生了解特定职业对知识和技能的最具体和最明确的要求。高职院校通过这样的方式按照产业企业的要求来培养人才，同时整合产业企业的专业技术人员的力量来提升教学质量，无疑可以使专业课程的结构和内容更加合理。

第三节　高职院校教师应专兼职结合并适度流动

一、我国高职院校教师队伍面临的突出问题

（一）专业课教师的行业实践经验不够丰富

我国高职院校专业课教师的行业实践经验不够丰富是高职院校教师队伍素质的短板，为了提高专业课教师的实践技能，中央和地方都制定了教师下企业锻炼的相关政策和措施。尽管在这方面进行了大量投入，专业课教师行业实践经验不够丰富仍是高职院校教师队伍存在的突出问题。这是由于我国高职院校招聘教师的渠道单一，而且在招聘教师时由于用人政策等原因倾向于招聘高学历教师。

（二）高职院校的兼职教师比例较低

与美国社区学院聘用大量兼职教师相比，我国高职院校聘用兼职教师的比例偏低。在现有的教师用人制度下，很难想象一所高职院校兼职教师的比例会大于专职教师的比例。因为人们普遍认为兼职教师是对现有专职教师队伍的补充，而不是教师队伍的有机组成部分。美国社区学院兼职教师的数量

大于专职教师的数量,并且有效地满足了教学需要,与我国高职院校的教师用人制度形成了鲜明的对比。

(三) 高职院校教师的流动性不足

高职院校的课程特点决定了高职院校的教师队伍要根据专业和招生变动情况进行灵活调整,但是高职院校传统的教师管理方式并未对教师队伍形成良好的吐故纳新机制,这就导致高职院校倾向于依靠现有的教师队伍授课。一些高职院校甚至通过教师跨专业的形式来实现教师工作的转型,就好比让排球教练改教篮球,让田径教练改教游泳,很难取得理想的教学效果。高职院校教师的流动性不足使得高职院校在使用教师时得优先考虑现有的专职教师资源,这种用人方式显然缺乏灵活性。

二、美国社区学院给我国高职院校教师队伍建设的启示

(一) 招聘教师要打破用人限制,拓宽教师来源渠道

在美国,产业界的专业技术人员可以顺畅地进入社区学院担任兼职教师和专职教师。这一点从社区学院对教师的学历要求和专业领域的经验要求可以很好地体现出来。以社区学院教育非常发达的加州为例,加州社区学院教师的入职要求是:如果应聘者只有副学士学位,要求应聘者要具有在所教领域至少六年的工作经验;如果应聘者拥有学士学位,则要求其具有两年以上的工作经验;若应聘者具有博士学位,则没有工作经验要求。这种灵活的聘用教师的标准真正做到了不拘一格吸引人才。由于这样的用人标准充分考虑到了各种专业技术人员的特点,因此这样的入职标准能够吸引大量技术娴熟的专业技术人员到社区学院工作。社区学院会根据需要及时招聘专、兼职教师充实教师队伍。由于社区学院的授课时间灵活,具有丰富职场经验的专业技术人员应聘到社区学院从事教育培训工作,可以选择兼职的方式教学,选择晚上或周末到社区学院授课。这就非常有利于产业界专业技术人员到社区学院提供教育服务。大量招聘兼职教师的做法也使得社区学院用人成本降低,较好地避免了"人浮于事""供养闲人"的现象。

相比之下,我国高职院校对教师的学历要求偏高。很多教师从学校到学校,缺乏与专业相对应的职业或职业群的丰富实践经验。很多高职院校的教师队伍呈现学历高而实践经验不足的特点。"理论讲授滔滔不绝,实践操作笨

手笨脚"的现象在一些高职院校教师身上表现得很突出。从我国高职院校招聘教师的情况看，很多高职院校都不愁招聘到拥有硕士、博士学位的教师。相反，由于用人制度存在的弊端，高职院校在招聘高水平的行业专业技术人员方面遇到不少困难。教师队伍实践经验不足常常是高职院校办学存在的短板。为了解决这一尴尬问题，我国的教育主管部门出台文件，就"职业教育教师到企业锻炼"制定了若干政策。很多高职院校也把教师送到相关行业进行培训，以使他们能够胜任实践教学。这样的做法看上去比较理想，可是由于定编定岗、行业技术保密、产学合作机制不够健全等原因，教师到企业锻炼会遇到很多现实问题。教育主管部门和学校虽然做了很多努力，但是高职院校职业教育教师的实践水平整体上还是和企业的专业技术骨干有相当的差距。从某种意义上讲，我国高职院校专业课教师的实践经验不丰富成为制约教学质量的重要因素。

借鉴美国社区学院的用人经验，我国的高职院校首先要打破引进教师只盯着高校的定式，要拓展教师的来源渠道，既要从高校中选拔品学兼优的高学历人才，也要从产业界物色从业实践经验丰富的专业技术人员。高职院校所培养的学生通常是在各行各业的初、中级岗位就业，所以应适度放宽高职院校教师聘用的学历限制，提高高职院校教师招聘的职业实践经验的标准，解决高职院校职业教育教师队伍存在的"理论有余，实践不足"的问题。学校要充分利用产业界的专业技术人员资源，聘请优秀的行业专业技术人员到学校任教。实际上，高职院校可以在专职教师的聘用上设置较高的学历要求，但是在聘用兼职教师时一定要降低学历要求，并且建立利于兼职教师工作的教学管理制度，为行业专业技术人员到学校任教创造相关条件。如果高职院校聘用教师时降低学历要求，让拥有学士学位或专科学历的专业技术人员到高职院校任教，同时实行更加灵活的教学管理方式，例如增加夜间授课、双休日授课、寒暑假授课、网络授课等，就能有效地拓宽教师来源渠道，使教师队伍的结构更加合理。

（二）通过教师流动促进教师结构优化和整体素质提升

美国社区学院教师的流动性很强，社区学院定期或常年发布教师招聘信息，各行各业的专业技术人员根据自身需要应聘到社区学院工作，大量的兼职教师与社区学院签订的合同期都不长。一般以学期或学年为周期签订，双方都有较大的自由度,不会因为聘期限制自己的选择自由,聘用教师、续聘教师和终止教师聘用合同是一种常态。对于社区学院而言没有供养闲人的负担,对于专业技术人员而言也不存在"炒鱿鱼"的尴尬,双方的合作完全是建立在市场需求之上的一种自由选择。这种灵活的用人制度吸引了很多专业技术人员到社区学院任教。兼职教师在产业企业和社区学院之间流动就业的现象给我国高职院校教师聘用很多有益启示。

我国高职院校有必要打破僵化的人员聘用机制,多渠道招聘教育所需人才,适当增加兼职教师的比例,逐步增加人才的流动性。高职院校要充分利用市场的力量,合理配置教师资源,通过聘用各行各业高水平的专业技术人员到学校任教,淘汰不合格的或冗余的教学人员;通过增加教师的流动性来增强教师队伍活力,保持合理的师生比;通过行业专业技术人员流动到高职院校任教的"鲇鱼效应",促进教师队伍素质的提升。由于用人制度的死板和僵化,一些地方的高职院校教师仍然存在较强的"铁饭碗"意识,认为在高职院校任教不用很努力就能"混饭吃"。高职院校有的专职教师甚至还认为行业专业技术人员到高职院校任教只是对他们工作的补充,是学校在没有足够专职教师时采取的补救方法。要改变这种状况,就要适度增加行业专业技术人员替代现有教师的可能性,使那些平庸的专职教师感觉到可能失业的压力。高职院校可以采取吐故纳新式的教师流动让高职院校的人力资源管理制度更加科学合理。教师流动可以增加教师的危机感,增强凭本事而不是凭资历"吃饭"的意识,促使他们不断提高自身的业务水平。总之,增强教师的流动性可以较好地激发现有教师队伍的活力。

(三) 建立灵活的兼职教师聘用制度

高职院校聘用兼职教师不仅为了满足课程教学的基本需要,还为了挑选更优秀的专业技术人员充实教师队伍,因此聘用兼职教师要讲求灵活性,以便能吸引更优秀的人才到高职院校任教。首先,高职院校要保证兼职教师招聘信息及时发布。具体可以通过学校网站及相关渠道及时发布学校的兼职教师招聘信息,并且要使招聘信息尽可能详细。美国社区学院的兼职教师招聘信息一般都含有对学历、工作经历的要求,对所招聘职位的具体工作时间、工作内容以及相关注意事项有较为详细的说明,这值得我国高职院校借鉴。其次,高职院校要保持和各行各业专业技术人员的常态化沟通。美国社区学院长期聘用兼职教师,因此比较熟悉社区相关领域专业技术人员的情况。我国高职院校也应逐步建立起这样的机制,保持与相关领域专业技术人员的良好互动,使得相关领域的专业技术人员对高职院校招聘兼职教师的信息有较为及时和全面的了解。同时高职院校也通过与这些专业技术人员的互动,了解相关领域专业技术人员的情况,构建起虚拟的兼职教师人才库,从而为聘用兼职教师、随时充实和调整教师队伍提供相应的保障。此外,高职院校聘用兼职教师要引入竞争机制,根据教学需要在兼职教师队伍中"好中选优",让那些能够胜任高职院校教学工作的专业技术人员能够继续兼职,淘汰不合格的兼职教师。在这方面也可以借鉴美国社区学院的做法,兼职教师的聘期设置一般以一学期或一学年为单位,根据课程教学需要和教师工作绩效及时调整兼职教师的结构和数量。灵活聘用兼职教师,目的是使高职院校既能降低办学成本,又能吸引到优秀的人才做好教学工作。

（四）通过培训和考核提高兼职教师的教学质量

专职教师和兼职教师都是高职院校师资队伍的重要组成部分。一般而言,高职院校对专职教师的培训和考核比较重视,而对兼职教师的培训和考核则不太重视,通常只关注兼职教师是否完成教学任务。实际上,兼职教师和专职教师一样,都需要加强培训和考核。培训的目的是有针对性地提高兼职教师胜任教学的知识和能力,考核的目的除了计算薪酬、决定去留外,也要注重对兼职教师的知识和技能查漏补缺、及时反馈。只有这样,才能更好地改进兼职教师的教学,提高兼职教师的教学质量。兼职教师的培训可以采取多种形式进行:一是对兼职教师进行统一培训,培训内容可以包含学校文化和办学理念、学校规章制度以及教学设备的使用、教学基本技能的培训等;二是可以安排具有丰富教学经验的教师通过传、帮、带等形式指导兼职教师熟悉教学环节,通过分享、演示等方式传授和交流教学经验,使兼职教师尽快熟悉并胜任教学工作。兼职教师一般都比较熟悉所教课程涉及的知识和技能,在教学过程中能够把握好教学的重点和难点;但兼职教师一般对学校的文化和管理制度熟悉程度低,对具体的教学环节也了解得不够深入。

高职院校对兼职教师的考核也可以通过多种途径进行:一是通过日常管理来规范兼职教师的教学行为;二是通过同行评价的方式对兼职教师的教学能力和教学效果等进行评估;三是可以通过学生评价的方式对兼职教师的教

学态度和教学水平进行评估。从不同侧面对兼职教师的教学进行评价可以更好地促进兼职教师提高教学质量。高职院校可以把考核结果与兼职教师的培训、兼职教师的待遇、是否续聘兼职教师等挂钩,从而激励兼职教师更好地为学校教学服务。通过科学的考核优化兼职教师队伍,确保兼职教师的教学质量。

第四节 高职院校应通过多种形式实施产学合作

一、产学合作是我国高职院校办学的薄弱环节

由于各种各样的原因,产学合作一直是我国高职院校办学的难点。尽管这种情况近年来有所改善,但很多高职院校在实施产学合作方面还是存在不少困难,中西部地区的高职院校尤其如此。高职院校在"高等职业教育质量年度报告"中阐述办学存在的问题时,产学合作方面存在的问题被屡屡提到,如办学不能较好地适应产业要求、行业企业合作不够主动、没有合适的产学合作企业等。[①]

为了解决高职院校产学合作不够深入的问题,我国各地进行了很多尝试。职业教育集团化办学就是其中的尝试之一,但是轰轰烈烈的集团化办学并未完全达到预期效果。高职院校实施的顶岗实习也被视为产学合作的典型尝试,可是实施效果并不佳。调查显示,顶岗实习困难重重,存在着"实习任务完成率低,实习计划难落实"等多种问题。[②] 目前,我国在积极进行现代学徒制试点,这种新的办学模式在产学合作方面能否达到预期效果还有待观察。不过可以肯定的是,产学合作仍将是高职院校办学需要加强的环节。

高职院校办学中产学合作薄弱既有传统的原因,也有现实的原因。产学合作在我国一些地方并未形成良好的传统,受观念、成本等因素的限制产学合

① "高等职业教育质量年度报告"是中国高职高专网站的一个栏目,网址为 http://tech.net.cn/web/rcpy/index.aspx。

② 邓东京,易素红,欧阳河,邓少鸿.顶岗实习,怎一个难字了得——18 个省顶岗实习学生调查报告[N].中国教育报,2015-01-19(6).

作较难深入推进。高职院校某些专业的产学合作不能深入进行的一个重要原因还在于产学合作并未形成双赢机制。

二、美国社区学院给我国高职院校产学合作的启示

（一）与行业企业合作开发专业课程并实施专业课程教学

美国社区学院与社区范围内的企业等组织联系紧密,双方有长期的合作关系,加上专业课教师很多有行业工作背景或者本身就是来自行业的专业技术人员,因此学生客观上直接或间接了解具体工作场景和工作任务的机会很多。此外,社区学院与行业协会的关系也很密切,社区学院的专业课程设计也常常得到行业协会的支持。正是由于社区学院和社区的企业等组织以及行业协会之间有长期合作关系,所以在专业课程尤其是一些职业倾向性很强的课程的开发和实施上,社区学院会和相关组织尤其是产业企业和行业协会合作,借用企业和行业协会的人力资源和生产服务平台等资源为课程的开发和实施服务,既可以开发出与职业岗位密切关联的专业课程,也可以为学生创造到生产服务一线或其他工作现场学习的机会,这对于学生学习专业知识和习得职业技能无疑是非常有利的。

我国高职院校学生现实的需求之一是获得就业所需的知识和技能。因此在专业课程的教学中,无论是课程设计还是课程实施,都有必要紧扣职业岗位需求。对于这些学生而言,在拥有丰富实践经验的教师指导下,在仿真或真实环境中学习专业课非常重要,因为这样才更容易学到就业所需的知识技能。为了达到这样的目的,高职院校也应拓展与行业企业以及行业协会等组织的合作。在课程的设计和开发上,要尊重和吸收来自企业和行业协会的意见和建议,最好能够让这些领域的高水平的专业技术人员参与到高职院校的课程设计和开发中来,在课程构架和课程内容上保证高职院校课程与职业岗位需求相吻合。在课程实施过程中,一方面要尽力吸引行业企业优秀的专业技术人员参与到课程教学中,另一方面要让学生在专业课程学习中有更多直接或间接了解、接触和参与真实职业工作、完成岗位工作任务的机会,使他们学到与工作密切相关的知识和技能。

（二）积极参与行业企业的教育培训

建立高职院校和企业的长期合作机制既是高职院校专业课程开发和课程

教学的需要,也是行业企业对员工进行教育培训的需要,两者合作成功与否取决于合作双方满足对方需要的程度以及双方为此付出的成本高低。高职院校积极参与行业企业的教育培训服务,既可以拓展教育培训业务,也可以提升行业企业的合作意愿。高职院校可以积极参与行业企业的员工培训,通过高职院校拥有的教育资源为行业企业的员工培训提供更多的教育培训项目,为行业企业员工教育和培训提供更多便利,提升行业企业的人力资本含量。高职院校所拥有的教育培训资源是很多行业企业,尤其是行业中小企业所不具备的。行业中小企业的员工培训常常受制于场地、设备、课程、师资等教育培训资源,高职院校可以利用已有的资源为行业企业提供企业急需的各种教育培训服务。高职院校可以借助专业课教师的人际资源以及学校招生、就业、实习管理等相关部门的力量拓展针对相关行业企业的教育培训业务,拓宽产学合作的空间。高职院校还可以主动出击,利用一些行业协会等组织平台加强与各方的沟通和联系,利用自身优势为行业协会和相关产业企业提供其所需的服务。积极参与行业企业的教育培训服务,一方面是对高职院校教育培训服务业务的拓展,另一方面也可以夯实产学合作的基础。

（三） 积极加盟区域内的多方合作教育和培训项目

社区学院在培养人才的过程中虽然具有很多优势,可以独立承担很多教育和培训项目,但有的社区学院也存在一些无法忽视的弱点,如教育培训容易倾向于学科知识讲授,专业课程不能很好地贴近行业需求,缺乏先进的实习实训设备等。这些弱点的存在说明社区学院积极加盟区域内合作培训项目的必要性。当然,区域内合作培训项目并不仅是为了弥补自身的不足,参与区域内的合作培训项目还意味着社区学院可以发挥自己的长处,在合作过程中做到取长补短,使合作培训项目的效用最大化。社区学院与区域内其他组织的合作培训项目主要是以工作驱动培训、学徒制、联盟制形式为主,在这些合作中,社区学院可以发挥自身的师资、教育培训场地和设备等优势,在参与过程中又可以使社区学院更加了解行业企业需求,更加了解学生的各种需要,同时还可以提高社区学院的师资水平。社区学院积极参与区域内合作培训项目的做法是长期演变的结果,长期参与区域合作培训使得社区学院非常"接地气"。我国高职院校在办学过程中也要解决好如何使教育培训项目"接地气"的问题,可以仿效社区学院的做法,通过积极加盟区域内的合作培训项目来发挥优势并弥补不足。在我国试行现代学徒制和倡导高职院校为地方服务的背景下，高职院校借鉴社区学院参与学徒制项目和联盟形式合作培训项目的经验，无疑具有很强的现实意义。

学徒制是美国的一种典型的人才培养模式，这种模式也在一些社区学院使用。早在1937年，美国就颁布了《国家学徒制法案》，倡导雇主和相关机构合作，共同培养熟练工人。在这些学徒制项目中，有的就是雇主与社区学院合作完成的。双方或多方各自发挥自己的长项，共同培养学生。在新时代条件下，美国社区学院与行业企业开展学徒制项目非常普遍，很多学徒制项目常年进行，具有成熟的运作机制。美国的学徒制培训具有较为完善的培训网络，包括社区学院在内的很多组织都积极参与其中，发挥各自的优势。我国高职院校可以参照美国社区学院的经验，与企业合作打造学徒制项目。除了现有的基于高职院校学生的学徒制项目外，学徒制还可以拓展到企业员工培训以及其他培训方面，在合作过程中高职院校可以切实发挥自身优势，拓展和产业界的合作空间，在做到"有利于人"的同时也争取"有利于己"。具体而言，就是在以企业为主的学徒制培训中充分发挥高职院校的价值，同时在以学校为主的学徒制培训中努力借用来自企业的培训资源。

美国社区学院联盟形式的教育培训项目也有一定的借鉴价值。这种联盟形式的教育培训项目有很多参与方，通常有一方为主导，各方在项目的不同方面充分发挥自身优势，共同培养区域内的技术技能型人才。社区学院在联盟形式的教育培训项目中可以充当主角，也可以充当配角，无论充当什么角色，通过参与这些项目，社区学院都可以加强与各方联系并提升自身教育培训能力。近年来社区学院与产业界在培训方面的合作强调"工作驱动"，即根据具体工作的需要来实施培训，围绕培训开发教材，共享资源。我国高职院校也可以依托地方产业企业、中等职业学校、职业教育中心等，实施联盟形式的教育培训项目；也可以与产业界合作，实施"工作驱动"的职业培训。总之，高职院校就是要在融入区域内合作教育和培训的过程中充分发挥自身优势，同时争取区域内拥有教育资源的组织和个人参与到高职院校的人才培养中来。

（四）利用自身优势打造地区高技术高技能培训中心

高职院校的科研能力和技术创新能力较弱，科学研究的最新进展、技术更新的前沿一般出现在大学及相关科研机构以及实力较强的企业。如何把最新的科技成果所涉及的职业知识和技能引入课程是高职院校面临的重要挑战。在这一点上，美国是从战略高度来策划的。美国的高端制造业计划就提出要依靠高水平的科研机构和有竞争力的企业，在高等教育机构建立高技术合作中心，开发课程、培养师资，形成地方的高技术培训中心。这些培训中心有的建在四年制大学，有的建在社区学院。建立在社区学院的高技术培训中心，除了培养师资、开发课程外，还可以发展成为地方高技术人才的重要培训基地。自从美国把一些高技术中心建立在社区学院后，一些高技术中心成为地方甚至全国范围内的高技术高技能人才培养基地。

在我国从制造业大国向制造业强国迈进的过程中，各相关行业对高技术高技能人才的需求是十分旺盛的，政府和行业都会投入大量资金培养这些人才，这对于高职院校的发展而言无疑是重大机遇。我国的高职院校，尤其是一些示范性高职院校，应抓住这样的机会，和一些知名企业、著名科研机构建立高技术高技能人才培训中心，探讨合作共赢的机制，真正做到产学研结合，把自身打造成为地方或更广区域范围内的高技术高技能人才培养基地。从科研机构的角度看，其可以借助这一平台探讨如何把科研成果转化为生产工艺、课程资源等，也可以借助这一平台寻找科研创新点。从合作企业的角度而言，企业可以借助这一平台了解科研技术的新进展，寻找技术创新的着力点，可以与科研机构进行产研合作，可以通过高职院校为其培养所需的人才。而对于高职院校而言，这样的基地则可以有效地整合职业教育资源、开发特色职业教育课程、打造高水平职业教育师资队伍、提升高职院校的影响力，使高职院校在高技术高技能人才培养的大潮中成为地方高技术高技能人才培训中心，为地方经济的发展作出更大贡献。职业教育办学必须有科研机构和产业界的合作才会有长久的生命力，这样的合作无论是对提升高职院校课程的产业相关性、提升高职院校的教师素质、吸引行业专业技术人员到高职院校任教，还是对提升高职院校的知名度、提升高职院校对生源的吸引力等都具有至关重要的作用。高职院校应主动寻求合作，寻找双方或多方利益的交汇点，在双赢或多赢的基础上寻求与各方合作，整合更多的职业教育资源，使自己真正成为地方的高技术高技能人才培养基地。

第五节　高职院校应在政府支持下把自身打造成教育培训枢纽

一、我国高职院校的教育培训枢纽地位不明显

（一）高职院校的进出口通道还有待拓宽

教育培训枢纽的特征是学习者很容易进入该教育培训系统学习，同时该教育培训系统又能为学习者提供更多更好的升学或就业机会。从高职院校目前的情况看，高职院校招收的学生中大部分是应届高中阶段教育的毕业生，包括高中毕业生和中职学校毕业生。尽管2019年5月教育部、国家发展和改革委员会、财政部、人力资源和社会保障部、农业农村部、退役军人事务部等六部门印发了《高职扩招专项工作实施方案》，但是社会各类成人群体进入高职院校学习的机制还有待探索，高职的入学通道的拓宽还需要更多的探索。另外，高职与本科的衔接机制不够灵活，主要通过统一考试的形式实现"专升本"，高职与本科院校之间并未形成良好的课程衔接体系和学分互认机制，从高职院校进入本科院校继续学习学士学位课程的难度仍比较大。

（二）高职院校的教育培训服务还不够多样化

从高职院校提供的教育培训服务来看，教育培训服务的类型仍不够多样，仍有大量的群体不能进入高职院校学习；学习的时间安排仍比较死板，主要是为全职学生设计，不适合在职学生学习；高职的学籍学分管理制度也不够灵活，限制了在职学习者求学。种种原因导致高职提供的教育培训服务还比较单一，因此高职院校系统目前还很难成为真正意义上的教育培训枢纽。

（三）高职院校的资源整合能力还不够强

从高职院校整合教育培训资源的角度看，高职院校整合社会资源的力度还不够大。高职院校是比较理想的教育培训服务平台，通过该平台，高职院校可以开发符合市场需求的教育培训项目，可以通过聘请优秀的行业专业技术人员到高职院校担任兼职教师，进而可以招收更多的成人学生。高职院校可以利用平台的优势开发区域培训市场，在区域教育培训服务中担当更重要的

角色。可是,由于各种各样的原因,这一平台的资源整合能力并没有得到充分挖掘,一些高职院校常常会面临招生难的窘境,部分高职院校在招生过程中甚至遭遇零投档的尴尬。①

二、美国社区学院给我国高职院校在打造教育培训枢纽方面的启示

(一) 高职院校应充分利用自身优势打造教育培训枢纽

美国社区学院的教育培训枢纽功能是在提供副学士学位教育基础上拓展而来的。高职院校成为教育培训枢纽的前提是充分发挥好已有的功能。首先,高职院校应努力完成专科教育的本职工作并努力帮助学生实现升学或就业的理想。因为高职院校是高等教育的重要平台,我国高等教育专科层次的教育主要由高职院校提供,高职院校的招生在整个高等教育招生中占有较大的比例,高职院校是高中学生和中等职业技术学校学生接受高等教育的重要选择。根据《国务院关于深化考试招生制度改革的实施意见》(国发〔2014〕35号)的文件精神,高职院校考试招生与普通高校相对分开,实行"文化素质+职业技能"评价方式。中职学校毕业生报考高职院校,参加文化基础与职业技能相结合的测试。文件要求 2015 年通过分类考试录取的学生占高职院校招生总数的一半左右,2017 年成为主渠道。由此可见,高职院校是中职学生接受高等教育的重要平台。不仅如此,高职院校还是学生进入本科院校学习的重要通道,每年都有很多高职学生通过"专升本"渠道进入四年制大学。其次,高职院校要充分利用自身地理优势打造教育培训平台。我国高职院校的专业一般都涵盖了主要学科领域和职业领域,从高职院校布局上看,我国高职院校是最贴近社区、最贴近基层的高等教育机构,一般在地级行政区范围内都有高职院校,一些高职院校在县级城市还设有教学点。这种地理上的优势使高职院校比其他教育培训机构更容易成为中学后教育培训体系的枢纽。再次,高职院校应努力开发适合市场需要的其他教育培训项目,利用高职院校已有的教育培训平台,通过市场手段整合更多资源用于这些新的教育培训项目,不断扩展高职院校的区域教育培训功能,拓宽高职院校的教育培训市场,把自身打造成

① 叶雨婷,王治国.高职生源短缺"窟窿"为何继续扩大［EB/OL］.［2021－03－16］.http://zhijiao.jyb.cn/zyjyxw/201609/t2016091 2_6726 34.html.

教育培训枢纽。

（二）高职院校应彻底推行学分制度

学分制在19世纪末首创于美国哈佛大学。其特点之一是给予学生充分的发展空间,学生可以在一定的框架内建构自己的知识和能力,学习周期也可以根据自身情况适当调整。学分制因为其方便灵活的优点,在高等教育范围内得到广泛应用。该模式以选课为核心,学生在教师的教学和指导下学习,学习结束后获得学分,通过累积的学分和绩点成绩,可以衡量学生学习的"量"和"质"。学分制既体现了专业教学的要求,也满足了学生个性化发展的需要。建立在学分制基础上的学位制度和证书制度是高等学校的一种有效管理制度,在美国四年制大学和两年制学院中广泛推行。

教育培训机构的内部融通和外部衔接都需要具备完整的课程衔接体系,而学分制为这种体系的建立奠定了良好基础。美国高等教育实践证明,学分制是非常有效的管理制度,学分制简化了教育管理,规范了课程学习,非常有利于衡量学生的学业进展。学分制在美国的成功推广使得世界各国高等教育机构纷纷推行学分制。我国的高等学校推行学分制已经有较长历史,很多优秀本科院校已经形成了较为成熟的学分制管理制度。我国高职院校发展历史较短,很多高职院校虽然也推行这种管理制度,但实践中还存在着不少问题,如学分制推行不彻底、课程衔接不畅、课程实施死板、学生主动性受到限制、学生提前毕业或推迟毕业的情况还比较少等。若要解决好这些问题,有必要充分认识学分制优点,强化服务理念,把学分制的优势充分发挥出来。

美国社区学院建立在学分制基础上的学习制度非常灵活,学生不必在一年或两年内修完课程,他们的学籍可以保留很长时间,学生在高中就可以选修社区学院课程并获得学院承认的学分。而成人学生因为家庭原因、经济原因或其他原因暂时不能上学也无大碍,可以在合适的时候继续学习。一般而言,学生获得足够学分并达到规定要求后就可以获得证书。当然,美国社区学院也不是所有的课程都是学分课程,例如职业技术类的某些课程属于非学分课程,为管理方便,这些课程也以学分计算,不过只是在校内被认可,完成这些课程的学习所获得的学分不能转到其他社区学院或四年制大学。我国高职院校可以借鉴美国社区学院的做法,实行更加灵活的管理制度和评价制度,推行彻底的学分制。

（三）高职院校应建立有机的课程衔接体系

首先,高职院校要在课程形式上做好与四年制大学、高中的课程衔接。美国社区学院的课程衔接体系中,副学士学位课程与学士学位课程能够做到较好的衔接。学生在社区学院选择转学类副学士学位课程,学习成绩达到相应标准后即可申请到四年制大学继续攻读学士学位课程。很多社区学院的副学士学位项目和职业技术类项目也与社区范围内的高中课程有一定的衔接,一般以"双学分"课程的形式存在,即高中符合条件的学生可以提前选修社区学院的课程,社区学院和高中同时认可学生学习选修课程获得的学分。实际上,这些课程是社区学院副学士学位课程或其他职业技术类课程的有机组成部分。美国社区学院的发展性课程也与社区学院的课程有较好的衔接。这类课程实际上是为学生打基础而设立的,因为有的学生并不具备在社区学院学习副学士学位课程的知识基础,这些课程的开设可以帮助学生具备这样的基础进而进入社区学院学习副学士学位课程或职业技术类课程。我国的高职院校也应致力于建立起类似的课程衔接体系,从框架上搭建好教育培训的立交桥。一是要使高职院校与四年制大学之间的升学通道足够通畅,让符合条件的学生能够顺利到四年制大学继续攻读学士学位。这样的通道可以首先在省级行政区范围内建立,逐渐过渡到更广的区域范围内,如在长三角地区或其他地区建立类似的统一的升学通道。二是要在高职院校所在区域的高中、中等职业学校和高职院校之间建立起实验性的课程衔接项目,在高中、中等职业学校或高职院校中开设双学分课程。三是可以尝试在高职院校开设高中综合教育课程,为那些没有获得高中文凭但又想在高职院校学习的学生提供相当于高中教育的教育服务,帮助他们获得高中水平的学科知识,以利于他们进一步在高职院校学习。

其次,高职院校要在课程内容上做好与四年制大学、高中的衔接。如果说课程体系的外部衔接是整个课程体系的"明线",那么课程内容的衔接则是整个课程体系的"暗线"。"明线"表明形式上的衔接,而"暗线"则意味着实质上的衔接。"明线"的建立为"暗线"的建立提供了条件,"暗线"的通畅又会反过来验证"明线"的科学性。无论是学科知识体系还是职业技能体系,内部都有一定的逻辑主线,一些知识是另一些知识的基础,一些技能可能是另一些技能的基础。无论是项目的衔接还是课程的衔接,都要使得这些知识和技能的组合能够更加科学合理,否则就谈不上有机衔接。所以课程内容的有机衔接同时包含课程衔接和课程内容衔接。

再次,高职院校要努力使课程衔接体系具有良好的融通性。作为一个相对独立的教育或培训项目,一般而言其内部知识和技能都有一定的逻辑结构,知识和知识之间有一定的相关性,有的知识是学习其他知识的基础,因此一些教育培训项目的课程学习有较为严格的先后顺序。同样地,技能与技能之间也往往存在一定的逻辑联系,所以技能的学习通常也有一定的顺序。当然,知识和技能的这种逻辑顺序也不是绝对的,并不是所有的知识体系和技能体系都有严格的前后顺序。从课程衔接的角度看,教育或培训项目之间的知识和技能的衔接是较为复杂的。课程衔接体系具有良好的融通性就是要理顺知识和知识之间、技能与技能之间、知识和技能之间的这种逻辑关系,使得专业课程与专业课程之间的衔接更为顺畅,使得普通课程的学分更容易互认和兼容,使得学生从一个专业跨越到另一个专业更加便利,从一个教育层级跨越到另一个教育层级更加顺畅,从一个高等教育机构转学到另一所高等教育机构更加便捷。拥有这样的课程衔接体系的高职院校更容易成为教育培训枢纽。

(四)努力拓展高职院校教育培训功能

除了已有的教育培训功能外,高职院校还可以通过增设课程来实现功能拓展。高职院校可以尝试开发面向社区的教育培训类课程和自我发展类课程,也可以开发与高中课程衔接的课程。培训类课程主要是针对高职院校所在区域用人单位的培训需求而开设的,自我发展类课程是针对那些想通过在高职院校选修一门或多门课程充实提高自己的群体,而与高中课程衔接的课程是针对那些想进一步学习高职院校专科课程或证书课程的学习群体。

高职院校教育培训功能拓展会遇到资源不足的问题,因此除了依托现有资源外,要在更大范围内努力整合资源。例如在没有合适教材的情况下,高职院校可以组织相关教师和专业技术人员开发实用的教材或讲义,以弥补这类教育培训课程的不足;在缺乏合适师资的情况下,高职院校可以大量聘请兼职教师;在缺乏合适的教学实习资源的情况下,高职院校也可以通过合作的方式整合外部资源用于教育培训。总之,高职院校拓展教育培训功能,既要紧贴市场需求,又要依托市场整合教育培训资源。只有这样,才有可能发展成为真正的教育培训枢纽。

本 章 小 结

本章从五个方面分析了我国高职院校存在的问题,详细探讨了美国社区学院给我国高职院校的启示。

从高职院校的服务范围看,高职院校因服务范围较窄、学习时间和科目选择弹性较小、教学质量有待提升等不足未能很好地满足区域教育培训需求。高职院校应考虑区域内的各类教育培训需求,设计丰富的职业教育项目,不断提高服务质量,提高学生的学业完成率,在服务好本区域的基础上追求辐射效应。

从高职院校的课程设计看,高职院校的课程设置比较单一,课程未能有效兼顾产业界需要和学生发展。高职院校应使普通教育课程和学科基础课程的设计兼顾学生长远发展和个性化发展,把升学和就业作为专业和课程设计的重要着力点,并且根据产业和技术发展及时更新专业课程的结构和内容,使课程兼顾产业界需要和学生发展。

从高职院校的教师队伍看,高职院校教师队伍还存在着专业课教师的行业实践经验不够丰富、高职院校的兼职教师比例较低、高职院校教师的流动性不足等弊端。高职院校应建设专兼职结合的师资队伍并提高教师的流动性。具体说来,就是要拓宽教师来源渠道,提高教师的流动性以促进教师结构优化和整体素质提升,建立灵活的兼职教师聘用制度并通过培训和考核提高兼职教师的教学质量。

从产学合作的角度看,产学合作一直是我国高职院校办学的难点,尽管尝试了集团化办学、顶岗实习等方式,但是效果仍旧不够理想。高职院校应通过多种形式实施产学合作,如与行业企业合作开发专业课程并实施专业课程教学,积极参与行业企业的教育培训,积极加盟区域内的多方合作教育培训项目,利用自身优势打造地区高技术高技能培训中心等,以此来加强高职院校的产学合作。

在发挥教育培训枢纽功能方面,高职院校还存在着学生进出口通道单一、教育培训服务不够多样化、资源整合能力不够强等障碍。高职院校应在政府支持下,充分利用自身优势打造教育培训枢纽,彻底推行学分制度,建立有机的课程衔接体系,努力拓展高职院校的教育培训功能。

结语

　　任何国家综合国力的提升都必须依赖强大的人才后盾,而强大的人才后盾离不开健全的教育培训体系。社区学院系统是美国教育培训体系的重要组成部分,它既是美国初、中级人才的培养基地,也是美国终身教育体系的重要平台。经过 100 多年的发展,美国社区学院的功能更全面、服务社区的能力更强,成为美国教育培训体系的重要枢纽。

　　通过对美国社区学院五个发展阶段的研究发现,美国社区学院的发展深受政治和经济等因素的影响,社区学院发展的不同阶段都有着深刻的政治和经济背景。社区学院的历史发展轨迹反映出美国政治经济发展各个时期的不同特点。自二战以来,社区学院发展受政治和经济的影响越来越明显,也正是在政治和经济等因素的影响下,社区学院不断发展壮大,成为美国高等教育体系的重要组成部分。社区学院发展的规律表明,社区学院的发展不是孤立的,而是受着多种因素的影响。政府、四年制大学、产业界、个人发展、教育思想等都对社区学院的发展起着深刻的塑造作用。而社区学院也正是在与多种因素的互动中不断变革,获得了教育培训功能的完善并形成了独特的教育培训体系。

　　本研究从社区学院的行政管理和学校管理、社区学院的教育培训项目及课程构成、社区学院的师资、社区学院的学生、社区学院的产学合作、社区学院与其他教育机构的合作六个方面呈现了美国社区学院的现状。虽然这些方面可以看出社区学院的概貌,但是仍有一些侧面未能涉及,如社区学院财政、学生就业等。本研究从社区学院的教育培训枢纽地位、社区学院优先服务社区、社区学院教育培训课程的弹性、社区学院的转学教育和产学合作、社区学院的教师队伍等方面总结了社区学院的特点。

　　本研究分析了美国社区学院与四年制大学的课程衔接、社区学院职业技术类证书体系的构建、社区学院的兼职教师制度、社区学院的产学合作机制等对社区学院发展有较大影响的基本问题并提出了若干见解。本研究认为应建立社区学院与四年制大学之间顺畅的课程衔接体系；应建设和完善社区学院职业技术类证书体系；应通过培训考核等完善社区学院现有的兼职教师制度；应通过各种方式加强产学合作。本研究从满足区域教育培训需求、兼顾产业界和学生发展、建设教师队伍、实施产学合作、打造教育培训枢纽等方面提出了美国社区学院给中国高职院校的启示。由于两国教育管理制度不同，加上文化差异较大，研究和借鉴美国社区学院经验的过程同时也应该是一个比较并消化吸收的过程。

由于研究条件的限制和研究能力的局限，对"美国社区学院发展与变革"这一主题的探讨还有很多方面需要完善。首先是对社区学院的分析不够深入，尽管对社区学院的课程设置、社区学院的教师制度、社区学院的产学合作等有一定程度的探讨，但是对具体的课程内容、教师的具体教学工作、产学合作的具体细节等缺乏直观的了解和观察，这些方面尚需进一步研究。其次是美国各州社区学院的管理差异较大，虽然对一些州的社区学院情况有所了解，但是很多州社区学院的情况还有待深入研究。最后是由于英语水平有限和文化背景知识欠缺，对英文材料的翻译不够理想，对某些英文文献的理解也不够到位。总之，研究还有不少缺憾，需要在以后的学习和研究中弥补。

参考文献

中文部分

［1］SCHUYLER G.对美国社区学院课程演变的考察［J］.董仁忠,姚敏,译.职教论坛,2007（20）.

［2］蔡文敏.美国社区学院通识教育课程研究［D］.汕头:汕头大学,2011.

［3］陈解放."产学研结合"与"工学结合"解读［J］.中国高教研究,2006（12）.

［4］陈解放.国外合作教育的市场介入及其对我们的启示［J］.中国高教研究,2003（8）.

［5］陈玲玉.美国社区学院非学位课程的形式、特点及启示［J］.高教探索,2007（1）.

［6］陈鹏.美国学徒制的移植、断裂与重塑［J］.职教论坛,2011（25）.

［7］邓东京,易素红,欧阳河,邓少鸿.顶岗实习,怎一个难字了得——18 个省顶岗实习学生调查报告［N］.中国教育报,2015－01－19（6）.

［8］中国大百科全书总编辑委员会《教育》编辑委员会.中国大百科全书（教育卷）［M］.北京:中国大百科全书出版社,1985.

［9］付雪凌.STC:21 世纪美国职业技术教育走向［D］.上海:华东师范大学,2005.

［10］高海霞.多样性与人本性:美国社区学院的课程特色［J］.现代教育管理,2010（8）.

［11］关晶,石伟平."现代学徒制"为何国际上受青睐［J］.中国教育报,2014－09－29（6）.

［12］关晶.西方学徒制的历史演变及思考［J］.华东师范大学学报（教育科学版）,2010（3）.

［13］胡源源,胡青.美国高校发展合作教育的环境因素及其借鉴［J］.集美大学学报（教育科学版）,2009（2）.

［14］姜大源.当代德国职业教育主流教学思想研究——理论、实践与创新［M］.北京:清华大学出版社,2007.

［15］康庆苗.美国社区学院非全职教师研究［D］.保定:河北大学,2008.

［16］匡瑛.比较高等职业教育:发展与变革［M］.上海:上海教育出版社,2009.

［17］李继星.美国的社区学院［J］.高教探索,2002（2）.

［18］李渝红.关于"双元制"试点情况的介绍［J］.中国职业技术教育,1993（4）.

［19］林木.美国高校合作教育支持系统研究［D］.兰州:西北师范大学,2011.

［20］林森.美国社区学院兼职教师专业发展研究［D］.北京:首都师范大学,2007.

［21］刘颖,郭靖.浅议美国社区学院转学教育功能及对我国人才培养的启示［J］.职教论坛, 2014(27).

［22］罗江.美国加州公立社区学院专业设置与调整研究［D］.南昌:江西科技师范大 学,2013.

［23］毛澹然.美国社区学院［M］.北京:高等教育出版社,1989.

［24］孟广平.中国职业技术教育概论［M］.北京:北京师范大学出版社,1994.

［25］潘懋元.产学研合作教育的几个理论问题［J］.中国大学教学,2008(3).

［26］荣艳红,傅修远.美国社区学院与企业合作创建面向就业课程的理念和实践［J］.中国 职业技术教育,2014(33).

［27］荣艳红.从社会心理层面看美国西进运动对传统学徒制的颠覆［J］.合肥师范学院学 报,2008(1).

［28］石伟平.STW:世纪之交美国职业教育改革与发展策略的抉择［J］.全球教育展望,2001(6).

［29］石伟平.比较职业技术教育［M］.上海:华东师范大学出版社,2001.

［30］石伟平.时代特征与职业教育创新［M］.上海:上海教育出版社,2006.

［31］苏俊玲.美国职业教育校企合作实践的研究［D］.上海:华东师范大学,2008.

［32］孙曼丽.构建高等职业教育和高等普通教育间的桥梁——美国社区学院"转学教育" 复兴再探［J］.外国教育研究,2011(7).

［33］汤霓,石伟平.新职业主义视角下美国社区学院产教合作模式研究［J］.外国教育研究, 2015(5).

［34］万秀兰.美国社区学院的改革与发展［M］.北京:人民教育出版社,2003.

［35］王建初.美国社区学院的师资队伍建设研究［J］.比较教育研究,2003(3).

［36］王银霞.美国社区学院兼职教师队伍发展研究［D］.金华:浙江师范大学,2007.

［37］吴昌圣,刘莉莉.美国社区学院兼职教师特点分析［J］.复旦教育论坛,2006(6).

［38］吴昌圣.美国社区学院师资管理研究［D］.上海:华东师范大学,2007.

［39］吴雪萍.国际职业技术教育研究［M］.杭州:浙江大学出版社,2004.

［40］徐国庆.职业教育原理［M］.上海:上海教育出版社,2007.

［41］徐平,徐建中.美国合作教育运行机制分析及借鉴意义［J］.黑龙江高教研究,2007(1).

［42］徐平.美国合作教育的基本模式［J］.外国教育研究,2003(8).

［43］续润华.美国发展社区学院的历史经验及其启示［J］.河南师范大学学报(哲学社会科 学版),2000(3).

［44］杨彬,李玲.美国社区学院兼职教师管理及启示［J］.机械职业教育,2004(5).

［45］ 杨彬.美国社区学院转学教育功能研究［J］.比较教育研究,2004(3).

［46］ 翟海魂.发达国家职业技术教育历史演进［M］.上海:上海教育出版社,2008.

［47］ 占小梅,唐振华.美国社区学院兼职教师聘任制度述评［J］.职教通讯,2012(1).

［48］ 张怀斌.美国社区学院师资管理的研究［J］.宁夏社会科学,2009(6).

［49］ 张斌贤.外国教育史［M］.北京:教育科学出版社,2015.

［50］ 张晓莉.美国社区学院职业教育的历史演变［J］.职业技术教育,2007(10).

［51］ 张志强.校企合作存在的问题与对策研究［J］.中国职业技术教育,2012(4).

［52］ 周志群.美国社区学院课程变革与发展研究［D］.福州:福建师范大学,2010.

英文部分

［1］ About the ATC［EB/OL］.［2021－03－15］.http://www.vbatc.com/a-about.html.

［2］ About the Awards of Excellence［EB/OL］.［2021－03－16］.http://www.aacc.nche.edu/About/Awards/awar dsofexcellence/Pages/about.aspx.

［3］ American Association of Community Colleges. Fast Facts［EB/OL］.［2023－04－10］.https://www.aacc.nche.edu/research-trends/fast-facts.

［4］ American Association of Community Colleges. About Us［EB/OL］.［2023－04－04］.https://www. aacc.nche.edu/about-us/.

［5］ Archived Information (School-to-Work Opportunities Act) ［EB/OL］.［2021－03－15］. http://www2.ed.gov/pubs/Biennial/95-96/eval/410-97.pdf.

［6］ Benchmarking Institute［EB/OL］.［2021－03－16］. http://www.nccbp.org/benchmarking-institute.

［7］ Board of Regents［EB/OL］.［2021－03－15］. https://mus.edu/board/.

［8］ BOGGS G. The Evolution of the Community College in America［J］. The Community College Journal, 2012,82(4):39.

［9］ BROWN F J. War and Postwar Demands on Junior Colleges［J］. Junior College Journal, 1943/1944,14:368.

［10］ BUMPHUS W. The Next Big Things［J］. Community College Journal, 2014, 84(5):14.

［11］ Carnegie Commission. Carnegie Commission Report Emphasis［J］. Junior College Journal, 1970, 41(1): 3.

［12］ Check Course Compatibility［EB/OL］.［2021－03－16］. https://www.tccns.org/search/course/.

［13］ Chemical Technology［EB/OL］.［2021－03－14］. http://www.ccp.edu/college-catalog/degree-and-certifica te-programs/associate-applied-science-aas/chemical-technology.

［14］ Classification of Instructional Programs（CIP-2000）［EB/OL］.［2021 – 03 – 16］. http://
nces.ed.gov/pubs2002/cip2000/cipsearch.asp.

［15］ COHEN A M, BRAWER F B. The American Community College［M］. San Francisco, CA：
Jossey-Bass,2008.

［16］ COHEN S. Labor in the United States［M］. New York, NY：Charles E. Merrill Publishing
Company, 1960:13.

［17］ Community College Faculty Preparation Certificate Program［EB/OL］.［2021 – 03 –
14］. http://www.cce.csus.edu/course_group_detail.cfm? pid = 133_B.

［18］ Community College Instruction Certificate［EB/OL］.［2021 – 03 – 14］. http://www.
ecu.edu/cs-educ /idp/aded/Community_College_Cert.cfm.

［19］ Computer-assisted Design Technology Academic Certificate［EB/OL］.［2021 – 03 – 14］.
http://www.ccp. edu/college-catalog/degree-and-certificate-programs/academic-certificates/
computer-assisted-design.

［20］ CONNOLLY J J. International students and the two-year college［J］. Junior College Journal,
1967,31(5):20.

［21］ Early Alerts：An Opportunity to Improve Student Retention and Success［EB/OL］.［2021 –
03 – 16］. http://www.ccc.edu/menu/Pages/Grades-First.aspx.

［22］ EELLS W C. Annual Report of Executive Secretary［J］. Junior College Journal, 1943
(14):347.

［23］ EELLS W C. Present Status of Junior College Terminal Education［M］. Menasha, WI：
George Banta Publishing Company,1941.

［24］ EELLS W C. Why Another Educational Journal［J］. The Junior College Journal, 1930,
1(1):4 – 5.

［25］ EELLS W C. Why Junior College Terminal Education［M］. Menasha, WI：George Banta
Publishing Company, 1941:266.

［26］ ELLIOTT F G. The Dilemma of Foreign Student Admissions［J］. Junior College Journal,
1969,40(2):17.

［27］ Executive Office of the President. America's College Promise：a Progress Report on Free
Community College［R］. September 2015.

［28］ Faculty Degree Attainment［EB/OL］.［2021 – 03 – 14］. http://www. aacc. nche. edu/
AboutCC/Trends/Pages/facultyde greeattainment.aspx.

［29］ Faculty Evaluation Procedures［EB/OL］.［2021 – 03 – 15］. http://www.austincc.edu/hr/

eval/documents/ProceduresManual9-09_004.pdf.

[30] Fast Facts from Our Fact Sheet[EB/OL]. [2021 – 03 – 15]. http://www.aacc.nche.edu/ AboutCC/Pages/fastfactsfactsheet.aspx.

[31] FOREST J J, KINSER K.Higher Education in the United States: an Encyclopedia (Volume Ⅱ)[M]. ABC-CLIO, Inc., 2002:701.

[32] GILDER J, ROCHA J. 10000 Cooperative Arrangements Serve 1.5 Million[J]. Community and Junior College Journal, 1980,51(3):11 – 12.

[33] GINZBERG E, BERMAN H. The American Worker in the Twentieth Century[M]. New York:The Free Press of Glencoe. 1963.

[34] GLEAZER E J. This is the Community College [M]. Boston MA: Houghton Mifflin Company, 1968:19.

[35] GORDON S B.A Nation at Risk—Community to the Rescue [J]. Community and Junior College Journal, 1983,54(1):14 – 15.

[36] GRAY R, PETERSON J M. Economic Development of the United States [M]. Richard D. Irwin,Inc., 1974:269.

[37] GUTHRIE J W. Encyclopedia of Education [M]. Macmillan Reference USA, 2003:2641.

[38] Harry S. Truman Award-Barack H. Obama [J]. Community College Journal, 2010, 80 (5): 17.

[39] HILLWAY T. Education in American Society [M]. Boston, MA: Houghton Mifflin Company, 1961:258.

[40] HILLWAY T. The American Two-year College [M]. New York, NY: Harper and Brothers, 1958:17.

[41] History of Cooperative Education and Internships [EB/OL]. [2021 – 03 – 15].http:// www.ceiainc.org/history.

[42] HOFFMAN N, VARGAS J, VENEZIA A. Minding the Gap—Why Integrating High School with College Make Sense and How to Do It [M].Cambridge, MA: Harvard Education Press, 2007.

[43] Hotel Management, Certificate of Completion [EB/OL]. [2021 – 03 – 16]. http:// catalog.jjc.edu/preview_program.php? catoid=7&poid=1895&returnto=229.

[44] KARAS J. Solving the Health Care Workforce Shortage [J]. Community College Journal, 2013,84(2):6.

[45] KOOS L V. The Junior College (volume Ⅰ) [M].Minneapolis, MO: University of

参考文献

Minnesota, 1924.

［46］ LEVY H O. Four-year Colleges Should Admit More Community College Students ［J］. Community College Journal, 2016, 87(2):6－7.

［47］ MA J, BAUM S. Trends in Community Colleges: Enrollment, Prices, Student Debt, and Completion ［EB/OL］.［2021－03－15］. http://trends. collegeboard. org/sites/default/files/trends-in-community-colleges-research-brief.pdf.

［48］ MARZANO W, SOBEK C. The Seeds of Success-Strategic Planning Helps Colleges See the Forest for the Trees ［J］.Community College Journal, 2010, 80(6):36－38.

［49］ MCBRIDE D E, PARRY J A. Women's Rights in the United States ［M］. Taylor & Francis, 2011:130.

［50］ MORGAN J E. Horace Mann: His Ideas and Ideals ［M］. Washington, D.C.: National Home Library Foundation, 1936:5.

［51］ MULLIN C M, BAIME D S, HONEYMAN S. Community College Finance ［M］. San Francisco, CA:Jossey-Bass, 2015:8.

［52］ OCTAE ［EB/OL］.［2023－04－10］. https://www2. ed. gov/about/offices/list/ovae/index.html.

［53］ Opertunity agenda—2015 State of the State.［EB/OL］.［2021－03－15］. https://www.governor.ny.gov/sites/governor.ny.gov/files/atoms/files/2015_Opportunity_Agenda_Book.pdf.

［54］ Priceto Honors Padrón ［J］. Community College Journal, 2012, 83(2):10.

［55］ Programs: Federal Work-study (FWS) Program ［EB/OL］.［2021－03－15］. http://www2.ed.gov/programs/fws/in dex.html.

［56］ Psychology ［EB/OL］.［2021－03－14］.http://www.ccp.edu/college-catalog/degree-and-certificate-programs/associate-arts-aa/psychology.

［57］ Registered Apprenticeship—College Consortium ［EB/OL］.［2021－03－15］. http://www.doleta.gov/oa/pdf/RACC_framework.pdf.

［58］ Report: Americans Say College is the Key to Landing a Good Job ［J］. Community College Journal, December 2011/January 2012, 82(3):40.

［59］ Report: The Economic Impact of Community Colleges ［EB/OL］.［2023－04－04］. http://www.aacc21stcenturycenter.org.

［60］ REYNOLDS J W. The Junior College ［M］. New York, NY: The Center for Applied Research in Education, Inc., 1965:9.

［61］STODDARD G D. New York's Plan for New Institutes ［J］. Junior College Journal, 1946, 15(1):60-61.

［62］Survey: 60 Percent of High School Graduates Underprepared for College ［J］. Community College Journal, 2012, 83(2): 48.

［63］Text of the Carl D. Perkins Vocational Education Act ［EB/OL］.［2021-04-16］. https://www.govtrack.us/congress/bills/98/hr4164/text/enr.

［64］The Aspen Institute. Lessons from the Aspen Prize for Community College Excellence ［EB/OL］.［2021-03-16］. https://assets.aspeninstitute.org/content/uploads/files/content/docs/pubs/Lessons_from_the_Aspen_Prize_for_Community_College_Excellence.pdf.

［65］The Industrial Revolution in the United States ［EB/OL］.［2021-03-16］. http://www.loc.gov/teachers/classroommaterials/primarysourcesets/industrial-revolution/pdf/teacher_guide.pdf.

［66］THELIN J R. A History of American Higher Education ［M］. Baltimore, MD: The John Hopkins University Press, 2004.

［67］VALENTINE P F. The American College ［M］. New York: Philosophical Library, Inc., 1949: 39.

［68］VICKERS N W. A Comparison of the Starting Pay of Cooperative Education Graduates with That of Non-cooperative Education Graduates ［D］. Springfield, MO: Drury College, 1990.

［69］WATTS L S, GEORGE A L. Beekman Scott. Social History of the United States: The 1920s ［M］. Santa Barbara, California: ASC-CLIO, Inc., 2009.

［70］WHISSEMORE T. Driving Growth in Automotive Education ［J］. Community College Journal,2012, 83(1):10.

［71］WYNER J S. What Excellent Community Colleges Do ［M］. Cambridge MA: Harvard Education Press, 2014.

参考文献

图书在版编目（CIP）数据

美国社区学院发展与变革 / 彭跃刚著. — 上海：上海
教育出版社，2023.6
（现代职业教育研究丛书 / 石伟平主编）
ISBN 978-7-5720-2042-1

Ⅰ.①美… Ⅱ.①彭… Ⅲ.①社区学院－学校管理－
研究－美国 Ⅳ.①G649.712

中国国家版本馆CIP数据核字(2023)第096526号

图书策划　刘　芳　公雯雯
责任编辑　汪海清
整体设计　陆　弦

现代职业教育研究丛书
石伟平　主编
美国社区学院发展与变革
彭跃刚　著

出版发行　上海教育出版社有限公司
官　　网　www.seph.com.cn
地　　址　上海市闵行区号景路159弄C座
邮　　编　201101
印　　刷　上海颛辉印刷厂有限公司
开　　本　700×1000　1/16　印张14.5
字　　数　230千字
版　　次　2023年6月第1版
印　　次　2023年6月第1次印刷
书　　号　ISBN 978-7-5720-2042-1/G·1834
定　　价　68.00元

如发现质量问题，读者可向本社调换　电话：021-64373213